Hermann Dichtl

Vorbereitung auf das Abitur Geschichte

MANZ VERLAG

2. Auflage 2002
Manz Verlag

Lektorat: Harald Kotlarz, Rottenburg
Herstellung: beluga-design Bettina Herrmann, Stuttgart
Umschlaggestaltung: Zembsch' Werkstatt, München
Druck: Ludwig Auer GmbH, Donauwörth
Printed in Germany

ISBN 3-7863-4110-9

Vorwort

Dieses Repetitorium bietet einen umfassenden Überblick zu den wichtigsten Zusammenhängen und Fakten der Kursthemen in der Sekundarstufe II. Im Mittelpunkt steht die Entwicklung in Deutschland von den Veränderungen im Verlauf der Napoleonischen Kriege bis hin zur Wiedervereinigung. Doch auch bestimmende Ereignisse der Weltpolitik finden Berücksichtigung.

Die Auswahl der Themen orientiert sich nicht an einem bestimmten Bundesland, sondern bietet einen Querschnitt der in den verschiedenen Lehrplänen am häufigsten geforderten und für die Abiturprüfung relevanten Unterrichtseinheiten.

Der Einsatz dieser Lernhilfe ist als Ergänzung zu den eingeführten Lehrbüchern und Materialien sowie den eigenen Aufzeichnungen gedacht. Die Darstellung ist kompakt und beschränkt sich auf die Nennung, manchmal nur Aufzählung, der wichtigsten Fakten, die als Hintergrundwissen für eine oberstufengemäße Quellenarbeit vorauszusetzen sind. Damit bietet sich das Buch als unentbehrliche Hilfe für die Vorbereitung auf Klausuren, Hausarbeiten, Referate und die schriftliche und mündliche Abiturprüfung an. Es erfüllt die Anforderungen von Leistungskursen, ist aber auch für Schülerinnen und Schüler in Grundkursen ein nützliches Nachschlagewerk.

Schaubilder und Karten erleichtern die Informationsaufnahme und ein umfangreiches Stichwortverzeichnis ermöglicht die gezielte Recherche.

Inhalt

A Politische Revolutionen der Moderne

B Die demokratische und nationale Bewegung in der Auseinandersetzung mit dem Obrigkeitsstaat

C Die Industrielle Revolution und ihre Folgen

D Das Deutsche Kaiserreich

E Imperialismus und Erster Weltkrieg (1880–1918)

F Die Weimarer Republik

G Deutschland unter dem Nationalsozialismus

H Internationale Politik und Zweiter Weltkrieg

I Besatzungszeit und deutsche Teilung im Rahmen des Ost-West-Konflikts

J Die Bundesrepublik und die DDR bis zur staatlichen Einheit

K Ost-West-Verhältnis: von der Konfrontation zur Entspannung

A Politische Revolutionen der Moderne

Amerikanische Revolution

4. Juli 1776	Unabhängigkeitserklärung
1783	Anerkennung der Unabhängigkeit im Vertrag von Paris
1789	Verfassung der Vereinigten Staaten und *Bill of Rights*
1823	Monroe-Doktrin
1861–1865	Sezessionskrieg / Bürgerkrieg

Französische Revolution

1789	Erklärung der Menschen- und Bürgerrechte
1791	Durch eine neue Verfassung wird Frankreich zur konstitutionellen Monarchie
1793	Hinrichtung des Königs
1794	Diktatur und Schreckensherrschaft unter Robespierre
1799	Staatsstreich Napoleons

Russische Revolution

1905	Oktobermanifest – bürgerliche Grundrechte, Volksvertretung in Aussicht gestellt
1917	Februarrevolution – Russland wird Republik; Oktoberrevolution – Machtübernahme durch Bolschewiki
1918–1921	Bürgerkrieg

China

1911	Sun Yat-sen ruft die Republik aus.
1937–1945	Krieg gegen Japan
1966–1969/1976	„Große Proletarische Kulturrevolution“

1 USA: von der Kolonie zur Weltmacht

Die Ausgangssituation der englischen Kolonien

- Seit 1607 entwickeln sich Siedlungskolonien an der Ostküste Nordamerikas.
- Die Kolonisten bestellen selbst ihr Land – im Gegensatz zu den iberoamerikanischen Eroberern Mittel- und Südamerikas – sie wollen dauerhaft bleiben und eine eigene Existenz aufbauen. Ihre Lebensbedingungen sind hart und fordern viele Opfer.
- Motive für die Auswanderung: politische und / oder religiöse Verfolgung (z.B. Puritaner), wirtschaftliche Not
- Betonung der Rechte des Einzelnen, der Religionsfreiheit, starker Pragmatismus der Siedler
- Um 1640 beginnt die militärische Auseinandersetzung mit den Ureinwohnern (als „Indianer" bezeichnet).

Die Loslösung vom Mutterland

- Wunsch nach Selbstverwaltung und Unabhängigkeit vom englischen Mutterland besteht von Anfang an. Schon früh wählen sie eigene Volksvertreter und bestimmen selbst über ihre Steuern.
- Die erfolgreiche Teilnahme am Krieg gegen Frankreich (1755–1763) und am Krieg gegen die Indianer stärkt das Selbstbewusstsein der Siedler.

Der Konflikt mit England

- Nach Vorstellung der britischen Regierung soll eine Funktionsteilung erfolgen: Nordamerika liefert Rohstoffe und nimmt dafür die Fertigwaren des Mutterlandes ab. Außerdem sollen die Kolonisten höhere Steuern zahlen (Stempelsteuer und Teezoll) und somit die Kriegsschulden aus dem Krieg mit Frankreich selbst abtragen.
- Kolonisten haben keine Vertreter im englischen Parlament.
- *No taxation without representation* wird zum Motto des Widerstands gegen das englische Mutterland seit 1772. Offener Konflikt: 1773 werfen Kolonisten im Hafen von Boston Schiffsladungen mit Tee aus England ins Meer *(Boston Tea Party)*.
- England reagiert mit Härte: Der Hafen wird geschlossen, Soldaten werden in Privathäusern einquartiert.

Die Kolonien schließen sich zusammen

- Die Unnachgiebigkeit der Briten bewirkt erst die Zusammenarbeit der bis dahin uneinigen Kolonien: Der Erste Kontinentalkongress in Philadelphia (1774) bricht den Handel mit England ab und beschließt die Aufstellung einer Armee unter George Washington. Die treibenden Kräfte kommen aus der Schicht der Kaufleute und des Bildungsbürgertums der nördlichen Staaten.

Unabhängigkeitserklärung

- Am 4.7.1776 erfolgt die von Thomas Jefferson verfasste **Unabhängigkeitserklärung** der ersten 13 Bundesstaaten vom Mutterland.

Sie beruft sich auf die unveräußerlichen Rechte des Individuums und auf das Widerstandsrecht gegenüber der britischen Krone.

- Der darauf folgende Unabhängigkeitskrieg dient nicht nur der Lösung vom Mutterland, er wird auch als höhere Aufgabe begriffen. Erstmals wird das amerikanische **Sendungsbewusstsein** formuliert: „Wir kämpfen für die Würde und Glückseligkeit der Menschheit" (Benjamin Franklin).
- Mit europäischer, besonders französischer Unterstützung (Lafayette, Steuben) gelingt der Sieg. Im **Frieden von Paris** (1783) wird die Unabhängigkeit anerkannt und den bisherigen Kolonien (2,5 Mio. Bewohner) ihr Besitz zugesprochen.
- Anfängliche Versuche einer lockeren Zusammenarbeit von selbstständigen Staaten ab 1781 auf der Basis der Einstimmigkeit machen die Notwendigkeit einer gesamtstaatlichen Regierung deutlich.

Eine neue Verfassung

- Die Verabschiedung einer **Verfassung** *(Constitution)*, für die es weltweit kein Vorbild gibt, gelingt erst 1789. Ein Bundesstaat mit einer starken Stellung des Präsidenten, aber auch sehr wirksamen Eingriffsmöglichkeiten von Kongress und Oberstem Gerichtshof basiert auf einer Gewaltenteilung und gleichzeitig einer wechselseitigen Kontrolle der einzelnen Organe. Die nachgeschobene *Bill of Rights* garantiert die Grundrechte und wird durch Ergänzungen später erweitert. George Washington wird 1789 erster Präsident.

Die Erschließung des Kontinents

- **Rechtliche Basis:** Der Raum bis zum Mississippi wird den Vereinigten Staaten von Großbritannien überlassen. Immer, wenn in einem Raum eine bestimmte Bevölkerungszahl überschritten ist, wird das Gebiet als gleichberechtigter Staat in die Union aufgenommen. Das sichert die Vergrößerung des Territoriums und die Integration der neuen Räume: Sie bleiben keine Kolonien.
- Die *frontier* (der Grenzsaum zu einem unerschlossenen Raum) schiebt sich nach Westen vor: Die erste Erkundung erfolgt durch Trapper, Jäger und Pelzhändler.
- *Squatter* folgen, die sich ohne legalen Landerwerb niederlassen. Sie leben von Jagd, Fischfang und etwas Ackerbau. Sie ziehen weiter, wenn der Verdrängungsprozess beginnt.
- Die nachfolgende Gruppe der Viehzüchter *(Rancher)* nutzt das Land schon flächendeckend, aber noch wenig intensiv.
- Die letzte Gruppe der Farmer gestaltet den Naturraum am intensivsten zur Kulturlandschaft um.
- Die Westexpansion ist getragen von der Vorstellung eines missionarischen Auftrags. Die USA sollten in mustergültiger Weise den Raum zivilisieren und darin anderen Völkern ein Vorbild sein.

Vertreibung der Ureinwohner

- Damit lässt sich dann auch die Vertreibung und Dezimierung der **Ureinwohner** rechtfertigen: Ihre Zahl geht von etwa 2 Mio. auf 200 000 am Ende des 19. Jahrhunderts zurück. Schuld sind neben den Kriegen der Weißen auch Seuchen und die Vernichtung der Lebensgrundlage. Verträge mit den Ureinwohnern werden zwar geschlossen, aber fast nie gehalten. Sie werden zunehmend in wirtschaftlich geringwertige Räume abgedrängt, wo sie in Reservaten leben. Erst 1924 wird ihnen das volle Bürgerrecht zugestanden.

Der Bürgerkrieg

- Die **Südstaaten** hatten von Anfang an eine andere Struktur: Pflanzer besitzen großflächige Betriebe, die weniger für die Selbstversorgung als vielmehr für den Export arbeiten, z.B. Baumwolle erzeugen für den Export nach Europa. Importzölle sollen niedrig sein, um Fertigwaren, die man selbst nicht erzeugen kann, billig zu bekommen. Als Arbeitskräfte werden Sklaven eingesetzt: 1810: 1,2 Mio.; 1860: 3,8 Mio.

Gegensätzliche Strukturen im Norden und Süden

- Die **Nordstaaten** haben als Farmen Familienbetriebe, die für die Selbstversorgung und für die Versorgung der zahlreichen Städte produzieren. Sklaven werden nicht eingesetzt. Gesellschaftlich bestimmend sind Kaufleute und Handwerker in den Städten. Die im Aufbau befindliche Industrie soll durch hohe Importzölle geschützt werden.
- Als im Norden die moralischen Bedenken gegen die Sklaverei immer größer werden und die Republikanische Partei für die Sklavenbefreiung eintritt, wird das im Süden als existenzbedrohend empfunden.
- Durch den drohenden militärischen Konflikt steht auch die Einheit des Staates auf dem Spiel.
- Die Südstaaten wollen aus der Union ausscheiden, weil sie ihre vermeintlichen Rechte nicht berücksichtigt sehen; es geht also auch um die Machtverteilung zwischen der Zentralgewalt (Bund) und den Einzelstaaten.
- Ungleiche Kräfteverhältnisse:

Nordstaaten	Südstaaten
19 Mio. Einwohner	9,5 Mio. Einwohner, davon ein Drittel Sklaven;
autark	abhängig von Importen
Wirtschaftspotenzial 10-mal so groß wie im Süden	
große Waffenproduktion	geringe Waffenproduktion

- Wahl Abraham Lincolns zum ersten republikanischen Präsidenten ist Anlass für den Austritt der 11 Südstaaten (Sezession) und für den Krieg.
- **Kriegsdauer:** 1861 bis 1865; anfangs Erfolge der Südstaaten wegen hoher Motivation, schließlich Sieg der Nordstaaten durch Blockade der südlichen Häfen und aufgrund der materiellen und personellen Überlegenheit.
- Kriegführung: **erster totaler Krieg** unter Einbeziehung der gesamten Wirtschaft, der Zivilbevölkerung, mit modernen Waffen (Maschinengewehre, gepanzerte Schiffe) und Propagandaeinsatz. Über 600 000 Tote allein unter den Soldaten.
- **Ergebnis:**
  - Befreiung der Sklaven und Verbot der Sklaverei insgesamt → zerstört das Wirtschafts- und Sozialsystem der Südstaaten;
  - Ermordung Präsident Lincolns;
  - Sicherung der nationalen Einheit;
  - Stärkung der Zentralgewalt, aber:
  - In den folgenden 12 Jahren der *reconstruction* stehen Truppen der Nordstaaten im Süden und führen ein hartes Militärregime → Verbitterung.
  - Nach der Wiederaufnahme der Südstaaten in die Union entstehen im Süden Gesetze zur Rassendiskriminierung und Rassentrennung, die bis in die 60er Jahre des 20. Jhs. bestehen bleiben.

Niederlage der Südstaaten

Aufstieg zur Weltmacht

Politische Expansion

- 1823: **Monroe-Doktrin:** Die USA verbitten sich die Einmischung europäischer Mächte in Nord- und Südamerika, sichern sich also den ganzen Kontinent als ihre Machtsphäre, vermeiden aber auch Einmischung in Europa. Später Investitionen in Mittel- und Südamerika, um dortige Märkte und Rohstoffe zu erschließen („Dollarimperialismus").
- 1854: Amerikanische Kriegsschiffe erzwingen Öffnung der japanischen Häfen für den Handel.
- 1867: USA kaufen Alaska von Russland für 7,2 Mio. Dollar.

Monroe-Doktrin

Nachdem etwa 1890 die Expansion im Landesinneren abgeschlossen ist, beginnen die Expansion nach außen und der Aufstieg zur Weltmacht.

- 1898: USA greifen in den Unabhängigkeitskrieg Kubas gegen Spanien ein und gewinnen Puerto Rico, die Philippinen und erhalten Einfluss auf das formal unabhängige Kuba.
- Ab 1901 beanspruchen die USA unter Präsident Theodore Roosevelt das Recht, über die kleineren Staaten Lateinamerikas eine internationale Polizeigewalt auszuüben *(big-stick-policy)*. Sie ver-

Kontrolle über Lateinamerika

meiden es aber, eine direkte Kolonialherrschaft wie die Europäer zu errichten.

- 1903: USA zwingen Kolumbien zur Abtretung des Gebietes von Panama, um in einer eigenen Zone den Panama-Kanal bauen zu können: Fertigstellung 1914.
- 1914: USA bleiben im Ersten Weltkrieg zunächst neutral, unterstützen die Alliierten aber durch Kriegslieferungen und Kredite. 1917 Kriegseintritt gegen die Mittelmächte als „Kreuzzug für die Demokratie". Bis zu 2 Mio. amerikanische Soldaten sind in Europa.

Industrialisierung

Günstige Bedingungen

- Beste Voraussetzungen vorhanden:
  - fast unerschöpfliche Bodenschätze,
  - reichlich Arbeitskräfte durch ständige Einwanderung,
  - hohe Motivation der Arbeitskräfte, die sich Existenz aufbauen wollen,
  - weit verbreitete Erfolgsmentalität, unbegrenzte Aufstiegsmöglichkeiten: „vom Tellerwäscher zum Millionär",
  - einheitlicher Wirtschaftsraum ohne Zollschranken,
  - System der freien Marktwirtschaft, das Privatinitiative zulässt und keine Hemmnisse, wie Zunftzwang, kennt,
  - gesicherte Lebensmittelversorgung,
  - großer Absatzmarkt im Binnenland.
- Beginn mit **Textilindustrie**;
- **Schwerindustrie** (Kohle, Eisen, Stahl) begünstigt durch den **Eisenbahnbau** zur Erschließung des Kontinents und durch die Waffenproduktion für den Sezessionskrieg;
- **Schienennetz** umfasst 1850 15 000 Meilen, 1900 schon 260 000 Meilen.
- Bildung von Konzernen, Trusts und Holdinggesellschaften;

Erfindungen und neue Produktionsmethoden

- **Erfindungen** in der Elektrotechnik und im Fernmeldewesen werden landesweit sehr schnell umgesetzt: Elektrizität und Telegraphie, Telefon.
- Rasche Verbreitung des Automobils; Erfindung des Fließbands durch Henry Ford. Erfolgsmodell T (Tin Lizzie)
- Zur Zeit des Ersten Weltkriegs sind die USA bereits die **führende Industriemacht** der Welt.
- **Begleiterscheinungen:**
  - Absatzkrise in der Landwirtschaft führt zu Verschuldung der Farmer und Landflucht.
  - Wohnungsnot und schlimme hygienische Verhältnisse in den Städten;
  - lange Arbeitszeiten;
  - mangelnde soziale Absicherung der Arbeitskräfte.

Wirtschaftskrise und Ende der Isolationspolitik

- Die Zeit unmittelbar nach dem Ersten Weltkrieg ist durch eine Stimmungskrise gekennzeichnet. Die Furcht vor einer Ausbreitung des Kommunismus nimmt hysterische Züge an *(red scare)*.
- Zuwanderung aus Europa und Binnenwanderung Schwarzer aus dem Süden in die Ballungsräume des Nordostens verstärken fremdenfeindliche Bewegungen (Ku-Klux-Klan) und lösen Rassenkrawalle aus.
- Die Folge sind Einwanderungsquoten und Obergrenzen.

Vom Wirtschaftsboom zur Krise

- Nach kurzer Umstellungskrise von der Kriegs- auf Friedenswirtschaft setzt enormes Wirtschaftswachstum ein, begünstigt durch Schutzzölle.
- Wachstumsbranchen sind: Bauwirtschaft, Automobilindustrie (1929: 26 Mio. Kfz in den USA), chemische Industrie und Elektroindustrie.
- Konsumgüter werden in Mengen hergestellt, wie sie in der übrigen Welt unvorstellbar sind. Man glaubt an permanentes, ungebremstes Wachstum.
- Überproduktion und Absatzschwierigkeiten führen zu Kurseinbrüchen an den Börsen (**Schwarzer Freitag** 25.10.1929). Viele Spekulanten haben ihre Aktien mit Krediten erworben, die sie nicht mehr bedienen können → Bankenzusammenbrüche und Firmenpleiten als Folge.

Kurseinbrüche an der Wall Street lösen Weltwirtschaftskrise aus

- US-Banken ziehen die an europäische Staaten vergebene Kredite zurück → Krise weitet sich zur Weltwirtschaftskrise aus.
- In den USA 25% Arbeitslose. Soziales Absicherungssystem fehlt. Industrieproduktion sinkt bis 1933 auf 58%, das Bruttosozialprodukt auf 43,5% von 1929.
- Präsident Franklin D. Roosevelt (1933–1945) setzt auf die Wirtschaftspolitik des *New Deal*. Erstmals in der US-Geschichte greift der Staat deutlich mit ordnenden Maßnahmen ins Wirtschaftsgeschehen ein. Auf Preise, Löhne und Produktionsmengen nimmt der Staat Einfluss. Unterstützung für Farmer, Arbeitsbeschaffungsmaßnahmen, Arbeitslosenunterstützung. Die TVA *(Tennessee Valley Authority)* modernisiert einen strukturschwachen Großraum. Die Erfolge des *New Deal* sind zunächst bescheiden, 1938 gibt es immer noch 10 Mio. Arbeitslose, erst 1939 erreicht das Bruttosozialprodukt wieder den Wert von 1929. Aber prinzipiell setzt sich gegen den Widerstand des liberal gesinnten *Supreme Court* die Vorstellung durch, dass der Staat eine soziale Verantwortung gegenüber seinen Bürgern hat.

Staatliche Intervention zur Wirtschaftsbelebung

- Die Wirtschaftskrise führt in den USA im Gegensatz zu Europa weder zu einem Auftrieb für kommunistische oder faschistische Bewegungen, noch gibt es Putschversuche oder Aufstände.

Wechsel in der Außenpolitik

In Versailles können die Amerikaner ihre Vorstellungen von einer besseren Welt (Demokratie, Selbstbestimmungsrecht) nur teilweise durchsetzen und ziehen sich aus Europa wieder zurück. Der Senat lehnt den Friedensvertrag ab. Die USA treten dem Völkerbund nicht bei.

Verhaltenes Engagement in Europa

- Trotzdem tragen sie zur wirtschaftlichen Stabilisierung Europas bei, indem sie durch den **Dawesplan, Youngplan** und **Vertrag von Lausanne** das Reparations- und Schuldenproblem der Europäer reduzieren.
- Sie beteiligen sich auch an Maßnahmen zur Abrüstung und Friedenssicherung (**Briand-Kellogg-Pakt** 1928).
- Angesichts des Nationalsozialismus in Deutschland, des Faschismus in Italien und des japanischen Imperialismus beschließt der Kongress Neutralitätsgesetze, damit die USA nicht erneut in einen Krieg hineingezogen werden.
- Präsident Roosevelt dagegen befürwortet eine aktive Verteidigung der amerikanischen Interessen und der westlichen Demokratien.
- „Quarantäne-Rede" 1937

Mitgestaltung der Weltpolitik

Schrittweiser Kriegseintritt

- Im September 1939 erklären die USA noch ihre Neutralität im Krieg, aber schon im Oktober unterstützen sie Großbritannien mit Kriegsgerät auf der *Cash-and-carry*-Basis.
- Das Leih- und Pachtgesetz *(lend and lease)* vom März 1941 ermöglicht auch die Unterstützung von Partnern, die die Kriegsgüter nicht bezahlen können, z.B. der Sowjetunion.
- Im Dezember 1941 nach dem japanischen Überfall auf Pearl Harbor erklären die USA den Krieg gegen Japan, dann folgen die Kriegserklärungen Deutschlands und Italiens an die USA.
- Während des Krieges bestimmen die USA das militärische Geschehen und die Konferenzen über die künftige Weltordnung wesentlich mit.

Aufstieg zur Supermacht nach dem Zweiten Weltkrieg

- Als einzige Macht gehen die USA wirtschaftlich gestärkt aus dem Krieg hervor: Vollbeschäftigung und größte Industrieproduktion der Welt.
- **Politisch** sind sie unangefochten die **Führungsmacht** der westlichen Welt:

- Sie treiben im Rahmen des GATT (*General Agreement on Tariffs and Trade* – Allgemeines Zoll- und Handelsabkommen) den freien Welthandel voran.
- Sie sind Hauptvertreter der **Eindämmungspolitik** *(Containment)* gegenüber dem Kommunismus.
- Sie treten durch den **Marshall-Plan** für den Wiederaufbau Europas ein.
- Sie sind die treibende Kraft bei der Gründung der großen Militärbündnisse **NATO**, SEATO, CENTO.

Politische, militärische und technische Überlegenheit

- **Militärisch** sind sie durch die Verfügung über die Atombombe, ab 1952 die Wasserstoffbombe, zunächst überlegen.
- **Technische Überlegenheit** durch Entwicklung von Computern, modernen Massenkommunikationsmitteln und durch die Umsetzung der Automation. In der Weltraumforschung nach dem spektakulären Erfolg der Sowjetunion mit dem ersten Satelliten „Sputnik" große Anstrengungen, dann Erfolg durch die Mondlandung (1969);
- Führungsmacht in den Wissenschaften (größte Zahl von Nobelpreisen)

Ost-West-Konflikt

Die politische Auseinandersetzung mit der Sowjetunion führt zu einem aufwendigen **Wettrüsten**.

- In der **Kuba-Krise** 1962 fühlen sich die USA erstmals unmittelbar im eigenen Land bedroht → Gefahr eines Atomkrieges.
- Der Eintritt in den **Vietnam-Krieg** ab 1964, die grausamen Übergriffe mancher amerikanischer Soldaten gegen die Zivilbevölkerung, die Bombenangriffe und schließlich die Niederlage 1973/1975 führen zu einer tiefen Erschütterung des amerikanischen Selbstverständnisses. So haben sich viele Amerikaner den Kampf für Demokratie und Freiheit nicht vorgestellt, auch die Niederlage der größten Militärmacht scheint vielen unfassbar.
- Weitere **Prestigeverluste** ergeben sich
  - aus dem Sturz des Schahs von Persien durch die islamische Revolution (1979),
  - aus der Besetzung der amerikanischen Botschaft in Teheran (1979–1981),
  - aus dem Vordringen des kommunistischen Einflusses in SO-Asien und Afrika.
- Präsident Ronald Reagan (1981–1989) betreibt wieder eine Politik der Stärke, forciert die Rüstung und belebt den Antikommunismus. Weltweit werden antikommunistische Regime unterstützt, auch wenn sie Menschenrechte missachten.
- Als in der Sowjetunion Michail Gorbatschow einen neuen politischen Kurs steuert, nimmt die Konfrontation zwischen Ost und West ab, die Abrüstungsverhandlungen machen Fortschritte.

Neuorientierung nach dem Ost-West-Konflikt

- In der Regierungszeit von George Bush (1989–1993) kommt es zur deutschen Wiedervereinigung (1990) und zum Zusammenbruch der Sowjetunion (1991). Damit ist der Ost-West-Konflikt beendet, der seit 1945 die Welt gespalten hat. → Die USA sind als einzige Weltmacht übrig geblieben.
- Sie reduzieren die im Ausland stationierten Truppen, bauen aber ihre Militärmacht weiter aus und beharren auf ihrer Rolle als „Weltpolizist".
- Im asiatisch-pazifischen Raum versuchen die USA immer mehr Fuß zu fassen. Dort liegen große künftige Absatzmärkte, aber auch Produktionsstandorte mit preiswerten Arbeitskräften.
- Um ein Gegengewicht zur europäischen Integration zu bilden, beschleunigen die USA die nordamerikanische Freihandelszone **NAFTA** (1992 gegründet: USA, Kanada, Mexiko).
- Aber auch ganz Lateinamerika (außer Kuba) soll einbezogen werden (2001).

Innere Probleme

- Trotz Anstrengungen und Teilerfolgen unter Kennedy und Johnson kann das Problem der **Armut** nicht gelöst werden. Es gibt aber Mindestlöhne, Mietzuschüsse, Unterstützung bei Umschulung und im Krankheitsfall.

Rassenkonflikte

- Die **Rassendiskriminierung** rückt 1954 durch ein Gerichtsurteil ins Blickfeld. Die Rassentrennung in Schulen und Universitäten im Süden wird aufgehoben. Die praktische Umsetzung der Gleichberechtigung erfolgt aber nur zögerlich. Die auf friedlichem Weg um Integration bemühte Bürgerrechtsbewegung unter Martin Luther King hat Erfolge. Als Martin Luther King ermordet wird, nimmt der gewaltsame Widerstand der radikalen Bewegungen „Black Panther" und „Black Power" zu. Auch gegenwärtig ist der Anteil der Schwarzen und Hispanics unter den Armen und den Arbeitslosen überdurchschnittlich hoch.
- Das Demokratieverständnis nimmt Schaden, als Richard Nixon im Wahlkampf 1972 in die Wahlkampfzentrale der Demokraten einbrechen lässt (**Watergate** Hotel in Washington). Er kommt dem Amtsenthebungsverfahren *(impeachment)* durch seinen Rücktritt zuvor.

Zunehmende Rassenvielfalt

- Das Anwachsen der **farbigen Bevölkerung** (besonders der Hispanics und Asiaten) forciert die Rassenvielfalt: 2050 wird es bei gleich bleibender Entwicklung nur noch 52% Weiße geben.

2 Die Französische Revolution

Ursachen und Triebkräfte

Probleme in der Wirtschaft

- Die Landwirtschaft ist im 18. Jh. wenig produktiv, die Bauern müssen hohe Abgaben und Steuern entrichten. Im Durchschnitt bleibt ihnen nur ein Drittel des Ernteertrags.
- Es kommt immer wieder zu Missernten durch Trockenheit, Hagel oder Überschwemmungen. → Die Verknappung des Getreideangebotes und die hohen Preise in den Krisenzeiten haben die armen Schichten in der Stadt und auf dem Land zu tragen.
- In den 70er Jahren fällt durch die Liberalisierung der Märkte der Getreidepreis und somit das Einkommen der Bauern.
- Auch das Handwerk leidet unter der Einführung von Marktpreisen und durch den Import britischer Waren.
- Ein liberaler Handelsvertrag mit Großbritannien bringt so viele ausländische Textilien auf den Markt, dass die französischen Manufakturen Arbeiter entlassen müssen.

Soziale Konflikte

Ständegesellschaft

- Grundproblem: In der Ständegesellschaft sind Rechte und Pflichten ungleich verteilt. Mitglied eines Standes ist man von Geburt an, ein Wechsel ist kaum möglich.
- Der Adel und die hohe Geistlichkeit sind privilegiert, sie zahlen keine Steuern. Sie sind innerhalb ihres Standes stark differenziert. Sie besitzen 45% des Bodens.

Der Adel

- Der Adel hat Zugang zu den Führungsämtern in Staat und Armee. Er baut seine Güter immer stärker aus und verschafft sich dadurch ein sicheres, hohes Einkommen. Neben den alten Adel tritt der neue, der durch den König in den Adelsstand erhoben wurde. Nur ein Drittel ist wirklich reich, ein Teil lebt verarmt in der Provinz. Der Adel steht in Opposition zum König.

Der Dritte Stand

- Der Dritte Stand umfasst 98% der Gesamtbevölkerung. Er setzt sich aus der kleinen Gruppe des Bürgertums und der großen Masse der Bauern, Tagelöhner, Knechte und Mägde und der Unterschicht in den Städten zusammen.
- Durch den wirtschaftlichen Aufschwung im 18. Jh. entsteht eine begüterte **bürgerliche Schicht** aus Kaufleuten, Manufakturbesitzern, Bankiers, Steuerpächtern, Anwälten und Ärzten, die aber keine entsprechenden politischen Rechte besitzt und dem Adel gegenüber unterprivilegiert ist. Sie bringt die meisten Steuern auf. Die Bourgeoisie ist auf den Lebensstil des Adels fixiert. Ein Klassenkampf zwischen beiden Schichten findet nicht statt.

Unfähigkeit zu politischen Reformen

- Neben den alten ständischen Lokal- und Zwischengewalten mit ihren tradierten Rechten steht die zentralisierte Bürokratie des Königs. Vielfältige Rechtsordnungen stehen nebeneinander und überschneiden sich, es gibt ein Chaos der Zuständigkeiten.
- Die Lasten sind nicht nur ungleich auf die Stände verteilt, sie sind auch regional unterschiedlich groß.
- Das *Ancien Régime* unternimmt halbherzige Reformversuche, scheitert aber, weil es die soziale und politische Ordnung nicht grundsätzlich ändern kann und will.
- Schließlich weicht der Reformwille einer verhängnisvollen Passivität.

Finanzkrise zwingt zu Zugeständnissen

- Die Finanzkrise des Staates, hervorgerufen durch den verlustreichen Siebenjährigen Krieg, durch die Unterstützung der Amerikaner im Kampf gegen die Briten, aber auch durch die wirtschaftliche Krise von 1788, zwingt zur Einberufung der Generalstände – was einer Kapitulationserklärung der herrschenden Kräfte gleichkommt.
- Die Reformunfähigkeit zeigt sich auch in den Bereichen Wirtschaft, soziale Ordnung, Verwaltung und politische Mitsprache. Dringende Aufgaben, wie die Abschaffung der Steuerprivilegien, eine Strafrechtsreform, Abschaffung der Zünfte, Liberalisierung der Wirtschaft, religiöse Toleranz, soziale Aufstiegsmöglichkeit, politische Partizipation bleiben ungelöst.

Die Beseitigung des Feudalismus

Einberufung der Generalstände

- Die **Generalstände**, bestehend aus Adel, Geistlichkeit und Drittem Stand, erstmals seit 1614 wieder einberufen, sollen den König in Steuerfragen beraten; sie sind mit dem englischen Parlament nicht vergleichbar.
- Der Dritte Stand erreicht die Verdoppelung seiner Mitglieder.
- Er fordert gemeinsame Abstimmung aller drei Stände nach Köpfen, also nach dem Mehrheitsprinzip.

Die Nationalversammlung

- Der Dritte Stand gewinnt einige reformbereite Vertreter des 1. und 2. Standes für seine Pläne und erklärt sich mit ihnen zusammen am 17. Juni 1789 zur **verfassunggebenden Nationalversammlung**. Sie besteht auf dem alleinigen Recht der Steuerbewilligung.
- In Paris erheben sich Arbeiter und Kleinbürger *(Sansculotten)* aus Sorge, der Adel könne sich mit dem Ausland verbünden. Als der König die ausländischen Truppen um Paris verstärkt, entsteht eine Bürgermiliz, die **Nationalgarde**, die sich aus den Zeughäusern bewaffnet. Die Bürger verjagen die königlichen Intendanten und übernehmen selbst die Stadtverwaltung.

- Am 14.7.1789 fällt das königliche Stadtgefängnis und Symbol des Absolutismus, die Bastille, in die Hand der Aufständischen. Der König zeigt Bereitschaft zum Nachgeben, aber der Adel flieht ins Ausland, um von dort den Kampf gegen die Revolution zu organisieren.

Sturm auf die Bastille

- Auf dem Land Sturm auf Schlösser und Gutshöfe, Vernichtung der Urkunden über die Feudallasten und den Besitz an Grund und Boden.
- 4.8.1789: Beschluss der Nationalversammlung über Abschaffung aller Feudalrechte. Das Eigentum an Boden sollen die Bauern von den Grundherrn durch Ablösesummen erwerben können.

Aufhebung des Feudalismus

Die Beseitigung der absolutistischen Monarchie

- Am 26.8.1789 werden die Menschen- und Bürgerrechte nach amerikanischem Vorbild erklärt. Sie enthalten u. a. den Grundsatz der Gleichheit, Freiheit, Meinungsfreiheit, Recht auf Eigentum und Gewaltenteilung.

Erklärung der Menschen- und Bürgerrechte

- Der König wird von demonstrierenden Marktfrauen zur Anerkennung der Reformgesetze gezwungen und von Versailles nach Paris zurückgeholt.
- Um Staatseinnahmen zu haben, beschließt die Nationalversammlung die Verstaatlichung des kirchlichen Vermögens. Darauf werden Assignaten (Staatsobligationen) ausgegeben, die in der Folgezeit als Papiergeld dienen. 1790 wird Kirchengut nach und nach verkauft. Damit ist die Kirche als Stütze der Monarchie beseitigt, aber sie stellt sich teilweise gegen die Revolution, besonders, als man von Geistlichen den Eid auf die Verfassung verlangt, der von der Mehrheit abgelehnt wird.

Verstaatlichung des Kirchenbesitzes

- **Verfassung von 1791**: konstitutionelle Monarchie; Zensuswahlrecht; der König bestimmt als Leiter der Exekutive die Außenpolitik, hat aber gegenüber der Nationalversammlung nur ein aufschiebendes Veto. Durch die Dezentralisierung der Verwaltung (*Départements* verwalten sich selbst) wird ihm Macht entzogen. Gewaltenteilung ist gewährleistet, aber nicht das Gleichheitsprinzip.

Konstitutionelle Monarchie

- Der **Jakobinerklub** fordert das allgemeine Wahlrecht und das Ende der Monarchie.
- Der König wird nach einem Fluchtversuch unter Arrest gestellt.
- April 1792: Preußen und Österreich wollen den französischen König schützen. → Frankreich erklärt Österreich den Krieg.
- Die kleinbürgerliche Bewegung drängt auf das allgemeine Wahlrecht. Sie stürmt zusammen mit der Nationalgarde das Königsschloss. Die Legislative (ehemals Nationalversammlung) verkündet die Absetzung des Königs.

Hinrichtung des Königs und Übergang zur Republik

- Ein **Nationalkonvent** wird gewählt, der eine republikanische Verfassung ausarbeiten soll. Gegen den König läuft ein Prozess wegen Hochverrats. Januar 1793 Hinrichtung König Ludwigs XVI. → Die europäischen Monarchien bilden eine Koalition gegen Frankreich.
- **Republikanische Verfassung von 1793:** gleiches, indirektes Wahlrecht (allerdings nicht für Frauen); Gleichheitsgrundsatz verwirklicht; Verfassung tritt nie in Kraft. Der Nationalkonvent setzt neue Organe ein: Revolutionstribunale, einen **Wohlfahrtsausschuss** als Exekutive und Kommissare für die Provinzen und die Armee.
- Damit möchten die Jakobiner die feindlichen Heere besiegen, die Wirtschaftskrise überwinden und die Aufstände gegen die Revolution im eigenen Land niederwerfen. Außerdem sollen die Girondisten ausgeschaltet werden.

Die Diktatur

Bürgerkrieg

- Girondisten, die fliehen können, organisieren zusammen mit Anhängern des Königs von der Provinz aus den Widerstand gegen die Jakobiner in Paris.

Die Schreckensherrschaft

- Der Wohlfahrtsausschuss erhält Sondervollmachten und führt in ganz Frankreich einen strengen Zentralismus ein. Er geht mit regulären Truppen gegen alle Feinde der Jakobiner vor. Revolutionstribunale verhängen Todesurteile zuerst gegen die Königin, dann gegen Girondisten, schließlich gegen jeden ihrer Gegner. In dieser Zeit der **Schreckensherrschaft** werden in ganz Frankreich 50 000 Menschen getötet. Der Terror des Wohlfahrtsausschusses unter Robespierre trifft schließlich auch Gegner in den eigenen Reihen: Danton und seine Anhänger. Selbst bedroht, erhebt sich die Opposition zum Sturz und zur Hinrichtung Robespierres.
- Dem Terror Robespierres folgt für kurze Zeit der „Weiße Terror", der sich gegen die Jakobiner richtet.
- Im Konvent gewinnen die gemäßigten Republikaner wieder die Mehrheit.

Das Direktorium

Die Verfassung von 1795

- Nach der **Verfassung von 1795** steht an der Spitze der Exekutive ein fünfköpfiges Direktorium. Die Legislative besteht aus dem Rat der Alten (250 Mitglieder) und dem Rat der 500. Es wird wieder ein Zensuswahlrecht eingeführt, welches das passive Wahlrecht auf 30.000 besonders Begüterte beschränkt. Das Eigentumsrecht wird garantiert, ebenso die Gleichheit vor dem Gesetz, aber die sozialen Rechte werden herausgenommen.
- Das Direktorium unterdrückt die Reste der Jakobiner ebenso wie einen Aufstand der Royalisten und der radikalsozialistisch orientierten „Verschwörung der Gleichen".

- Als das Direktorium nach Wahlen um seine Macht fürchten muss, bedient es sich der Armee zur Deportation eines Teils der Abgeordneten und fälscht in der Folgezeit mehrfach die Wahlergebnisse. Durch eine Währungsreform kann zwar die Geldwertstabilität wieder hergestellt werden, aber der **Staatsbankrott** ist nicht zu vermeiden. Staatseinnahmen holt man in der Folgezeit besonders aus eroberten Nachbarländern.
- Nach militärischen Niederlagen 1799 und Misserfolgen bei den Wahlen wird die politische Ohnmacht des Direktoriums deutlich. Die Bevölkerung wünscht einen starken Staat.

Staatsstreich Napoleons

- Der erfolgreiche General der Revolutionskriege **Napoleon Bonaparte** nutzt die Situation im November 1799 zum Staatsstreich. Rat der 500 und Direktorium werden beseitigt. Die Exekutive bilden drei Konsuln. Napoleon ist der mächtigste von ihnen. Die Revolution wird für beendet erklärt.

3 Revolution in Russland und die spätere Entwicklung

Rückständigkeit Russlands im 19. Jahrhundert

Politische Strukturen

- Nach dem Wiener Kongress 1815 ist Russland anerkannte Großmacht in Europa und Garant der alten feudalistischen Ordnung: Die liberale Bewegung wird ebenso unterdrückt wie die demokratisch-konstitutionelle.

Autokratisches Zarenregime

- Der Zar führt ein **autokratisches, obrigkeitsstaatliches Regime**; er stützt sich auf Polizei, Armee, die Bürokratie und die orthodoxe Kirche.
- Es gibt keine öffentlichen Diskussionen, es entwickeln sich keine Parteien.
- Alle westlichen Ideen, z.B. die Garantie von Bürgerrechten, die Einrichtung einer Verfassung oder die Verwirklichung sozialer Gleichheit werden dem russischen Volk vorenthalten.
- Tatsächlich gibt es weder im ausgehenden 18., noch bis zur Mitte des 19. Jahrhunderts revolutionäre Erschütterungen.

Wirtschaftliche und soziale Situation der Bauern

- Russland bleibt bis 1917 ein Agrarstaat.
- 80% der Landbevölkerung sind Analphabeten und leben in bitterer Armut.

Armut und Not der Landbevölkerung

- Die **Bauernbefreiung von 1861** hebt zwar die Leibeigenschaft der Bauern auf und gibt ihnen die persönliche Freiheit, aber das

Land bleibt Eigentum der Gutsbesitzer. Die Entwicklung verläuft in einzelnen Landesteilen sehr unterschiedlich. Landerwerb durch die Bauern ist möglich, für viele Bauern sind aber die Ablösesummen zu hoch, sodass sie nur einen Teil des Landes als Eigentum gewinnen können und daneben weiterhin auf Arbeit bei den Gutshöfen oder auf Pachtland von den Gutshöfen angewiesen sind. → Gutsbesitz und bäuerliche Wirtschaft existieren nebeneinander und sind miteinander verzahnt.

- Meistens geht das Land in den Kollektivbesitz der Bauerngemeinde (*Mir* oder *Obscina*) über. Sie verteilt das Land in regelmäßigen Abständen nach Familiengröße immer wieder neu, verhindert aber höhere Produktivität.
- Im europäischen Russland findet eine **Bevölkerungsexplosion** statt: 1863 61,2 Mio. Bewohner, 1913 121,8 Mio. Bewohner.
- Ein Teil der Landbevölkerung wandert zwar in die Städte, nach Amerika, in den Kaukasus, nach Sibirien oder nach Mittelasien ab, die durchschnittliche Agrarfläche, die für einen Erwerbstätigen in der Landwirtschaft zur Verfügung steht, sinkt aber beträchtlich → überschüssige Arbeitskräfte → „Landhunger" der russischen Bauern.
- Die meisten russischen Bauern leiden trotz Bauernbefreiung unter Armut und Not. Das Agrarproblem bleibt ungelöst.

Geringer Grad der Industrialisierung

Städtisches Bürgertum fehlt

- Ein städtisches Bürgertum wie in Westeuropa fehlt, damit gibt es auch **keine Unternehmerschicht**, die für die wirtschaftlichen Innovationen sorgen kann.
- Industriewaren werden in Westeuropa eingekauft und mit Agrarprodukten und Rohstoffen bezahlt.
- Erst um 1870 wird der Aufbau der Industrie begonnen und in den 90er Jahren rasch voran getrieben.
- **Eisenbahnbau** als Prestigeobjekt (Transsibirische Eisenbahn ab 1891)
- Das Kapital beschafft man sich durch Staatsverschuldung und Kredite im Ausland.
- Die Industrialisierung bleibt weit hinter der des Westens zurück, die Industriearbeiterschaft ist klein und beschränkt sich auf wenige große Städte.

Imperialistische Außenpolitik

- Um von den innenpolitischen Problemen abzulenken und Stärke und Überlegenheit zu demonstrieren, beginnt Russland mit einer verhängnisvollen Machtpolitik.
- Die Expansion in Richtung des Osmanischen Reiches, um über Bosporus und Dardanellen den Zugang zum Mittelmeer zu gewinnen, führt zur Konfrontation mit Großbritannien, Frankreich

und Österreich und endet mit einer empfindlichen Niederlage im **Krim-Krieg** (1853–1856). **Ergebnis:**

Krim-Krieg

- Militärische Schwäche wird offenbar;
- europäische Vormachtstellung ist beendet;
- Prestigeverlust für das Zarentum;
- innenpolitische Reformen werden begonnen in den Bereichen Landwirtschaft (s. o.), Justiz, Selbstverwaltung, Bildungswesen und Militär. Ziel: Herrschaft des Zaren wieder festigen.

- Nach dem Fehlschlag des Krimkrieges wendet sich Russland neuen imperialistischen Betätigungsfeldern zu: Mittelasien, Kaukasus, Balkan, Ferner Osten. Konfrontation besonders mit Großbritannien und Österreich nimmt zu.
- Der Versuch, Einfluss auf die Mandschurei und Korea zu gewinnen, führt zum **Krieg mit Japan**, das zur imperialistischen Macht in Ostasien aufgestiegen ist. Das Volk, teilweise sogar das Militär, zeigt kein Interesse an diesem Krieg. Die sich abzeichnende russische Niederlage 1905 schwächt das Zarentum und löst Unruhen in Petersburg aus.

Expansion nach Ostasien

Die Revolution 1905 / 1906

- Demonstranten ziehen zum Winterpalais des Zaren und wollen eine Bittschrift um Reformen überreichen. Die Schlosswache schießt auf die wehrlose Menge → Hunderte von Toten („Blutiger Sonntag“) → im ganzen Land Kundgebungen, Arbeiterstreiks und Aufstände, auch von Bauern.
- Die Revolution von 1905 ist eine spontane Massenbewegung.
- In Petersburg entsteht im Oktober der erste **Arbeitersowjet**, ein Delegiertenkongress aus allen Fabriken des Landes. Leo Trotzki ist stellvertretender Vorsitzender. Lenin kehrt aus der Schweiz nach Russland zurück und ruft zu bewaffneten Aufständen auf. Ein Sowjet = Rat, stellt ein Organ der Selbstverwaltung dar.

Bildung erster Sowjets

- Ein Generalstreik legt das öffentliche Leben lahm. →
- Im **Oktobermanifest** 1905 werden bürgerliche Grundrechte gewährt und eine Volksvertretung *(Duma)* in Aussicht gestellt. Erstmals wird ein Kabinett mit Ministern und einem Ministerpräsidenten an der Spitze bestimmt.
- Die konstitutionelle und liberale Bewegung hat, wie es scheint, die Hauptziele erreicht und ist zufrieden: Aus einer Autokratie ist eine konstitutionelle Monarchie geworden.

Konstitutionelle Monarchie

- Die radikale sozialistische Bewegung konnte zwar erstmals Sowjets ins Leben rufen, ein zweiter Aufruf zum Generalstreik blieb aber ohne Erfolg, der Petersburger Sowjet wird aufgelöst, seine führenden Mitglieder werden verhaftet, Trotzki geht in die Verbannung nach Sibirien, Lenin flieht nach Finnland.

Parteien

1906 bilden sich in Russland folgende **Parteien** heraus:

- **Konstitutionelle Demokraten (Kadetten):**
  - Vertreter des Bürgertums;
  - Forderung nach parlamentarischem System und Erhaltung der *Duma;*
  - nach liberalen Reformen, Sicherung der Grundrechte,
  - Enteignung der Gutsbesitzer,
  - zuerst größte Fraktion, dann ohne große Wirkung in der Opposition.
- **Sozialrevolutionäre:**
  - eine große revolutionäre sozialistische Partei;
  - Vorläufer sind die *Narodniki* = Volksfreunde, die ab 1861 die bäuerlichen Massen für revolutionäre demokratische Umwälzungen gewinnen wollten, aber keinen Erfolg bei den Bauern hatten, weil diese misstrauisch gegenüber den Gebildeten aus den Städten blieben. 1881 wurde die Bewegung der *Narodniki* zerschlagen.
  - Sozialrevolutionäre sind gegen Industrialisierung, für dezentrale Kleinproduzenten.
  - Sie zielen auf Arbeiter und Bauern ab, können aber kaum Arbeiter gewinnen.
  - Der Boden soll zunächst individuell genutzt, später sozialisiert werden.
  - **Ziele:** liberales Wahlrecht, Verfassungsgebende Versammlung, republikanische Staatsform;
  - Kampfmittel bis 1907: Agitation und Terror gegenüber Vertretern des Zarentums.
- **Russische Sozialdemokratische Arbeiterpartei** ab 1898 bis 1903, Vertreterin des Proletariats; auf dem Kongress in Brüssel und London 1903 kommt es zur Spaltung in **Bolschewiki** und **Menschewiki**, bilden aber in der *Duma* bis 1917 eine Fraktionsgemeinschaft.
- **Bolschewiki:**
  - setzen auf die 3 Mio. Arbeiter;
  - eine straff geführte Kaderpartei von Berufsrevolutionären soll als Avantgarde des Proletariats die Macht ergreifen und den Sozialismus erzwingen.
  - Führender Kopf: Lenin
- **Menschewiki:**
  - wollen die bürgerlichen Schichten als Verbündete einbeziehen und zuerst eine bürgerliche Revolution durchführen;
  - für Teilnahme an Wahlen zur Staatsduma, um dann Reformen zu erzielen.
- **Oktobristen:** Vertreter der Gutsbesitzer und Industriellen; wollen die Oktobervorstellungen umsetzen; nationalistisch orientiert.

- Nationalisten und der „Bund des russischen Volkes“ stehen auf der rechten Seite.

Zar kontrolliert die Duma

Im April 1906 tritt die 1. Duma zusammen. Wirkliche politische Freiheit bleibt aus. Wenn die Duma kein politisches Wohlverhalten zeigt, wird sie vom Zaren aufgelöst. Zur Einschränkung der Macht der Duma wird ein Reichsrat bestimmt, der den Gesetzen zustimmen muss. Es hat sich also nur ein „Scheinkonstitutionalismus“ gebildet. Die Autokratie des Zaren bleibt. Die Parteien können keine politische Verantwortung tragen.

Landreform

Minister Stolypin führt 1906–1911 eine **Landreform** durch.
- **Ziel** ist die Schaffung selbstständiger Bauernbetriebe von ausreichender Größe
- Maßnahmen: Bauern können aus der Bauerngemeinde *(Mir)* ausscheiden und selbstständig wirtschaften; Flurbereinigung wird durchgeführt; Neuansiedlung landarmer Bauern in Sibirien.
- **Ergebnis:**
  - Insgesamt können bis 1916 7 Mio. Bauernfamilien auf eigenem Privatbesitz arbeiten.
  - Eine Schicht von Mittelbauern ist entstanden: Kulaken.
  - Die Mehrheit bleibt ländliches Proletariat, als Lohnarbeiter bei den Gutsbesitzern oder den Kulaken beschäftigt.

Die Auswirkung des Ersten Weltkriegs

Kriegsmüdigkeit und wachsender Protest

- Mit nationalen Appellen gelingt es dem Zaren, den Patriotismus der Bevölkerung zu mobilisieren und seine eigene Stellung zu stabilisieren.
- Durch Niederlagen und Versorgungsschwierigkeiten wächst die Enttäuschung der Bevölkerung und die Bereitschaft zum Protest.
- In der Bevölkerung reift die Erkenntnis, dass der Krieg nicht zu gewinnen ist:
  - leistungsfähige Rüstungsindustrie fehlt,
  - Transportsystem funktioniert kaum,
  - Kampfmoral schwindet; die Soldaten, vorwiegend Bauern, ertragen den zermürbenden Stellungskrieg kaum noch, ihre Höfe sind meistens ohne männliche Arbeitskräfte,
  - Inflationsrate steigt,
  - Zar Nikolaus II. zeigt sich unfähig zu politischen Veränderungen, der Prediger Rasputin hat Einfluss am Hof.

Februarrevolution 1917

- Es kommt zu spontanen Streiks, Demonstrationen und in der Hauptstadt Petrograd (bis 1914 St. Petersburg genannt) auch zu Straßenkämpfen.
- Der Zar lässt Truppen einsetzen, diese weigern sich teilweise, auf die Demonstranten zu schießen und laufen sogar scharenweise zu ihnen über.
- Der Zar befiehlt die **Auflösung der Duma**, sie kommt der Anordnung aber nicht nach, sondern wählt eine „Provisorische Regierung". Der Zar dankt ab (3. März 1917). Russland ist eine **Republik**.
- Gleichzeitig wählen die Bolschewiki, Sozialrevolutionäre und Menschewiki **Arbeiter- und Soldatenräte**, wie 1905. Die Bolschewiki bleiben in der Minderheit.

Während der Zeit der **Doppelherrschaft** werden die Unterschiede deutlich:

Die Provisorische Regierung

- Die Provisorische Regierung der Duma repräsentiert das Bürgertum und steuert eine politische Reform an.
- Grundrechte werden verkündet.
- Eine Verfassunggebende Versammlung soll die weiteren Weichen stellen.
- Man will im Krieg an der Seite der Alliierten weiterkämpfen.
- Die Regierung fühlt sich unsicher, weil die große Mehrheit der Bevölkerung nicht hinter ihr steht.

Die Arbeiter- und Soldatenräte

- Die Arbeiter- und Soldatenräte bilden ebenfalls ein Exekutivkomitee, also eine Regierung.
- Ihr Ziel ist eine gesellschaftliche und politische Revolution.
- Ein Frieden ohne Annexionen und Reparationen soll erreicht werden.
- Die Menschewiki und Sozialrevolutionäre beteiligen sich sogar an der bürgerlichen Regierung, darunter der Sozialrevolutionär Alexander Kerenski, der im Juli Ministerpräsident wird.

Die Bolschewiki

- Lenin (eigentlich Wladimir Iljitsch Uljanow), seit 1905 im Exil, kehrt mithilfe der deutschen Regierung über Deutschland und Finnland am 3. April 1917 nach Petrograd zurück.

Lenins Aprilthesen

- Mit seinen **„Aprilthesen"** stellt er die Weichen für die Politik der Bolschewiki und ihren künftigen Erfolg. Er kämpft damit gegen die Provisorische Regierung, die Bourgeoisie und die konkurrierenden sozialistischen Parteien.
  - Errichtung einer Sowjetrepublik „Alle Macht den Sowjets";
  - Verstaatlichung von Boden und Banken „Alles Land den Bauern";

- Abschaffung von Heer, Polizei und Bürokratie;
- sofortige Beendigung des Krieges „Frieden um jeden Preis".

- Ein Putschversuch der Bolschewiki Anfang Juli scheitert. Lenin flieht nach Finnland.
- Ein Putschversuch von General Kornilow, der die Doppelherrschaft beenden will, scheitert ebenfalls.

Oktoberrevolution 1917

- Die Fortsetzung des Krieges trotz Misserfolgen und Versorgungsproblemen und die hinausgezögerte Landverteilung lässt das Ansehen der Regierung im Sommer rasch schwinden.
- Andererseits gewinnen die Bolschewiki immer mehr Anhänger, in den Sowjets von Petrograd und Moskau erringen sie die Mehrheit.
- Die Bolschewiki bereiten sich auf einen Umsturz am 25. Oktober vor. An diesem Tag tritt der 2. Allrussische Sowjetkongress zusammen. Trotzki bildet ein Militärisches Revolutionskomitee, dem die Petrograder Garnison unterstellt wird. Damit ist das Heer in der Hand der Bolschewiki.
- Alle strategisch wichtigen Punkte Petrograds werden schlagartig ohne Blutvergießen und ohne nennenswerten Widerstand besetzt; die im Winterpalais tagende Regierung wird verhaftet, Kerenski kann fliehen.

Bolschewiki erringen die Macht

- Aus Protest gegen den Putsch verlassen Menschewiki und Sozialrevolutionäre den Sowjetkongress.
- Der verbleibende Rumpfkongress, den nun die Bolschewiki allein beherrschen, setzt eine Regierung ein: den **„Rat der Volkskommissare"** unter Leitung Lenins.
- Der Sowjetkongress beschließt das „Dekret über den Frieden" (sofortiger Waffenstillstand), außerdem die Enteignung des Großgrundbesitzes ohne Entschädigung; Neuverteilung des Bodens an landlose Bauern.
- Der **Friede von Brest-Litowsk** bringt große Verluste: Polen, die baltischen Staaten, Finnland und die Ukraine.
- Wahlen zu einer Verfassunggebenden Versammlung: Sozialrevolutionäre und Menschewiki 60%, Bolschewiki 25%, bürgerliche Parteien 13%; der Wähler hat den radikalen Bolschewiki eine klare Absage erteilt, will aber eindeutig Veränderungen und hat zu den bürgerlichen Parteien kein Vertrauen.
- Als die Versammlung im Januar 1918 zusammentritt, lehnt sie den Antrag der Bolschewiki ab, die Macht an die Sowjets zu übergeben. Die Roten Garden verhindern am Folgetag den Zusammentritt der Versammlung. Der Rat der Volkskommissare löst die Versammlung per Dekret auf.

Wertung der Revolution

- Die Oktoberrevolution war keine Volkserhebung, sondern das genau geplante Werk einer Gruppe von Berufsrevolutionären.
- Die neue Regierung hatte keine breite Mehrheit der Bevölkerung hinter sich.
- Sie akzeptierte keine Entscheidung des Volkes, die ihrer Vorstellung widersprach.

Russland unter Lenin

Machtausbau

- Statt der lokalen Sowjets bestimmen immer mehr die bolschewistischen Parteifunktionäre.
- Die Bolschewiki nennen sich seit März 1918 „Russische Kommunistische Partei". Hauptstadt wird Moskau.

Unterdrückung politischer Gegner

- Die 1917 gegründete „Tscheka" dient als Geheimdienst und Geheimpolizei der Verfolgung der politischen Gegner. Inhaftierungen und Morde sind an der Tagesordnung, auch die Zarenfamilie wird getötet.

Bürgerkrieg (1918–1921)

- Die Gegner des Kommunismus organisieren eine Armee aus Freiwilligen des alten Heeres unter zaristischen Offizieren: **„Weiße Armee"**. Sie wird unterstützt von Anhängern des Zaren, bürgerlichen Demokraten, Sozialrevolutionären, unzufriedenen Bauern. Auch Ukrainer, Weißrussen und Kaukasusvölker, die um ihre nationale Selbständigkeit fürchten, schließen sich an.
- Seit dem Sommer 1918 kämpfen Truppen aus England und Frankreich mit, unterstützt von den USA und Japan.
- Den „Weißen" fehlt ein klares politisches und soziales Konzept, mit dem sie erfolgreich werben können.
- Trotzki führt die allgemeine Wehrpflicht ein und baut die **„Rote Armee"** auf. Sie verfügt Ende 1918 über 5 Mio. Soldaten.

Sieg der „Roten Armee"

- Nach dem Sieg der „Roten Armee" im Westen werden auch alle Gebiete Asiens, die früher zum Zarenreich gehört haben, zurückerobert. Aber Polen, die baltischen Staaten und Finnland bleiben selbstständig.
- Der Bürgerkrieg fordert 10 Mio. Tote (der Erste Weltkrieg auf russischer Seite 2,5 Mio.).

Kriegskommunismus

Um in der Kriegssituation die Versorgung aufrecht zu erhalten, werden drakonische Maßnahmen durchgeführt.

Wirtschaftlicher Niedergang

- Bauern müssen ihr Getreide unter Androhung von Waffengewalt abliefern.

- Industriebetriebe werden verstaatlicht.
- Der Handel wird staatlich kontrolliert.
- Eine allgemeine Arbeitspflicht wird eingeführt.
- Mieten werden abgeschafft.
- Die Wirtschaft des Landes ist am Ende des Bürgerkriegs weitgehend zerstört und ineffizient.

Neue Ökonomische Politik (NEP)

Begrenzte Lockerung der staatlichen Kontrolle

- Bauernunruhen brechen aus, in Kronstadt meutern Matrosen, im Land gibt es Hungersnöte und Seuchen.
- Da der Kriegskommunismus nicht in der Lage war, seine Ziele zu erreichen, werden im März 1921 Lockerungen eingeführt:
  - Bauern dürfen Überschüsse am freien Markt verkaufen.
  - Auch Handwerker und Händler dürfen wieder freier wirtschaften.
  - Aber Großindustrie und Banken bleiben unter staatlicher Kontrolle.
- Die begrenzte Wiederzulassung von marktwirtschaftlichen Elementen führt zu raschen Erfolgen, kann aber die Hungersnot des Jahres 1921 mit 1 Mio. Toten nicht mehr verhindern.

Gründung der UdSSR

- Im Dezember 1922 entsteht die „Union der Sozialistischen Sowjetrepubliken" (UdSSR).
- Dabei werden in den Ländern, die von der Roten Armee erobert wurden, zunächst kommunistenfreundliche Regierungen eingesetzt, die dann dem Beitritt zur UdSSR zustimmen. (Ukraine, Weißrussland, Georgien, Armenien, Aserbaidschan)

4 Der Umbruch in China im 20. Jahrhundert

Die schwache Mandschu-Dynastie

- Die Mandschu-Dynastie regierte China seit 1644. Sie stützte sich auf die
  - **Großgrundbesitzer**, die von den Abgaben der Bauern lebten, und keine wirtschaftlichen Veränderungen wollten und die
  - **Staatsbeamten**, die in den Lehren des Konfuzius ausgebildet und geprüft waren oder ihr Amt gekauft hatten. Sie hatten weder volkswirtschaftliche noch technische oder wissenschaftliche Kenntnisse.

- Es gab keine Gesellschaftsschicht wie das Bürgertum im Westen, das Gedanken der Aufklärung, der politischen Mitwirkung oder des wissenschaftlich-technischen Fortschritts hätte verbreiten können.
- Die Untertanen waren zu Gehorsam erzogen worden und fügten sich. Der Stellenwert des Individuums war gering.
- Die feudale Gesellschaft zeigte sich unfähig zu Reformen.

Spielball der imperialistischen Mächte

- In der Phase des Kolonialismus und Imperialismus konnten europäische Mächte sowie Japan und die USA den Küstensaum in Interessenssphären aufteilen, ohne Territorien erobern und eine kostspielige Kolonialverwaltung aufbauen zu müssen. Man sicherte sich in den so genannten **„Ungleichen Verträgen"** Wirtschafts- und Handelsrechte. Wichtige Gebiete wurden „gepachtet": Hongkong von den Briten, Macau von den Portugiesen, Korea und Formosa (heutiges Taiwan) kam in die Hand von Japanern, Tsingtau von den Deutschen, Gebiete nördlich des Amur und östlich des Ussuri von den Russen.
- Der halbkoloniale Status blieb etwa bis 1949.

Die Republik zwischen Modernisierung und Bürgerkrieg

- Infolge der inneren Schwäche und des Drucks von außen kann die Mandschu-Dynastie leicht gestürzt werden.

Ausrufung der Republik

- 1911 verweigern Provinzgouverneure und Militärs dem Kaiser den Gehorsam, der Republikaner Sun Yat-sen ruft die **Republik** aus, Anfang 1912 dankt der letzte Kaiser ab. Das Volk bleibt weitgehend unbeteiligt.
- Die neue Zentralregierung kann sich nicht durchsetzen, stattdessen herrschen **regionale Militärmachthaber** und bekriegen sich gegenseitig.
- Gegen den inneren Zerfall und den Druck der Kolonialmächte (besonders Japan) richtet sich 1919 eine von Peking ausgehende nationale Bewegung.
- Sun Yat-sen, der Führer der Nationalpartei **Guomindang** GMD (alte Schreibweise Kuomintang KMT), organisiert seine Partei mithilfe der Kommunistischen Internationale (Komintern) nach leninistischen Prinzipien neu und baut eigene Streitkräfte auf.

Gründung der KPCh

- 1921 wird die **Kommunistische Partei Chinas** gegründet.
- Die Komintern zwingt beide Parteien in einer Art Volksfront zusammenzuarbeiten. Unter Führung Sun Yat-sens soll China erneut versuchen, eine nationale Republik zu errichten. Trotz Spannungen hält das Bündnis über den Tod Sun Yat-sens (1925) hinaus bis 1927.
- Die Guomindang spaltet sich. Führer des rechten, antikommunistischen Flügels wird Chiang Kai-shek. Ende der Volksfront.

- Um die Macht im Land kämpfen ab 1927 im **Bürgerkrieg**: *Bürgerkrieg*
  - Alte Militärmachthaber, die teilweise zum Schein mit der GMD zusammenarbeiten, aber ihre Ziele, besonders den Zentralstaat, ablehnen;
  - die GMD unter Chiang Kai-shek, die sich immer stärker nationalistisch-reaktionär entwickelt, große Erfolge hat, aber kaum soziale Reformen angeht und daher wenig Rückhalt in der Bevölkerung findet. Regierungssitz Nanjing am Unterlauf des Jangtsekiang;
  - die Kommunistische Partei.

Mao Zedong

- Die Parteizentrale will durch Streiks, Sabotageakte, bewaffnete Aufstände die Kontrolle über die Städte gewinnen, hat damit wenig Erfolg.
- Unabhängig von der Parteiführung in Shanghai baut Mao Zedong in der Provinz Hunan im südchinesischen Bergland eine **Bauernbewegung** auf. *Mobilisierung der Bauern*
  - Durch Verteilung von Land an Bauern und Landarbeiter werden diese gewonnen. Damit ist eine territoriale Basis geschaffen.
  - Ein eigener Partei- und Regierungsapparat wird geschaffen.
  - Eine militärische Streitmacht für den Guerillakrieg wird aufgebaut. Sie soll sich mithilfe der Bauern selbst versorgen.
- Mao hat immer mehr Erfolg, obwohl er aus dem Politbüro ausgeschlossen und von der Parteiführung bekämpft wird.
- Die Zentralregierung der GMD mobilisiert 1933 ein 700 000-Mann-Heer und kreist das Basisgebiet Maos ein. Nach schweren Verlusten gelingt es Mao 1934 mit 100 000 Mann den Belagerungsgürtel zu durchbrechen. Sie durchziehen auf der Flucht in einem 12 000 km langen Marsch West- und Nordchina bis zur Grenze der Mongolei (1935). 8000 Mann bleiben übrig. Mao setzt sich gegen seine parteiinternen Rivalen durch.

Krieg gegen Japan 1937–1945

- Wirtschaftliche Schwierigkeiten bringen Japan 1931 zum Angriff auf die Mandschurei, das wegen seiner großen Rohstoffvorkommen wichtig erscheint. Japan errichtet dort ein Marionettenregime mit dem letzten chinesischen Kaiser an der Spitze. *Japan fällt in die Mandschurei ein*
- Die chinesische Regierung in Nanjing vermeidet wegen ihrer militärischen Unterlegenheit weitere Auseinandersetzungen.
- Die KPCh wirbt indessen immer erfolgreicher für eine Einheitsfront aller Parteien, Gruppen und Streitkräfte gegen die japanische Aggression. Chiang Kai-shek stimmt nach vorübergehender Gefangennahme zu, die Kämpfe gegen die KPCh einzustellen und erklärt sich für ein antijapanisches Bündnis.

- 1937 beginnt das imperialistische Japan den 2. Eroberungskrieg in China, der nahtlos in den Zweiten Weltkrieg übergeht. China erleidet große Zerstörungen, kann die Japaner aber nicht vertreiben.
- Nach der Kapitulation Japans versucht die GMD wieder in die alte Machtposition zu kommen. Die Unzufriedenheit der Bevölkerung ist aber wegen Korruption, Inflation und Polizeiterror groß.

Sieg Mao Zedongs

- Der Bürgerkrieg zwischen Mao und Chiang Kai-shek bricht 1947 erneut aus, Mao erobert von der Mandschurei aus ganz China, sein Sieg wird von den meisten als Befreiung empfunden. Chiang Kai-shek flieht mit 2,5 Mio. Anhängern nach Taiwan. Seine dortige nationalchinesische Regierung vertritt bis 1971 mit westlicher Unterstützung China im Sicherheitsrat der Vereinten Nationen. Das Land ist wirtschaftlich sehr erfolgreich (einer der „Tigerstaaten").

Sozialistische Umgestaltung nach sowjetischem Vorbild (1949–1956)

- 1.10.1949: **Ausrufung der Volksrepublik China** in Peking durch Mao. Er ist unangefochtener Führer der Revolution.

Landverteilung

- Großgrundbesitz enteignet; 43% der landwirtschaftlichen Nutzfläche werden an 120 Mio. Bauern verteilt: → soll die Ernährung sichern. Viele Großgrundbesitzer mit Billigung der Partei ermordet.
- Großindustrie, Handel und Banken verstaatlicht;
- rasche Beseitigung der Kriegsschäden;

Kollektivierung

- Mit sowjetischer Hilfe geplanter und durchgeführter 1. Fünfjahresplan (1953–1957) ist der Beginn der **Kollektivierung** (Bildung von LPGs): Der Staat erfasst alle Bereiche der Wirtschaft (Zentralverwaltungswirtschaft). Nur der Staat darf landwirtschaftliche Produkte ankaufen. Die Schwerindustrie erhält die intensivste Förderung.
- Gleichberechtigung der Frauen
- Trotz rasch steigender Produktionszahlen bleiben die Probleme: Bürokratisierung und geringe Effizienz in der Wirtschaft.

Vom „Großen Sprung nach vorn" zu den „Drei bitteren Jahren"

- Mao wendet sich vom sowjetischen Wirtschafts- und Sozialismusmodell ab.
- Das neue, chinesische Modell soll sowohl ideologisch wie auch wirtschaftlich auf dem Weg zum Kommunismus rascher voranführen, eine neue Qualität erreichen.
- Dazu gehören Kollektivierung, Mobilisierung der Massen und Verzicht auf materielle Anreize.

Die 1958 umgesetzte Politik der „Drei roten Banner“ beinhaltet:

- Landwirtschaft und Schwerindustrie sollen gleichzeitig entwickelt werden.
- Statt auf großen Kapitaleinsatz (Kapital fehlt) setzt man auf die preiswerte Arbeitskraft der **mobilisierten Massen**: Man baut also keine modernen Großhochöfen zur Eisenerzeugung, sondern propagiert landesweit in Städten und Dörfern die Errichtung von „Kleinhochöfen“. **Ergebnis**: Die Eisenproduktion insgesamt ist erstaunlich in die Höhe geschnellt, aber das erzeugte Eisen und der daraus gewonnen Stahl haben eine mangelhafte Qualität.

Das chinesische Modell des Sozialismus

- In Stadt und Land werden **„Volkskommunen“** errichtet, das heißt Großkollektive. Sie sind gleichzeitig für Produktion, Bereitstellung von Infrastruktur (Kindergärten, Schulen, Krankenhäuser, Läden, Straßenbau), die politische Leitung und die Verwaltung zuständig. Dabei sollen sie sich möglichst selbst versorgen. Alle Produktionsmittel werden verstaatlicht. Privathaushalte weitgehend aufgelöst. Eine Volkskommune umfasst etwa 20 000 Einwohner. Auf dem Land werden mehrere LPGs zu Volkskommunen zusammengelegt.
- Es fehlt anfänglich am Fachwissen. Ständige „Arbeitsschlachten“ lassen die Motivation sinken. Zusätzlich kommt es 1960 zum Bruch mit Moskau. Moskau beendet die technische und wirtschaftliche Hilfe für China und zieht seine Experten zurück.
- Die Produktion von Nahrungsmitteln geht zurück. Es kommt zu großen Hungersnöten. 1960 bis 1962 sind die „Drei bitteren Jahre“. Bis zu 30 Mio. Menschen kommen ums Leben. Der „Große Sprung“ ist gescheitert.

Der „Große Sprung“ scheitert

- 1962 bis 1965 folgt eine Phase der Konsolidierung, Bauern erhalten wieder ihr privates Hofland, es gibt begrenzte materielle Anreize, langsame wirtschaftliche Erholung tritt ein.

Die „Große Proletarische Kulturrevolution“ (1966–1969/1976)

- Maos Prestige hat gelitten, seine Gegner in der Partei haben Auftrieb.
- Er will die von ihm geführte Partei mit ihren bürokratischen Strukturen zerschlagen und einflussreiche Staatsfunktionäre entmachten. Das Militär gibt ihm Rückhalt.
- **Ziel**: Gegner ausschalten, einen alternativen Herrschaftsapparat aufbauen und durch Umerziehung die alten Ziele der Kollektivierung verwirklichen.
- Dabei bedient er sich der jungen Generation, hauptsächlich Schüler und Studenten, die als **„Rote Garden“** durch das Land ziehen, Amtsträger und Parteifunktionäre terrorisieren oder misshandeln, Intellektuelle verächtlich machen und Schätze der

Auflösung der staatlichen Ordnung

chinesischen Kultur demonstrativ zerstören. Schulen und Universitäten sind zum Teil jahrelang geschlossen.

- Im ganzen Land herrscht Chaos, es gibt kaum eine öffentliche Ordnung, auch Rote Garden bekämpfen sich untereinander, die Produktion bricht weitgehend zusammen. Die Zahl der Opfer wird auf 3 Mio. geschätzt. Der einzige intakte Machtträger ist die Volksbefreiungsarmee; sie hat nun wesentliche Machtbefugnisse.
- Heute spricht man von den „zehn verlorenen Jahren".
- Ab 1972 Rehabilitierungen entmachteter Politiker, die wieder einen pragmatischen Kurs steuern z.B. Deng Xiaoping.

Modernisierungspolitik unter Deng Xiaoping

- Maos Tod 1976, dann Kampf um die Nachfolge zwischen den Reformern und der „Viererbande" unter der Führung der Witwe Maos, der von den Reformern gewonnen wird.

Einführung einer sozialistischen Marktwirtschaft

- Die Führungsrolle der Kommunistischen Partei soll unangefochten erhalten bleiben, aber im Bereich der Wirtschaft soll eine „Sozialistische Marktwirtschaft" eingeführt werden.
- Materielle Anreize sollen als Motor für die wirtschaftliche Entwicklung dienen.
- Bauern dürfen ihre Überproduktion zu Marktpreisen in den Städten verkaufen. → Ihr Einkommen steigt.
- 1984: Marktwirtschaftliche Elemente in der Industrie eingeführt.
- In den Sonderwirtschaftszonen an der Küste kommt es zu Joint Ventures (Gemeinschaftsunternehmen) mit ausländischen Firmen, die Know-how ins Land bringen, die Modernisierung und den Außenhandel beschleunigen sollen.
- Im politischen Bereich wird strikt am Monopol der KPChs festgehalten. Demokratiebewegungen werden, wie 1989, zum Teil mit Waffengewalt niedergeschlagen.

B Die demokratische und nationale Bewegung in der Auseinandersetzung mit dem Obrigkeitsstaat

1803	Reichsdeputationshauptschluss: Durch Landgewinn aus Säkularisation und Mediatisierung werden mittlere und größere Staaten für Verluste links des Rheins entschädigt.
1806	Gründung des Rheinbunds
1806	Ende des Heiligen Römischen Reiches Deutscher Nation
1807 – 1812	Reformen in Preußen
1813	Völkerschlacht bei Leipzig, Ende des Rheinbunds, Ende der napoleonischen Vorherrschaft in Deutschland
1815	Neuordnung Europas auf dem Wiener Kongress; Restauration, Deutscher Bund, Heilige Allianz
1818	Verfassungen in Baden, Württemberg und Bayern
1830	Juli-Revolution in Frankreich greift auf andere Staaten über
1832	Hambacher Fest
1848	Märzrevolution in deutschen Staaten
1849	Scheitern der Nationalversammlung
1866	Preußisch-Österreichischer Krieg
1870/1871	Deutsch-Französischer Krieg
1871	Reichsgründung durch Bismarck

1 Reformen in Preußen und Bayern

Wirkung der Französischen Revolution in Deutschland

- Zunächst zeigen sich viele Intellektuelle in Deutschland von der Französischen Revolution begeistert.
- Mit zunehmendem Terror während der Jakobinerherrschaft schwindet die Begeisterung für die Revolution, man setzt eher auf Reformen.

- Infolge der politischen Zersplitterung Deutschlands fehlen der zentrale Angriffspunkt für eine Revolution, aber auch eine geschlossene, mächtige Bürgerschicht als Träger einer solchen Bewegung.

Napoleon verändert die Landkarte in Deutschland

- Schon in den Revolutionskriegen erobert Frankreich die linksrheinischen Gebiete. Im Frieden von Lunéville 1801 werden sie an Frankreich abgetreten. Fürsten, die dabei Verluste hinnehmen müssen, sollen durch Gebiete rechts des Rheins entschädigt werden.

Territoriale Umgestaltung Deutschlands

- Napoleon erzwingt durch massiven Druck auf den immerwährenden Reichstag in Regensburg eine entsprechende territoriale Umgestaltung des Deutschen Reiches. →
- Durch die **Säkularisation** werden kirchliche Besitztümer (Fürstbistümer, Klöster, Reichsabteien) enteignet, durch die **Mediatisierung** geschieht das Gleiche bei bisher unmittelbar dem Kaiser unterstellten kleinen Herrschaften (freie Reichsstädte, Reichsritter u. Ä.). Diese Gebiete werden anderen Territorien zugeschlagen. Rechtliche Fixierung durch den **Reichsdeputationshauptschluss** 1803.
- Im 3. Koalitionskrieg (1805) kämpfen Bayern, Württemberg und Baden als Verbündete Napoleons gegen Österreich, England und Russland. Die Niederlage Österreichs und seiner Verbündeten in der Drei-Kaiser-Schlacht bei Austerlitz 1805 bringt Österreich weitere territoriale Verluste und Bayern und Württemberg neben Landgewinn noch die Königswürde mit Napoleons Zustimmung. Baden wird Großherzogtum.

Ende des „Heiligen Römischen Reiches Deutscher Nation"

- Als sich im Juli 1806 16 süd- und norddeutsche Staaten zum **Rheinbund** zusammenschließen, dem Schutz Napoleons unterstellen, zur Heeresfolge verpflichten und am 1.8.1806 aus dem Reichsverband austreten, legt Kaiser Franz II. die Kaiserkrone nieder. Das „Heilige Römische Reich Deutscher Nation" hat aufgehört zu bestehen.
- Außer Preußen und Österreich treten später alle deutschen Staaten dem Rheinbund bei.
- In der Doppelschlacht von Jena und Auerstädt 1806 erleidet Preußen eine empfindliche Niederlage, muss große Gebietsverluste hinnehmen und hohe Entschädigungen zahlen.
- In den Freiheitskriegen gegen die Vorherrschaft Napoleons gelingt der Koalition aus Österreich, Russland und Preußen 1813 in der Völkerschlacht bei Leipzig ein entscheidender Sieg. Ende des Rheinbundes

Folgen für Deutschland

Notwendigkeit von Reformen

- In Preußen verbreitet sich die Erkenntnis, dass das Land nach der totalen Niederlage von 1806 nur durch grundlegende Reformen wieder erstarken kann. → Beseitigung von Privilegien, Schaffung von Rechtsgleichheit, Mitsprachemöglichkeit und Heeresreform. Dadurch sollen sich alle Bürger mit dem Staat stärker identifizieren. Ziel der Reformen: Vorherrschaft Napoleons abschütteln.
- In den linksrheinischen Gebieten dringen ab 1804 mit dem *Code Civil* (Gleichheit vor dem Gesetz, Recht auf Eigentum, Aufhebung des Zunftzwangs etc.) Errungenschaften der Französischen Revolution nach Deutschland. Die Einführung dieses Gesetzeswerks geschieht teilweise auch rechts des Rheins oder wird dort vorbereitet.
- In den Mittelstaaten stellt sich nach dem Gebietszuwachs die Aufgabe der Rechtsangleichung und Modernisierung, um eine staatliche Einheit zu erreichen. Die Motive für Reformen sind also sehr unterschiedlich.
- Der gemeinsame Kampf gegen Napoleon in den Freiheitskriegen gibt den nationalen Bestrebungen Auftrieb.

Die Reformen in Preußen

Bauernbefreiung

- Initiatoren: Freiherr vom Stein, Hardenberg
- **Bauernbefreiung:** Träger der Reform sind Beamte, nicht die Bauern selbst. Bauern werden persönlich frei.
  - Sie können ohne Erlaubnis fortziehen, heiraten, Grund und Boden erwerben oder verkaufen.
  - Sie können den Stand wechseln.
  - Für die Eigentumsübertragung von Grund und Boden an die Bauern erhalten die Grundherren eine Entschädigung, ebenso für die jetzt wegfallenden Naturalabgaben und Dienstleistungen.
  - Die Bauern können dazu einen Teil der Flächen an den Grundherren abgeben oder Ablösezahlungen leisten, die sich bis zu 50 Jahren hinziehen können.
  - Weil kleineren und finanzschwachen Bauern das Kapital fehlt, werden ihre Betriebe oft verschuldet oder von den ehemaligen Grundherren aufgekauft („Bauernlegen").
  - Viele Käufer von Ländereien, besonders von den ostelbischen Rittergütern, stammen aus dem Bürgertum. Gutsbesitz nimmt zu.
- **Gewerbefreiheit:**

  Zünfte verlieren Zwangscharakter

  - Der Zwang zur Zulassung durch eine Zunft wird aufgehoben → freie Berufswahl und Gewerbefreiheit in der Stadt und auf dem Land gleichermaßen.

- Leistung soll jetzt entscheiden → manche Handwerker sind dem Konkurrenzdruck nicht gewachsen, scheitern und werden Fabrikarbeiter.

- **Bildungsreform** (Wilhelm von Humboldt):

  Qualifikation wird wichtiger als Herkunft

  - Da nicht Herkunft, sondern Eignung für ein Amt stärker gewichtet wird, werden Gymnasien eingeführt, über die besonders das Bürgertum Zugang zu Staatsämtern und zu akademischen Berufen bekommen soll.
  - Der Staat übernimmt die Oberhoheit über Erziehung, Bildung und Kultur.
  - Der Wunsch nach einer qualifizierten Bildungselite führt zur Einführung von Prüfungen.
  - Gründung einer Universität in Berlin; Verbindung von Forschung und Lehre; frei von staatlicher Einmischung und Aufgabenzuweisung; dieser neue Universitätstypus findet in der Folgezeit weltweite Nachahmung.

- **Verwaltungsreform:**

  Effizientere Verwaltung

  - Minister mit abgegrenzten Ressorts und Eigenverantwortlichkeit. Selbstregierung durch den König hört auf.
  - Einteilung des Landes in Regierungsbezirke, die ebenfalls Regierungen nach dem Ressortprinzip haben.
  - Alle Bürger der Städte dürfen Stadtverordnete wählen, soweit sie Grundbesitz oder ein bestimmtes Einkommen haben.
  - Die Städte erhalten die Selbstverwaltung. Dies ist gegen eine zu starke Zentralverwaltung von oben gerichtet.
  - Die Reform der Kommunalverwaltung auf dem Lande scheitert am Widerstand der Guts- und Grundherren.

- **Heeresreform** (von Scharnhorst, von Gneisenau):

  Bürgerheer statt Söldnertruppe

  - Statt Söldnerheer jetzt allgemeine Wehrpflicht von drei Jahren, → Stärkung des Patriotismus im Heer;
  - Abschaffung der Prügelstrafe für Soldaten;
  - Offizierslaufbahn für Bürger offen;
  - alle Gedienten und Ungedienten gehören später der Landwehr an.
  - Das Heer bleibt ein Machtinstrument in der Hand des Königs.

- 1812 Rechtsgleichheit und wirtschaftliche Freiheit für die Juden, aber kein Zugang zum Staats- und Militärdienst

- **Einschränkungen:**
  - Eine Verfassung wird erst 1848 gewährt.
  - Widerstände durch den Adel und die Beamten verhindern die vollständige Umsetzung der Reformpläne.
  - Auf Drängen Napoleons wird vom Stein vom König entlassen und muss fliehen.

Die Reformen in Bayern

- **Territoriale Veränderungen:**
  - Für linksrheinische Verluste (Pfalz und Jülich) erhält Bayern durch den Reichsdeputationshauptschluss 1803 die Herrschaftsgebiete der Bischöfe von Würzburg, Bamberg, Freising, Passau und Augsburg, dazu viele Propsteien und Reichsstädte.
  - Für die Unterstützung Napoleons erhält es 1805, 1806 und 1810 weitere Herrschaften in Franken und Schwaben.
  - Für den politischen Frontwechsel zu Österreich 1813 erhält es noch Aschaffenburg und das Großherzogtum Würzburg.
- 1806 wird Kurfürst Max König und regiert als Max I. Josef mit seinem leitenden Minister Maximilian Graf von Montgelas.
- Montgelas ist geprägt von den Gedanken der Aufklärung, er möchte den Staat im Sinne des aufgeklärten Absolutismus umgestalten, fühlt sich auch menschenrechtlichen Vorstellungen verpflichtet und übernimmt Gedanken der Französischen Revolution und Ideen Napoleons, ohne sie blind zu kopieren. So lehnt er die Übernahme des *Code Civil* ab.
- **Ziel der Reformen:**
  - Die neu erworbenen Gebiete sollen durch einen straffen Zentralismus mit den altbayerischen Räumen verschmolzen werden.
  - Durch Beseitigung der Vorrechte von Kirche, Adel, Ständen und Gemeinden gilt es, einen modernen Zentralstaat zu schaffen.
  - Galt bislang der Staat als Eigentum eines Fürsten, so soll nun der Staat seinen Eigenwert bekommen und „der Fürst zum Organ des Staates" (E. Weis) werden.
- **Säkularisation:**
  - Staat gewinnt außer dem Grund und Boden wertvolle Bausubstanz, Wälder, Bibliotheken und Kunstschätze.
  - Das Ende der alten Klosterkultur bedeutet, dass der Staat auch die früheren Aufgaben der Klöster zu übernehmen hat: Armen- und Krankenpflege, Schulen, wissenschaftliche Forschung.
  - Die staatliche Kontrolle über die Kirche wird streng und oft ohne Gespür durchgeführt, etwa beim Verbot von Christmetten, Prozessionen, Passionsspielen. Die Landbevölkerung ist aufgebracht.
- **Entmachtung des Adels:**
  - Höhere Staatsämter werden auch für Bürgerliche zugänglich.
  - Die Steuerbefreiung wird aufgehoben.
  - Die Gleichheit aller vor dem Gesetz wird hergestellt.
- **Bauernbefreiung:**
  - 1803 wird die Ablösung des Obereigentums für 70% der Bauern möglich, aber nur wenige machen zunächst davon Gebrauch.

Gebietszugewinne

Montgelas

Zentralstaat mit effizienter Verwaltung

- **Verwaltungsreform:**
  - Minister haben abgegrenzte Ressorts.
  - Verwaltungsgliederung in drei Ebenen:
    a) Regierung, b) „Kreise“, etwa den heutigen Regierungsbezirken entsprechend und c) Gemeinden
  - Die frühere Selbstverwaltung der Städte, Märkte und Gemeinden wird aufgehoben, d.h. ihre Gerichts- und Polizeihoheit, ihre Vermögensverwaltung und sonstigen Rechte gehen an den Staat über. Dies schien nötig, um die Allmacht von einflussreichen Familien und Zünften zu brechen, die zu Selbstbereicherung und Verschuldung geführt hatte.
  - Entwicklung eines leistungsfähigen Beamtentums mit staatlicher Prüfung.
  - Einheitliche Maße, Gewichte, Münzen; Aufhebung der binnenstaatlichen Zölle;
  - Gewerbefreiheit
- **Rechtsreform durch Anselm von Feuerbach:**
  - Unabhängigkeit und Unabsetzbarkeit der Richter;
  - Einführung von drei Instanzen, damit Berufungsmöglichkeit;
  - Gleichheit aller „Untertanen“ vor dem Gesetz;
  - Schutz des Täters vor staatlichem Übergriff durch den Grundsatz *nulla poena sine lege* (keine Strafe ohne Gesetz);
  - Strafgesetzbuch definiert Straftatbestände und Strafen genau.
- Aufhebung der Zensur und Pressefreiheit; allerdings durch Druck Napoleons bald wieder eingeschränkt
- Allgemeine Wehrpflicht
- Religiöse Toleranz: Gleichberechtigung von Katholiken und Protestanten, Juden erhalten 1813 Glaubensfreiheit.
- Zahlreiche **Einzelmaßnahmen**: Landesbrandversicherung, Post als staatliches Unternehmen, Staatsbank, staatliches Gesundheitswesen (erstes Land mit Pockenschutzimpfung), Landesvermessung, staatliche Statistik, erste Landwirtschaftshochschule in Deutschland, Einrichtung von Akademien, Archiven, Staatsbibliothek; Lehrerbildungsanstalten; beamtete Lehrer mit staatlichem Examen

Alle seit 1799 eingeführten Neuerungen werden in der **Verfassung von 1808** zusammengefasst. Damit gelten für alle Bürger Freiheits- und Gleichheitsrechte und Schutz des Eigentums.

Wertung

Zentralistischer Einheitsstaat nach französischem Vorbild

- Es ist gelungen, durch eine Reform von oben aus völlig heterogenen Landesteilen mit unterschiedlichen Traditionen, Konfessionen, verschiedenen Wirtschafts- und Rechtssystemen einen zentralistischen, modernen Einheitsstaat nach französischem Vorbild zu schaffen.

- Die Schwäche liegt in der Überbetonung des Zentralismus und in einer bürokratischen Reglementierungswut bis in Einzelheiten hinein, → hemmt Eigenverantwortung und Initiative.
- Eine wirkliche Volksvertretung fehlt. Es ist zwar eine „Nationalrepräsentation" vorgesehen, gewählt nach einem Zensuswahlrecht, die jährlich einberufen werden soll, und die dem König die Ausgaben bewilligen muss, sie wird aber nie einberufen. Man muss also eher von einem „Scheinkonstitutionalismus" sprechen.
- Gegner Montgelas bleiben weite Teile des Adels, der Kirche, national Gesinnte und Liberale, darunter Kronprinz Ludwig.

„Scheinkonstitutionalismus"

Reformen in anderen Staaten

Württemberg

Ähnliche Reformen werden in **Württemberg** unter König Friedrich I. durchgeführt, der selbst die alte landständische Verfassung beseitigt und in der Manier eines aufgeklärten absolutistischen Herrschers sein Land, dessen Fläche sich verdreifacht hat, modernisiert. Zu einer konstitutionellen Monarchie kommt es erst 1819, drei Jahre nach seinem Tod.

Baden

In **Baden** hat Großherzog Karl Friedrich schon im 18. Jh. mit richtungweisenden Reformen begonnen, die später unter von Reitzenstein und Brauer fortgesetzt werden. Eine Repräsentativverfassung entsteht 1818 unter Karl von Baden.

Die Verfassung im Königreich von Westfalen geht auf eine direkte Instruktion Napoleons zurück.

2 Restauration nach dem Wiener Kongress

Der Wiener Kongress (1814/1815)

Nach 22 Jahren Krieg, der größten territorialen Veränderung, die es in Europa seit der Völkerwanderung gegeben hat, und der Niederwerfung Napoleons gilt es nun, Europa neu zu ordnen.

- **Teilnehmer:**
  - alle Herrscher Europas (außer dem Osmanischen Reich) oder ihre Vertreter, besonders
  - Fürst Metternich für Österreich, Vorsitz;
  - Zar Alexander I. von Russland;
  - von Hardenberg für Preußen;
  - Castlereagh für Großbritannien;
  - Talleyrand für das besiegte Frankreich / Ludwig XVIII.

- **Ziele:**
  - In Europa eine dauerhafte Friedensordnung schaffen.
  - Revolutionäre Kräfte abwehren: Kampf gegen liberale und nationale Bewegungen in ganz Europa;
  - alte Gesellschaftsordnung wieder beleben.
- **Prinzipien der Neuordnung:**
  - Legitimität (Berufung auf altes, überliefertes Recht, auf Gottesgnadentum, auf Tradition, soll Erbanspruch der Dynastien sichern, Widerstandsrecht abgelehnt);
  - Restauration (Wiederherstellung der früheren Territorien, Gesellschaftsstrukturen und alten Dynastien);
  - Gleichgewicht der Kräfte in Europa wieder herstellen (britischer Hauptwunsch).
- **Konfliktpunkte:**
  - Die Ereignisse der Revolution und die Reformbewegung, die viele Staaten ergriffen hatte, konnte man nicht ungeschehen machen.
  - Die alte Herrschaftsordnung war in Bayern, Württemberg und Baden nur noch schwer einführbar: Die Säkularisierung und Mediatisierung hätten rückgängig gemacht werden müssen.

Gleichgewicht der Mächte

- Gleichgewicht der Mächte bedeutet:
  - Frankreich muss als Großmacht erhalten bleiben.
  - Preußen ist als Großmacht wieder herzustellen, damit es mit den Niederlanden zusammen ein Gegengewicht zu Frankreich bildet. Preußen ist auch ein Gegengewicht zu Russland, darf aber innerhalb Deutschlands nicht zu mächtig werden.
  - Deutschland darf nicht als Nationalstaat, sondern nur als Staatenbund bestehen.
- **Ergebnisse:**
  - **Frankreich** behält die Grenzen von 1792 → Gleichgewicht der Mächte.
  - **England** behält Malta, Kapland und Ceylon → Stärkung der Rolle als See- und Handelsmacht.
  - **Russland** erhält den Großteil des Herzogtums Warschau (Kongresspolen) und behält Finnland. → Aufstieg zur führenden Macht des Kontinents; stärkere Ausrichtung auf Europa.
  - **Österreich** verliert habsburgische Niederlande (etwa heutiges Belgien) und gewinnt u.a. Tirol und Vorarlberg, Kärnten, Krain, Triest, Istrien, Dalmatien, Lombardei, Venetien → Es wächst langsam aus Deutschland heraus und hinein in den Südosten Europas, beansprucht aber die Führung im Deutschen Bund.
  - **Preußen** erhält als Ausgleich für Verluste in Polen: einen Teil von Sachsen, Westfalen und das Rheinland → Es wächst durch seine Westverschiebung nach Deutschland hinein und gewinnt eine Schlüsselrolle in der deutschen Frage.

- Sicherung der beschlossenen Ordnung nach außen (gegen eine dominierende, expandierende Macht) und innen (gegen liberale und nationale Bewegung) durch Solidarität und gegenseitigen Beistand
- Instrument: **Heilige Allianz** (1815): Bündnis zwischen Russland, Österreich, Preußen; später treten alle Monarchien außer England und dem Osmanischen Reich bei.

„Heilige Allianz" gegen freiheitliche Bestrebungen

Der Deutsche Bund

Die Ergebnisse des Wiener Kongresses verhinderten eine Neuauflage des Deutschen Reiches und verhinderten auch die Bildung eines Nationalstaates.

Zusammenschluss souveräner deutscher Staaten

- **Verfassungsrechtliche Stellung:**
  - Zusammenschluss von souveränen deutschen Staaten
  - Die Verfassung (Bundesakte 1815) ist Teil der Wiener Kongressakte und damit durch die europäischen Mächte garantiert.
- **Mitglieder:** (anfangs 39)
  - Kaiserreich Österreich mit dem Vorsitz im Bundestag;
  - Preußen und vier weitere Königreiche (Bayern, Württemberg, Sachsen, Hannover);
  - Großherzogtümer, Kurfürstentum, Herzogtümer, Fürstentümer und vier Stadtrepubliken;
  - König von England für Hannover;
  - König von Dänemark für Holstein;
  - König der Niederlande für Luxemburg

Österreich und Preußen enthalten Gebiete, die außerhalb des ehemaligen Deutschen Reiches liegen, z.B. Ungarn, Oberitalien, Posen, Ostpreußen. Diese Regionen gehörten nicht zum Deutschen Bund.

- **Struktur:**
  - Lockerer Staatenbund, kein Bundesstaat: Souveränität der Mitglieder bleibt erhalten
- **Organe:**
  - Bundestag = Bundesversammlung in Frankfurt; ein Gesandtenkongress der Mitgliedstaaten; weisungsgebunden; es sind keine vom Volk gewählten Abgeordneten; bei wichtigen Beschlüssen Einstimmigkeit erforderlich;
  - keine Exekutive; muss von Einzelstaaten übernommen werden;
  - kein Oberstes Gericht;
  - kein Heer (muss im Kriegsfall aus Kontingenten der Einzelstaaten gebildet werden).
- **Außenpolitischer Zweck:** Sicherheit und Unabhängigkeit Deutschlands und der Einzelstaaten erhalten

Staatenbund, kein Bundesstaat

- **Innenpolitischer Zweck:**
  - Stabilität der Regierungen erhalten (innere Sicherheit), daher Interventionsrecht;
  - bestehende Gesellschaftsstrukturen erhalten;
  - monarchisches Prinzip wahren, aber landständische Verfassungen geben.
- **Wertung** unter
  - nationalem Aspekt: Die nationalen Kräfte sind enttäuscht, weil kein Nationalstaat entstanden ist.
  - demokratischem Aspekt: keine Volkssouveränität erreicht; keine Mitwirkung der Bürger im Staat;
  - liberalem Aspekt: Unterdrückung von Freiheit und Bürgerrechten (Karlsbader Beschlüsse 1819);
  - machtpolitischem Aspekt: Der Dualismus zwischen Preußen und Österreich schwächt den Bund nach außen und lähmt ihn im Innern.
  - Insgesamt: Der Deutsche Bund wird zum Träger der Restauration, er enttäuscht alle fortschrittlichen Kräfte.

Restauration setzt sich gegen demokratisch-nationale Bewegung durch

Landständische Verfassungen

Die im Deutschen Bund geforderten Verfassungen der Einzelstaaten sollen den Liberalen den Wind aus den Segeln nehmen. In allen Staaten werden bald Verfassungen erlassen, beginnend in Bayern und Baden (1818), in Württemberg (1819), in Hessen-Darmstadt (1820); sie weisen sehr große Ähnlichkeit auf. Preußen und Österreich folgen erst 1848.

Beispiel Bayern

Konstitutionelle Monarchie

Die Verfassung wird schon unter Montgelas 1815 vorbereitet, sie ist aber dem Kreis um den Kronprinz Ludwig zu wenig liberal. Erst als Montgelas 1817 auf Betreiben des Kronprinzen gestürzt wird, ist der Weg für die liberalen Nachbesserungen und die Verkündigung frei. Die Staatsform stellt eine **konstitutionelle Monarchie** dar, d.h. der Monarch ist Träger der Souveränität, ist aber durch die Verfassung in der Ausübung der Macht eingeschränkt.

Zwei-Kammer-System

- In der **1. Kammer** (Kammer der Reichsräte) sitzen: die Prinzen, oberste Kronbeamte, Fürsten und Grafen, 2 Erzbischöfe, ein weiterer Bischof und zusätzlich vom König Berufene.

Sie soll den mediatisierten Fürsten als Ausgleich für ihre Machteinbuße eine Ehrenstellung im Staat verschaffen, ohne ihnen wirkliche Macht zu geben. Sie ist als Stütze der Regierung gegen die zweite Kammer gedacht.

- Die 2. **Kammer** (Kammer der Abgeordneten) besteht zu 1/8 aus adeligen Gutsbesitzern, zu 1/8 aus katholischen und protestantischen Geistlichen, zu 1/4 aus Vertretern der Städte und Märkte, zur Hälfte aus Landeigentümern, soweit sie den Zensus erfüllen. Zusätzlich je ein Vertreter der drei Universitäten. Die Abgeordneten werden durch die entsprechenden Gruppen nach dem Zensuswahlrecht über Wahlmänner gewählt. Sie haben kein imperatives Mandat, sondern sind dem Wohl des ganzen Landes ohne Rücksicht auf Stände und Klassen verpflichtet, stellen also keine Ständeversammlung dar.

Die Kammer hat das Recht auf Steuerbewilligung, auf Mitwirkung bei der Gesetzgebung und das Beschwerderecht. Die Mitglieder beider Kammern haben Immunität.

Starke Stellung des Königs

- **Der König**
  - ernennt und entlässt die Minister, die nur ihm verantwortlich sind, nicht den Kammern;
  - befehligt das Heer;
  - hat die alleinige Gesetzesinitiative;
  - beruft die Kammern mindestens alle drei Jahre ein und kann sie auflösen; eine Sitzungsperiode dauert nicht länger als zwei Monate.
- Die Richter werden vom König auf Lebenszeit ernannt, sie sind unabhängig.
- Grundrechte werden garantiert: Gewissens- und Meinungsfreiheit, Freiheit der Person, Gleichheit vor dem Gesetz, Pressefreiheit (wenn auch in der Praxis eingeschränkt), Schutz des Eigentums, Recht auf Auswanderung
- Die Selbstverwaltung der Gemeinden wird wiederhergestellt.

Wertung:

Verbindung von ständischer Ordnung mit demokratischen Ideen

- Die Kammern haben noch kein Recht, die Regierung zu wählen.
- Die Gewaltenteilung ist sehr unvollkommen: Die Exekutive wirkt bei der Gesetzgebung mit.
- Die Wahl der Abgeordneten nach Berufsgruppen und die Bindung des Wahlrechts an einen sehr hohen Zensus wird schon damals kritisiert.
- Der Adel hat immer noch eine Sonderstellung inne.
- Insgesamt stellt die Verfassung den Versuch dar, die alte ständische Ordnung mit neuen demokratischen Ideen in Verbindung zu bringen. Sie ist vom König von oben gegeben und entstammt nicht der Volkssouveränität.

Die Restauration unterdrückt jede Opposition

Burschenschaften

Die **Burschenschaften**, 1815 in Jena gegründet, breiten sich an allen deutschen Universitäten aus. Sie wollen nicht hinnehmen, dass man zuerst gemeinsam gegen Napoleon gekämpft hat für die Befreiung Deutschlands, es dann aber nicht ein, sondern 39 „Vaterländer" gibt. Sie fordern eine Volksvertretung, Meinungsfreiheit und das Ende der Privilegien. Auf dem Wartburgfest 1817 demonstrieren sie für Freiheit und Einheit.

Karlsbader Beschlüsse 1819

Als der Dichter August von Kotzebue, Diplomat im Dienst des russischen Zaren, Spötter über die vaterländischen und freiheitlichen Ideale der Burschenschaften, vom Studenten Karl Ludwig Sand erstochen wird, ist für Metternich der Anlass zum Handeln gekommen. Er erlässt als führender Mann des Deutschen Bundes die **Karlsbader Beschlüsse**:

- Universitäten werden durch den Landesherrn überwacht, missliebige Professoren entfernt, die Burschenschaften verboten.
- Das Pressegesetz ordnet die Zensur von Zeitungen, Zeitschriften und Büchern an. Staaten, die nicht mitmachen, droht Bundesexekution.
- Eine zentrale Untersuchungsbehörde kann mithilfe der einzelstaatlichen Polizei „revolutionäre Umtriebe" durch Verhaftungen bekämpfen.

Freiheitliche Bewegung bleibt bestehen

Trotz aller Repressalien lässt sich die neue politische Bewegung nicht unterdrücken.

- Das „**Junge Deutschland**", darunter Heine, Börne, Grabbe und Büchner, kämpft gegen Fürstenherrschaft und Restauration (Büchner: „Friede den Hütten! Krieg den Palästen!").
- Die **Julirevolution 1830** in Frankreich bewirkt auch Unruhen in Deutschland: In weiteren Staaten werden Verfassungen erzwungen.
- Das „**Hambacher Fest**" 1832 wird zur ersten Massenkundgebung (30 000 Teilnehmer) für eine einige und freie deutsche Republik.
- Die „**Göttinger Sieben**", namhafte Professoren an der Universität, darunter die Gebrüder Grimm, protestieren gegen die Aufhebung der Verfassung im Königreich Hannover. Sie werden entlassen aber von der Bevölkerung gefeiert.

3 Revolution von unten: Versuch der parlamentarisch-demokratischen Nationalstaatsbildung

Die liberale Bewegung

Wurzeln

Ideen der Aufklärung

- Anknüpfend an die Gedanken der **Aufklärung** und des kirchlichen und ständischen Freiheitsdenkens werden alle Menschen als von Natur aus gleich angesehen, der Wert des Individuums außer Frage gestellt.
- Liberalismus und Vernunft gehören zusammen.
- Durch den Gesellschaftsvertrag haben die Regierenden die Macht übertragen bekommen, sie dürfen sie folglich nicht missbrauchen.
- Widerstandsrecht, Begrenzung der Macht durch Gewaltenteilung und Mitwirkung der Bürger an der Gesetzgebung folgen daraus.
- Der Staat muss die Entfaltung des Individuums ermöglichen.
- Diese Entfaltung führt zur wahren Humanität des Menschen.

Allgemeine Ziele

Staat nur zum Schutz der Grundrechte des Einzelnen

- Der Staat muss Hüter der Freiheit sein und die Entfaltung der Individuen fördern.
- Der Staat darf nur so viel Macht haben, dass er den Bürger schützen kann, er soll nur im Notfall eingreifen („Nachtwächterstaat").

Politische Forderungen

- Der Staat muss die **Grundrechte** garantieren: Freiheit, Eigentum, Gleichheit vor dem Gesetz, Meinungsfreiheit, Pressefreiheit.
- Die Staatsmacht muss begrenzt werden durch die **Gewaltenteilung.**
- Eine gewählte **Volksvertretung** muss das Recht der Gesetzgebung haben.
- Unabhängigkeit der Richter
- Beseitigung von politischen und wirtschaftlichen Privilegien
- Die Gewerbefreiheit sichert die wirtschaftliche Entfaltung.
- Die Trennung von Kirche und Staat trägt zur weltanschaulichen Freiheit bei; religiöse Toleranz.

Politische Umsetzung

Verfassungsstaat mit konstitutioneller Monarchie

- Die Liberalen sind anfangs durchaus mit einer konstitutionellen Monarchie zufrieden, sie fordern keine Republik. Die Macht des Monarchen muss nicht beseitigt, nur durch Gesetze eingeschränkt werden.
- Träger dieser Ideen ist das Bürgertum. Es begnügt sich damit, dass gebildete und besitzende Bürger die Politik mitgestalten können.

Sie verstehen sich als Wortführer des ganzen Volkes. Das Zensuswahlrecht soll bleiben.

- Somit sind die gemäßigten, großbürgerlichen Liberalen mit den süddeutschen Verfassungen einverstanden.
- Baden entwickelt sich zur Hochburg des Liberalismus vor 1848. Rotteck und Welcker als wichtigste Theoretiker.

Unterschiedliche Strömungen

- Erstmals auf dem Hambacher Fest sichtbar;

Radikale Republikaner

- radikale Republikaner (Demokraten) fordern die Aufhebung der erblichen Monarchie, stattdessen frei gewähltes Parlament mit einem gewählten Präsidenten;
- Wahlrecht für alle Bürger;
- gemäßigte Liberale stehen zur Monarchie.

Die liberale Bewegung ist oft mit der nationalen eng verknüpft: „Einheit und Freiheit".

Die nationale Bewegung

Begriff Nation

- Der moderne Begriff der Nation entwickelt sich in der Französischen Revolution.
- Er bezeichnet heute ein politisch geeintes Volk, das unabhängig ist und sein politisches Schicksal selbst bestimmen kann.
- Im 19. Jahrhundert bildet sich eine Unterscheidung heraus.

  Kulturnation

  - Das politisch zersplitterte Mitteleuropa (Deutschland) begreift sich in Besinnung auf die gemeinsame Abstammung, Sprache, Geschichte, Kultur und Tradition als **Kulturnation**.

  Staatsnation

  - In Westeuropa (England, Frankreich) sieht man als vorrangig bindendes Element den gemeinsamen Staat an, man begreift sich als **Staatsnation**.
  - In vielen europäischen Völkern reift der Wunsch, einen Nationalstaat zu bilden, also Volk und Staat zur Deckung zu bringen.
- Heute unterscheidet man meist folgende Situationen:
  - In England und Frankreich fand die Ausbildung von Souveränität und Gleichheit in einem territorial bestehenden Staatsgebilde statt.
  - In Deutschland und Italien musste das einheitliche Staatsterritorium erst aus vielen souveränen Einzelstaaten gebildet werden.
  - Andere Völker mussten sich ihre Souveränität und Nationalstaatsbildung durch Herauslösen aus einem bestehenden Vielvölkerstaat erkämpfen. Beispiel Balkanvölker aus dem Habsburgerreich oder Osmanischen Reich. Diese Entwicklung dauert auf dem Balkan bis heute an.

Nationalismus
- soziologisch: eine Integrationsideologie von Großgruppen
- historisch: eine Übersteigerung des Nationalbewusstseins. In der eigenen Nation wird der höchste Wert gesehen, andere werden eher gering geschätzt oder gar verachtet.
- Das kann zu Fremdenhass und Rassismus führen. Nationales Interesse wird zum wichtigsten Leitfaden der Politik.
- In der ersten Hälfte des 19. Jahrhunderts dominiert in Deutschland eher der legitime Wunsch nach einem Nationalstaat, man spricht daher von „nationaler Bewegung", statt von Nationalismus. Diese Bewegung ist aber nicht einheitlich.

Vorgeschichte der Revolution von 1848/49

- Soziale Gegensätze verschärfen sich.
- Teile der Land- und der Stadtbevölkerung verarmen (Weberaufstand in Schlesien 1844).
- Durch eine Missernte verdoppeln sich die Agrarpreise (1846/47).
- Hungersnöte und Epidemien verschlimmern die Lage.
- Demokraten und Sozialisten finden Zulauf.
- In der **Februarrevolution** 1848 wird in Paris der „Bürgerkönig" Louis Philippe von Kleinbürgern, Handwerkern und Arbeitern gestürzt. Eine Republik entsteht.

Die Revolution von 1848/49

Vielfältige Ziele

Die Unruhen greifen im März auf Deutschland über. Die Ziele reichen vom Wunsch nach Freiheitsrechten über Verfassungen bis zu grundsätzlichen Umgestaltungen und einem Nationalstaat.

Die Vorgänge in Berlin
- Nach ersten Unruhen verspricht die Regierung eine Verfassung, das Ende der Pressezensur und einen Vereinigten Landtag sowie für Deutschland eine Bundesreform.
- Als sich die Bevölkerung vor dem Schlossplatz bedankt, kommt es zu Missverständnissen und Drohungen gegen die Schlosswache. Als die Schlosswache schießt, werden in der Stadt Barrikaden errichtet; zahlreiche Tote.
- König Friedrich Wilhelm IV. gibt nach und verspricht, sich an die Spitze der nationale Bewegung in Deutschland zu stellen. Neue liberale Regierung; Verfassung

Die Vorgänge in Wien
- Nach erbitterten Straßenkämpfen tritt Metternich zurück und flieht.

- Verfassung wird gegeben, die aber die Massen nicht zufrieden stellt. Neue Kämpfe. Ein österreichischer Reichstag wird gewählt.

Verfassungen in Preußen und Österreich

- Gegen erneute Aufstände gehen im Oktober die Truppen erfolgreich vor. Zu dieser Zeit sind die Verhandlungen in der Paulskirche vor dem Abschluss. Die alte Monarchie siegt über die demokratische und nationale Bewegung.

Übriges Deutschland

- Aufgeschreckt durch die Vorgänge in Berlin und Wien geben die übrigen Fürsten dem Druck nach und berufen liberale Minister („Märzminister").
- Forderungen werden umgesetzt: Pressefreiheit, Bürgerwehren, Ende der Feudalrechte, mehr Rechte für die Landtage, aber Verwaltung und Militär bleiben in der Hand der Monarchen.
- Landtagsabgeordnete aus fast allen deutschen Staaten entscheiden sich bei einer Zusammenkunft in Frankfurt (Vorparlament) für Zusammenarbeit mit den Fürsten und zur Wahl einer deutschen Nationalversammlung.

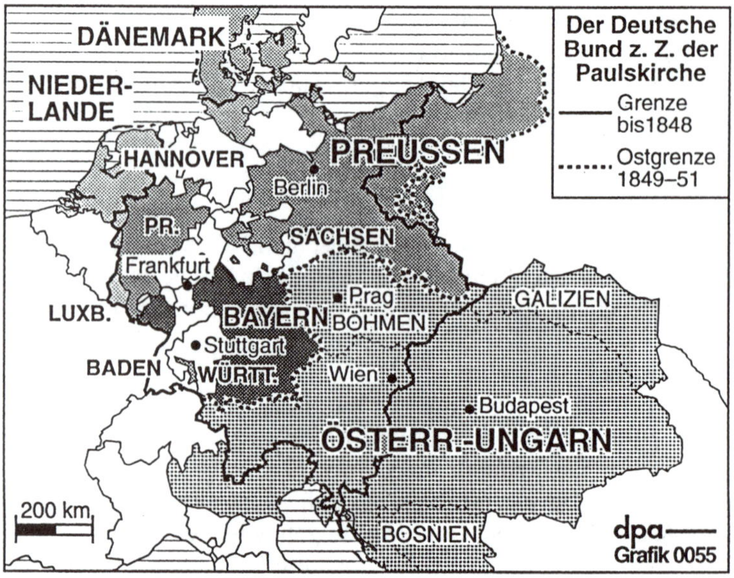

Zum 150. Jahrestag der deutschen Revolution von 1848. 12. 5. 1998

Die Nationalversammlung in der Frankfurter Paulskirche

- Es gibt noch keine Parteien, aber unterschiedliche politische Richtungen, die sich zu losen Fraktionen zusammenfinden.
- Wahlberechtigt sind alle Männer über 25 Jahre, außer Dienstboten.
- Gewählt werden liberal gesinnte Vertreter aus dem Bürgertum, besonders Beamte und Juristen, auch Professoren. Wenig Großgrundbesitzer, Bauern, Unternehmer. Keine Arbeiter.

Wahlrecht nur für Männer ab 25

Die Grundprobleme

- Umfang des Staatsgebietes
  - großdeutsche Lösung mit dem gesamten Österreich?
  - großdeutsche Lösung mit deutschem Teil Österreichs?
  - kleindeutsche Lösung ohne Österreich?
- Struktur des Staates
  - Einheitsstaat mit starker Zentralgewalt?
  - Bundesstaat mit mehr Rechten der Einzelstaaten?
- Staatsform
  - Republik?
  - Erbmonarchie?
  - Wahlmonarchie?

Die Verfassung

- Der **Grundrechtekatalog** ist vorbildlich und wirkt in der Weimarer Verfassung und im Grundgesetz nach.
- An der Spitze steht ein Erbkaiser, der die Reichsregierung ernennt; er hat aber gegenüber dem Reichstag nur ein aufschiebendes Veto.
- Der Reichstag besteht aus **zwei Kammern**: Das Volkshaus wird in allgemeiner, gleicher, geheimer und direkter Wahl von den Männern über 25 gewählt. Das Staatenhaus setzt sich aus Vertretern der Landtage und der Länderregierungen zusammen.

Sonstige Ergebnisse

- Der Plan einer großdeutschen Lösung mit den deutschsprachigen Teilen Österreichs ist für Österreich nicht annehmbar, weil er das Ende des Habsburger Staates bedeuten würde.
- Eine kleindeutsche Lösung mit Preußen als führender Macht und einer Anbindung des ganzen Habsburger Staates durch einen zusätzlichen Bund ist für Österreich ebenso wenig möglich. Österreich ruft seine Vertreter ab. →
- Entscheidung für die **kleindeutsche Lösung**
- Ein föderatives System für den Staatsaufbau mit zentral- und bundesstaatlichen Elementen stellt einen Kompromiss dar.
- Während der Verhandlungen bilden sich immer mehr die politischen Lager aus, aus denen dann die Parteien entstehen.

Föderatives System ohne die Teilnahme Österreichs

- Ende März 1849 wird die Verfassung verabschiedet. König Friedrich Wilhelm IV. von Preußen wird zum deutschen Kaiser gewählt.

Das Scheitern

- Anfang April lehnt der Preußische König die Krone ab, weil sie nicht von seinesgleichen kommt, sondern an ihr „der Ludergeruch der Revolution“ hängt.

Preußen, Bayern, Sachsen und Hannover lehnen die Verfassung ab

- Preußen lehnt die Verfassung ab, auch Bayern, Sachsen und Hannover. Die Nationalversammlung sieht keine Chance mehr und löst sich auf. Der Rest, das Stuttgarter Rumpfparlament, wird durch preußische und württembergische Truppen auseinander getrieben.
- Die Revolutionäre werden verfolgt und bestraft. Tausende fliehen ins Exil. Die Gegenrevolution siegt überall.
- Der Deutsche Bund entsteht wieder, aber die Restauration ist beendet.
- Die Hoffnung auf einen deutschen Nationalstaat mit einer liberalen Verfassung bleibt bestehen.

4 Reichsgründung durch Bismarck

Die deutsche Frage

- Der Versuch der nationalen und liberalen Kräfte, durch eine Revolution von unten einen Nationalstaat zu schaffen, ist 1848/49 gescheitert.
- Damit bleibt nur der Weg der Einigung durch eine der beiden deutschen Großmächte, die sich aber gegenseitig blockieren.
- Preußen versucht 1849/50 eine Union aus 28 norddeutschen Staaten mit einer Verfassung und einem Parlament, scheitert damit aber an der österreichischen Kriegsdrohung.

Preußisch-österreichischer Dualismus

- Der mittlerweile wieder gegründete Deutsche Bund ist durch den preußisch-österreichischen Dualismus gelähmt.
- Der österreichische Versuch einer **Bundesreform**, die einen Bundesstaat mit Zentralparlament aus Delegierten der Landtage geschaffen hätte, scheitert am preußischen Widerstand.
- Die Einigung Italiens (1861 abgeschlossen) gibt der deutschen Nationalbewegung wieder Auftrieb. →
- Der 1859 von Bürgerlichen gegründete „**Deutsche Nationalverein**“ kämpft für einen kleindeutschen Nationalstaat mit Parlament.

Die Situation in Preußen

- Die **Konservativen** stehen für die alte Ordnung: Gottesgnadentum des Königs, Erhaltung der Privilegien und der Staatsmacht.
- Die **Liberalen** fordern: Verfassung mit Grundrechten, Parlament mit wirklicher Kompetenz, nationale Einheit. Das aufsteigende Bürgertum neigt eher zu einer „Realpolitik" und ist zu Kompromissen mit der gegenwärtigen Regierung bereit.
- Mit dem Regierungsantritt von Prinz Wilhelm 1858 (König Wilhelm I. seit 1861) beginnt die „Neue Ära". Liberale werden in die Regierung einbezogen und erreichen bei den Wahlen 55% der Abgeordnetensitze, während die Konservativen stark verlieren.

Liberale werden stärkste politische Kraft

- Unlösbar scheint der **Heereskonflikt**: Einigkeit herrscht über die Erhöhung der Schlagkraft des Heeres. Der König möchte die 3-jährige Wehrpflicht, die Stärkung des stehenden Heeres („Linie") mit ihren adeligen Offizieren. Die Liberalen wollen das Bürgerheer („Landwehr") stärker ausbauen. Das Schlagwort „Königsheer oder Parlamentsheer" trifft sachlich nicht zu, zeigt aber die politische Zuspitzung. Der Machtkampf zwischen König und Parlament ist voll entbrannt, führt fast zum Rücktritt des Königs.
- Linksliberale trennen sich von den Altliberalen und gründen mit den Demokraten zusammen die **Deutsche Fortschrittspartei**.
- Beide liberalen Parteien zusammen haben bei Wahlen große Erfolge. Als der Konflikt fast zum Rücktritt des Königs führt, bietet sich Bismarck an, als Ministerpräsident den Konflikt zu lösen.

Bismarck wird 1862 preußischer Ministerpräsident

- Bismarck nimmt den Kampf für den König und gegen das Parlament auf.
- Er erklärt, die Verfassung biete für diesen Konflikt zwischen König und Parlament keine Lösung („Lückentheorie"), daher müsse der König als Schöpfer der Verfassung entscheiden.

Bismarck gegen das Parlament

- Die Gelder für die Reform werden ohne Parlamentsbewilligung ausgegeben: Verfassungsbruch. Bismarck reformiert das Heer wie vorgesehen.
- Bismarck will sich nicht in innenpolitischen Kämpfen aufreiben, sondern sucht über eine Stärkung Preußens den außenpolitischen Erfolg, dann würden sich die innenpolitischen Konflikte relativieren.

Die Auseinandersetzung um Schleswig und Holstein

- Schleswig hat eine überwiegend deutsche Bevölkerung, ist seit 1460 in Personalunion mit Dänemark verbunden, aber mit einen Sonderstatus.
- Holstein hat deutsche Bevölkerung und gehört zum Deutschen Bund, ist aber gleichzeitig mit Schleswig durch einen gemeinsamen Landtag verbunden und mit Dänemark in Personalunion.
- 1848 haben beide an der nationalen Erhebung teilgenommen und wollen sich von Dänemark loslösen.
- Nach einem Krieg mit Dänemark bestimmt 1852 eine Internationale Vereinbarung, das Londoner Protokoll: Schleswig und Holstein verwalten sich selbstständig. Sie bleiben in Personalunion mit Dänemark, dürfen aber von diesem nicht einverleibt werden.
- Als 1863 Dänemark Schleswig einverleibt, herrscht Empörung in ganz Deutschland und viele fordern, Schleswig und Holstein sollen von Dänemark gelöst werden und beide zum Deutschen Bund kommen.
- Bismarck will Dänemark und Österreich gemeinsam treffen und stellt die unpopuläre und von niemand verstandene Forderung, das Londoner Protokoll solle gelten.
  - Damit können die Großmächte nicht eingreifen.
  - Österreich ist in der Zwickmühle: Wenn es die Deutschen in Schleswig und Holstein nicht unterstützt, gilt es als nationaler Verräter und gefährdet seine Stellung im Deutschen Bund. Wenn es aber die nationale Befreiungsbewegung unterstützt, ermutigt es die anderen Nationalitäten im eigenen Staat.
- Bismarck gewinnt Österreich für ein gemeinsames Ultimatum an Dänemark und, als dieses nicht nachgibt, für den gemeinsamen Krieg gegen Dänemark.

Ergebnis nach dem Sieg über Dänemark:

Preußen und Österreich verwalten Schleswig-Holstein gemeinsam

- Preußen hat mit Schleswig und Holstein wertvollen Besitz gewonnen und eine politische Machtsteigerung erreicht.
- Österreich hat seinem Rivalen Preußen geholfen. Für Österreich ist aber der Gewinn wegen der räumlichen Ferne wertlos.
- Bismarck, der weiß, dass er die kleindeutsche Lösung nur durch Ausschaltung Österreichs erreichen kann, sucht eine Lösung, die den künftigen Konflikt schon vorprogrammiert: Österreich verwaltet Holstein, Preußen Schleswig. Alle wichtigen Fragen müssen gemeinsam entschieden werden.

Der Krieg mit Österreich

Außenpolitische Situation:

Krim-Krieg

- In den **Krim-Krieg** zwischen Russland und dem Osmanischen Reich hatten England und Frankreich eingegriffen und Russland zurückgeworfen. Russland ist militärisch geschwächt und der Gegensatz zwischen Russland und England so groß, dass sie nicht gemeinsam in Mitteleuropa eingreifen werden. Preußen war neutral geblieben.
- Außerdem hatte Preußen demonstrativ für Russland Stellung bezogen, als Russland 1863 den polnischen Aufstand niederwarf, und sich damit das Wohlwollen Russlands gesichert.

Frankreich

- Napoleon III. will einen deutschen Nationalstaat verhindern. Er setzt auf ein starkes Preußen als Gegengewicht zu Österreich. Er hofft, falls es zum Krieg zwischen Österreich und Preußen kommt, auf eine lange Kriegsdauer, die beide schwächt. Am Ende könnte er als Vermittler auftreten. Daher sagt er Neutralität zu.

Italien

- Weil wegen des Konfliktes um Venetien zwischen Österreich und Italien starke Spannungen herrschen, kann Bismarck Italien für ein Bündnis gewinnen.
- Österreich beschuldigt Preußen, den Vertrag über die Verwaltung Schleswig und Holsteins gebrochen zu haben. Preußen besetzt einen Teil Holsteins. Österreich bewirkt Mobilmachung der nichtpreußischen Bundestruppen. Preußen erklärt den Deutschen Bund für aufgelöst und beginnt den Krieg.
- Sieg Preußens über Österreich und seine verbündeten Bundesstaaten bei Königgrätz 1866.

Ergebnisse

Preußen wird vorherrschend in Deutschland

- Österreich erkennt die Auflösung des Deutschen Bundes an.
- Preußen annektiert Schleswig, Holstein, Hannover, Kurhessen, Hessen-Nassau und Frankfurt und hat jetzt ein beinahe geschlossenes Territorium vom Main und Rhein bis nach Königsberg. Diese Beseitigung ganzer Dynastien und ihrer Staaten ist gegen den Legitimitätsgedanken der Konservativen.
- Bismarck verzichtet gegen den erbitterten Widerstand des Königs und der Militärs darauf, von Österreich Gebietsabtretungen und Reparationen zu verlangen. Grund: Er will Frankreich und Russland nicht zu einem verspäteten Eingreifen zu Gunsten Österreichs veranlassen und Österreich bei einem Krieg mit Frankreich neutral halten.
- Schonung aller süddeutschen Staaten: Sie erhalten formal die volle Souveränität, müssen aber geheime Schutz- und Trutzbündnisse mit Preußen schließen.
- Österreich stimmt einer Neuordnung Deutschlands ohne österreichische Beteiligung zu. Der Dualismus Preußen – Österreich ist beendet.

Norddeutscher Bund

- 1867: Gründung des **Norddeutschen Bundes**: Alle noch verbliebenen Staaten nördlich des Mains müssen sich anschließen. Die von Bismarck ausgearbeitete Verfassung entspricht weitgehend der späteren Verfassung des Deutschen Reiches.
- 1867 wird auch der **Zollverein** auf die süddeutschen Staaten ausgedehnt. Im Zollparlament sind nun alle deutschen Staaten außer Österreich vertreten.
- Nach Kriegsende stellt Bismarck im preußischen Landtag den Antrag auf Straffreiheit (Indemnität) für seinen Verfassungsbruch von 1862. Er bekommt eine große Zustimmung, selbst von vielen Gegnern bei den Liberalen. Von den Liberalen spaltet sich ein rechter Flügel ab, der künftig Bismarck unterstützt: die **Nationalliberalen**. Ähnlich spaltet sich von den Konservativen die Freikonservative Partei ab.

Der Krieg mit Frankreich 1870/71

- Das **Ziel** Bismarcks: ein kleindeutscher Nationalstaat unter preußischer Führung ist fast erreicht.
- **Hindernis:** Frankreich will die deutsche Einheit nicht hinnehmen, es betrachtet ein Überschreiten der Mainlinie durch Preußen als Kriegsgrund.
- Folgerung: Bismarck will Schwächephase Frankreichs abwarten oder Frankreich besiegen. Einen Präventivkrieg lehnt er ab.
- Situation Napoleons III.:
  - Nach vielen außenpolitischen Misserfolgen kommt sein autoritäres Regime in Bedrängnis durch die liberale Opposition. Er braucht dringend Erfolge.
  - Er beginnt Bündnisverhandlungen mit Österreich und Italien, aber ohne Ergebnis.
  - Eine diplomatische Demütigung kann er nicht hinnehmen.

Diplomatische Vorbereitung

- Süddeutsche Staaten: Napoleon III. fordert für seine Neutralität 1866 das Großherzogtum Luxemburg; Bismarck teilt dies den süddeutschen Staaten mit → Empörung und Anlehnung an Preußen.
- Den liberalen und nationalen Kräften stellt er ein allgemeines Wahlrecht in Aussicht.

Anlass des Krieges

- Leopold von Hohenzollern-Sigmaringen, aus der süddeutschen katholischen Nebenlinie der preußischen Hohenzollern, bekommt die spanische Thronkandidatur angetragen.
- Frankreich fürchtet eine Umklammerung durch die Hohenzollern und droht mit Krieg.

- Leopold und König Wilhelm I. ziehen die Kandidatur zurück.
- Der französische Botschafter verlangt von Wilhelm, der in Bad Ems zur Kur weilt, erneut und für alle Zeiten einen solchen Thronverzicht.
- Wilhelm lehnt ab, weil er den Verzicht schon erklärt hat, und schickt ein Telegramm über den Vorgang an Bismarck („Emser Depesche").
- Der verkürzt und verschärft den Text und veröffentlicht ihn.
- Frankreich empfindet das als Demütigung und Napoleon III. erklärt Preußen den Krieg.
- Die europäischen Mächte sehen in Frankreich den Aggressor und greifen nicht ein.

Kriegsverlauf

- Norddeutscher Bund und die süddeutschen Staaten kämpfen an der Seite Preußens.
- Rasche Erfolge der deutschen Armee
- Bei Sedan kapituliert ein großer Teil der französischen Armee, Napoleon III. gerät in Gefangenschaft, in Paris wird die Republik ausgerufen.
- Die neue Regierung führt den Krieg weiter bis zum Waffenstillstand (28.1.1871).
- **Ergebnis:** Frankreich tritt Elsass-Lothringen ab und muss 5 Mrd. Goldfranken zahlen.

Militärischer Erfolg stärkt Preußen

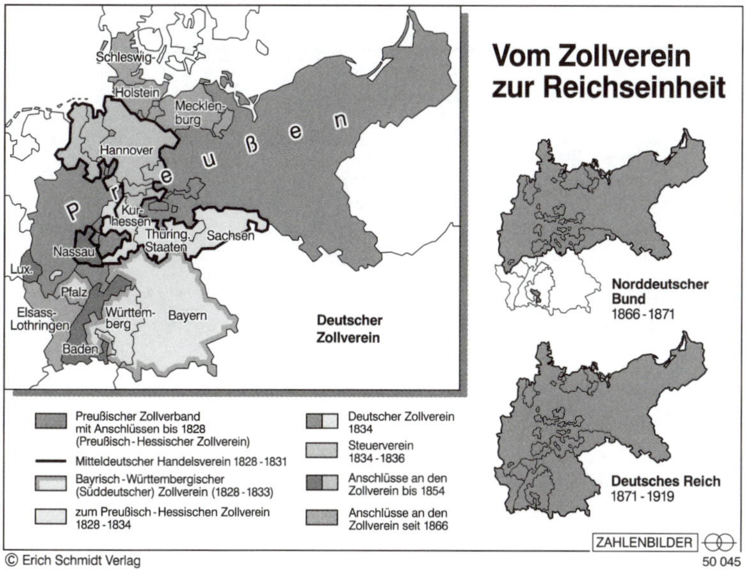

Die Reichsgründung

- Noch während des Krieges im November finden Anschlussverhandlungen mit den süddeutschen Staaten statt. Bayern und Württemberg zögern und bekommen Sonderrechte.
- König Ludwig von Bayern trägt König Wilhelm von Preußen in einem von Bismarck formulierten Schreiben die Kaiserkrone an.
- Formal ist die Reichsgründung ein Beitritt zum Norddeutschen Bund.

Kaiserproklamation in Versailles

- Offiziell beginnt das Kaiserreich erst mit der Proklamation Wilhelms I. zum Deutschen Kaiser am 18.1.1871 im Spiegelsaal von Versailles.

C Die Industrielle Revolution und ihre Folgen

1834	Deutscher Zollverein
1835	Erste Eisenbahn zwischen Nürnberg und Fürth
1844	Schlesischer Weberaufstand
1848	Kommunistisches Manifest
um 1850	Beginn der Industrialisierung in Deutschland
1863	Allgemeiner Deutscher Arbeiterverein / Ferdinand Lassalle
1879	Schutzzollpolitik

1 Großbritannien: Voraussetzungen und technische Innovationen

Die Umwälzung in der Agrarwirtschaft

Neue Techniken

Produktionssteigerung in der Landwirtschaft

- Die Dreifelderwirtschaft (Rotation von Sommergetreide, Wintergetreide, Brache) wird durch ein drei- oder vierjähriges **Fruchtwechselsystem** ersetzt; die Brache fällt weg.
- Einführung neuer Agrarprodukte: Zuckerrüben, Klee, Raps, Kartoffeln;
- Verbesserung des Pfluges (Eisenpflug), Einführung von Sense und Sämaschine;
- Züchtung ertragreicher Anbausorten und Tiere;
- Rodung neuer Flächen, Trockenlegung von Sumpfgebieten, zum Teil durch Drainage (unterirdische Verlegung von Abflussrohren), Aufteilung von bisher gemeinsam genutzten Flächen.
- Ausweitung der Tierhaltung und Übergang zur Stallfütterung → mehr Naturdünger fällt an.
- Einführung künstlicher Düngung
- Folgen:
  - Die Produktivität steigt.
  - Es können mehr Menschen ernährt werden als bisher.
  - In Westeuropa gibt es ab 1850 keine Hungersnöte mehr.

Das Bevölkerungswachstum

- Beginn in ganz Europa um 1700.
- **Gründe:**
  - Die Ernährungsbasis hat sich erweitert.
  - Durch Fortschritte in der Medizin, verbesserte Hygiene und wirtschaftliche Fortschritte sinkt die Sterberate.
  - Da gleichzeitig die Geburtenrate hoch bleibt, kommt es zu einem beträchtlichen Wachstum.

Auslöser für die Industrialisierung

Neue Maschinen und Ausweitung des Marktes

- Voraussetzungen für die Industrialisierung: Die Philosophie der Aufklärung fördert das naturwissenschaftlich-rationale Denken und begünstigt damit Erfindungen.
- Aus der Regionalwirtschaft wird eine **großräumige Wirtschaft** → Bildung großer Kapitalmengen.
- Neue **Antriebs- und Arbeitsmaschinen** haben eine neue Produktionstechnik und Produktionsorganisation zur Folge.
- Es entsteht eine **Massenproduktion** unter Großeinsatz von Kapital, Maschinen und Arbeitskräften.
- Neue Verkehrsmittel haben den Ausbau von Verkehrswegen zur Folge.

Politische Rahmenbedingungen

Günstige Voraussetzungen in England

- Stabiles politisches System;
- geschlossenes Staatsgebiet mit einheitlicher Verwaltung;
- einheitliche Währung, keine Binnenzölle;
- ausreichender Binnenmarkt mit hoher Kaufkraft der Bevölkerung;
- geringe staatliche Eingriffe ins Wirtschaftsleben.
- Für England gilt zusätzlich: ein Kolonialreich, das Rohstoffe liefert und Fertigprodukte abnimmt.

Natürliche Voraussetzungen

- Bodenschätze, z.B. Kohle, Erze, Wälder zur Holzgewinnung;
- andere Rohstoffe wie Baumwolle, Schafwolle;
- schiffbare Flüsse, Verbindung zum Meer.

Wirtschaftliche Voraussetzungen

- Verkehrsinfrastruktur zum Transport von Rohstoffen und Fertigwaren: Straßen, Brücken, Kanäle;
- Finanzmärkte zur Bereitstellung von Investitionskapital;
- Unternehmerschicht, die bereit ist, Risiko zu tragen und neue

Ideen und Techniken umzusetzen. Die theoretischen Grundlagen des Wirtschaftsliberalismus liefert Adam Smith.
- Qualifizierte und motivierte Arbeitskräfte;
- Erfindungsreichtum.

Alle diese Voraussetzungen sind in England gegeben.

Adam Smith, Inquiry into the Nature and Causes of the Wealth of Nations, 1776

Technische Erfindungen

Beispiel: Neuerungen in der Textilherstellung
- Das **Spinnen** erfolgt bis 1800 mit dem Handrad.
- Gewebt wird mit dem Handwebstuhl. 1733 wird das fliegende Weberschiffchen erfunden, das sich selbsttätig bewegt → Leistungssteigerung um den Faktor 3.
- 8 bis 12 Handspinner versorgen einen Weber.
- Der Engpass wird 1764 überwunden, als mit der Erfindung der *Spinning Jenny* ein Arbeiter 8, später 12 Fäden gleichzeitig herstellen kann.
- 1769 verbessert Arkwright den Spinnvorgang: Durch Strecken wird das Garn fester.
- 1778 gelingt es Crompton, mit seiner *Mule* feines und festes Garn zu erzeugen. Die Zahl der Spindeln liegt zwischen 20 und 30.
- 1785 erfolgt der Antrieb durch die Dampfmaschine.
- Im gleichen Jahr erfindet Cartwright den mechanischen Webstuhl; seit 1806 gibt es auch den Webstuhl mit Dampfmaschinenantrieb.
- 1800 gibt es schon Spinnmaschinen mit 400 Spindeln, 1830 mit 1200.

Verbesserung der Spinnmaschine und des Webstuhls

Die Produktivität beim Spinnen und Weben wurde abwechselnd gesteigert. Mit zunehmender Mechanisierung werden Facharbeitskräfte durch angelernte Kräfte ersetzt, häufig Frauen und Kinder, um die Löhne zu drücken.

England wird führend in der Textilindustrie. Die Textilindustrie wird zum Leitsektor der Industriellen Revolution in England.

Beispiel: Eisen- und Stahlindustrie
- In vorindustrieller Zeit erfolgt die **Eisenverhüttung** mit Holzkohle. Aus 30 t Holz gewinnt man 8 t Holzkohle, mit ihr kann man 1 t Roheisen erzeugen.
- Seit 1735 entwickelt Darby ein Verfahren, um die reichlich vorhandene Kohle zu nutzen: Aus Kohle wird Koks gewonnen. Koks enthält kaum noch Schwefelbeimengungen und kann deshalb zur Verhüttung von Eisenerz verwendet werden. Man braucht 8 t Koks für 1 t Roheisen.
- 1766 erster Hochofen in England

Produktions- und Qualitätssteigerung in der Stahlgewinnung

- Zwischen 1766 und 1784 entwickelt Henry Cort das **Puddelverfahren.** Das bisherige Roheisen enthält noch Beimengungen, und ist daher spröde und lässt sich schlecht schmieden. Beim Puddelverfahren wird das Roheisen ein zweites Mal geschmolzen ohne Kontakt mit Koks. Durch Umrühren der Schmelze und Zufuhr erhitzter Luft werden Kohlenstoff, Silicium und Mangan weitgehend entzogen, es entsteht Stahl, der besser geschmiedet und gezogen werden kann.
- Durch die Verwendung von Winderhitzern und die Einbeziehung der im Hochofen selbst entstandenen und gereinigten Gichtgase braucht man 1840 nur noch 2,5 t Koks für 1 t Eisen. Die Tagesproduktion eines Hochofens steigt auf 20 bis 30 t (vorindustriell: 2 t).
- Durch das 1879 erfundene Thomas-Verfahren kann,auch phosphorhaltiges Roheisen zu Stahl verarbeitet werden, damit werden die Minette Lothringens nutzbar.
- 1900 braucht man nur noch 1 t Koks für 1 t Eisen; die Tagesproduktion eines Hochofens erreicht bis zu 1000 t Eisen.

Dampfmaschine

- Seit 1711 in Entwicklung, 1765 durch James Watt verbessert, ermöglicht das Abpumpen des Grundwassers aus Bergwerksstollen und damit das Vordringen in größere Tiefen beim Kohleabbau.
- Sie ist als Antriebsmaschine mit beliebigen anderen Maschinen kombinierbar und kann Spinnmaschinen und Webstühle antreiben; über Transmissionsriemen kann die Antriebsenergie an jede Stelle einer Fabrikhalle gebracht werden und zum Schleifen, Fräsen, Sägen und Bohren verwendet werden.
- In der Lokomotive und im Dampfschiff hat sie die Verkehrstechnik revolutioniert.

2 Deutschland: Hemmnisse und ihre Überwindung

Die Hemmnisse

Fehlen eines gemeinsamen Marktes

- Die territoriale Zersplitterung in 314 selbstständige Territorien und ein Mehrfaches an Reichsritterschaften bedeutet viele Zollschranken und macht einen großräumigen Warenaustausch beinahe unmöglich.
- Die Märkte für die Waren sind klein, also lohnt sich keine Massenproduktion.
- Die Verkehrswege sind an den Bedürfnissen der Einzelstaaten orientiert, überregionale Verbindungen sind nicht ausgebaut.

- Die gesellschaftlichen Schichten sind noch deutlich voneinander getrennt. Ein Aufstieg ist nur sehr schwer möglich.
- Der Adel, der über Kapital verfügt, lebt von der Landwirtschaft und investiert auch wieder dort. Gewerbliche Betätigung und Handel lehnt er, im Gegensatz zum britischen (niederen) Adel (*gentry*), ab.
- Die Zünfte beschränken mit ihrem Reglement das Handwerk und behindern die Entfaltung ihrer Mitglieder.

Aus diesen Gründen setzt die Industrialisierung in Deutschland erst um 1850 ein.

Die Anfänge

Veränderungen bis ca. 1850

- Die Napoleonische „Flurbereinigung" bringt eine **Verringerung der Zahl der Territorien**: Der Deutsche Bund hat „nur" noch 39 selbstständige Staaten.
- Durch die **Bauernbefreiung**, die 1807 beginnt und sich bis etwa zur Jahrhundertmitte hinzieht, werden die Bauern persönlich frei, verlieren die Bindung an die Scholle, können Grund erwerben und verkaufen und werden freizügig.
- Die Zünfte verlieren an Einfluss, in den 60er Jahren setzt sich die **Gewerbefreiheit** durch.
- Das begüterte **Bürgertum**, im Liberalismus verwurzelt, entwickelt einen Unternehmergeist.

Deutscher Zollverein

- Die **Binnenzölle** werden ab 1818 schrittweise aufgehoben, der große Durchbruch kommt mit dem von Friedrich List propagierten und durchgesetzten „Deutschen Zollverein" 1834, dem sich nach und nach die deutschen Staaten außer Österreich anschließen. Die preußische Währung wird zur Leitwährung.
- Ebenfalls durch List wird der **Eisenbahnbau** vorangetrieben. Sind die ersten Strecken nach 1835 noch als Verbindungen innerhalb der Einzelstaaten konzipiert, so entwirft List ein Netz von Verbindungen, das ganz Deutschland umfasst.
- Vom Eisenbahnbau gehen starke Impulse für die Schwerindustrie, aber auch für den Maschinenbau aus.
- Wegen des großen Kapitalbedarfes werden neue Formen der Kapitalbeschaffung entwickelt: **Aktiengesellschaften** werden gegründet.
- Der Staat fördert das Gewerbe, verbessert die Infrastruktur durch den Bau von Straßen und Wasserwegen und schafft in Preußen mit dem Handelsgesetzbuch den rechtlichen Rahmen.

Der Aufschwung

Deutschland wird bis zur Jahrhundertwende eine führende Industrienation

- Die französischen Kriegsentschädigungen nach 1871 geben der Wirtschaft deutliche Impulse („Gründerboom"). Wenn auch schon 1873 der Gründerkrach folgt, so ist doch eine Neustrukturierung erfolgt.
- Treibende Kraft sind jetzt die Elektro- und die chemische Industrie und der Maschinenbau.
- Der wachsende Konkurrenzdruck führt zur Bildung großer Konzerne und Kartelle (z.B. BASF in Ludwigshafen), die teilweise Weltgeltung erreichen. In einigen Branchen wird der britische Vorsprung bis etwa 1910 aufgeholt.
- Die Schutzzollpolitik ab 1879 begünstigt die industrielle Entwicklung.

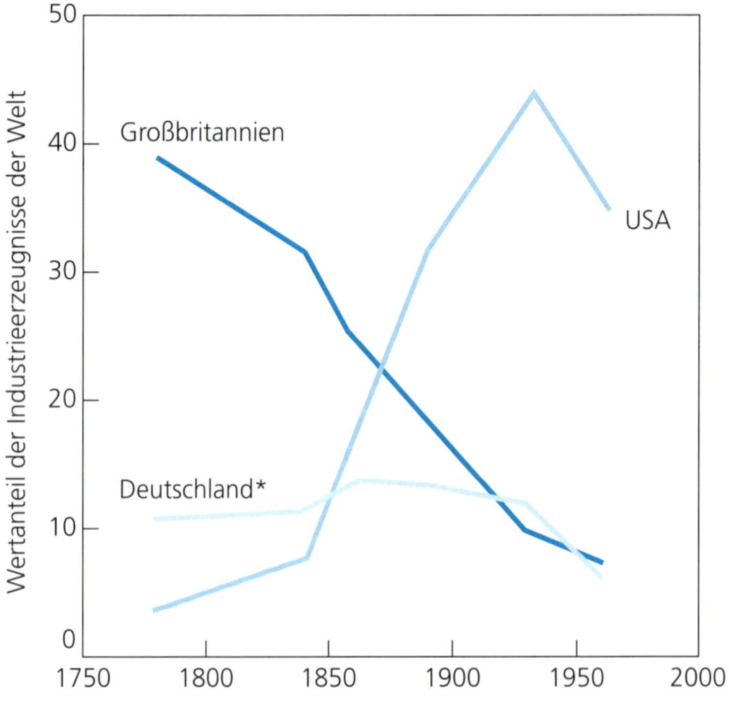

*1958: Bundesrepublik Deutschland allein

Nach: Eric J. Hobsbawm, Industrie und Empire 2, Britische Wirtschaftsgeschichte seit 1750, (Suhrkamp)

3 Lebensbedingungen und soziale Frage

Ursachen der wirtschaftlichen und sozialen Not

- Mit dem raschen Bevölkerungsanstieg kann die herkömmliche Wirtschaft in der 1. Hälfte des 19. Jahrhunderts nicht mehr mithalten.
- Die Zahl der Arbeitsuchenden steigt wesentlich schneller als das Angebot an neuen Arbeitsplätzen. →
- Arbeitgeber können Löhne und Arbeitsbedingungen weitgehend alleine bestimmen:
- niedrige Löhne, lange Arbeitszeiten, ungesunde und gefährliche Arbeitsbedingungen.
- Die alten sozialen Sicherungen der traditionellen Gesellschaft greifen nicht mehr für das industrielle Proletariat, das in den Städten heranwächst.

Keine sozialen Sicherungssysteme

- Absicherungen wie Kranken- Invaliden- Arbeitslosen- und Unfallversicherungen gibt es noch nicht.
- Viele Menschen verelenden: Pauperismus.

Formen der Not

- Beengte und ungesunde Wohnverhältnisse;
- mangelhafte Ernährung und Kleidung;
- Häufung von Krankheiten und Seuchen;
- Verwahrlosung von Kindern;
- Kinderarbeit;
- Doppelbelastung für Frauen durch Familie und Fabrikarbeit, verbunden mit Schutzlosigkeit und Unterbezahlung.

4 Ansätze zur Lösung der sozialen Frage

Vorschläge von Unternehmern

Friedrich Harkort

- Als Maschinenfabrikant und liberaler Politiker spricht er sich vor allem für genossenschaftliche Maßnahmen aus:
- Gemeinden sollen genossenschaftliche Krankenkassen einrichten mit Beitrittspflicht für alle Arbeiter.

Genossenschaftliche Maßnahmen

- Für Alter und Invalidität sollen „Arbeiter-Versorgungskassen" sorgen, die gemeinsam von Arbeitern, Unternehmern und Gemeinden verwaltet werden.
- Genossenschaftliche Konsumvereine sollen ihren Mitgliedern günstige Lebensmittel und einfache Konsumgüter anbieten.

- Arbeitersparkassen dienen einer bescheidenen Kapitalrücklage.
- Der Staat soll den Siedlungsbau fördern, öffentliche Verkehrsmittel einrichten (wegen der langen Arbeitswege der Arbeiter) und eine Höchstarbeitszeit festlegen. Außerdem soll er Kinderarbeit verbieten und in der Volksschule den Schulzwang einführen.

Alfred Krupp

Beschränkung auf die eigene Firma

- Patriarchalische Grundvorstellungen; Beschränkung der Maßnahmen auf die eigene Firma mit dem Ziel, eine Stammbelegschaft zu gewinnen und zu erhalten sowie den Einfluss der Sozialisten abzuwehren.
- Betriebskrankenkasse zunächst auf freiwilliger Basis; finanziell getragen durch Mitgliedsbeiträge, freiwillige Unternehmerzuwendungen, Strafgebühren der Arbeiter;
- später Beitrittspflicht eingeführt; Firma zahlt 50% der Beiträge.
- Arbeiterpension nach mindestens 20 Jahren Betriebszugehörigkeit;
- Bau von Werkswohnungen, vermietet zum Selbstkostenpreis;
- Gründung einer Konsumanstalt für Betriebsangehörige.

Ernst Abbe

Einkommenserhöhungen

- Physiker, zunächst Teilhaber, seit 1889 Alleininhaber der Carl-Zeiss-Werke in Jena, die er 1891 in eine Stiftung überführt. Durchführung von Sozialreformen:
- Beteiligung am Gewinn der Firma;
- Pensionsanspruch nach 5 Jahren Betriebszugehörigkeit;
- 12 Tage Urlaub im Jahr;
- tägliche Arbeitszeit von acht Stunden.

Lösungsversuche aus christlicher Sicht

Johann Hinrich Wichern

- Staat und Gesellschaft sollen nach den Vorstellungen des evangelischen Theologen aus dem Geist des Christentums erneuert werden.

Das „Rauhe Haus"

- Praktische, tätige Nächstenliebe soll bei konkreten Problemen helfen: Das 1833 gegründete „Rauhe Haus" hilft verwahrlosten Großstadtkindern.
- 1843 entsteht eine „Brüderanstalt" zur Ausbildung von Erziehern.

„Innere Mission": soziale Einrichtungen landesweit

- 1848 wird die „**Innere Mission**" gegründet, die deutschlandweit soziale Einrichtungen der evangelischen Kirche ins Leben ruft und bündelt: Kindergärten, Sonntagsschulen, Kranken- und Altenfürsorge, Erholungs- und Heilstätten, Ausbildungsheime. Diakone für Sozialarbeit werden angestellt.

Adolf Kolping

Hilfe für Handwerksgesellen

- Der Priester gründet den ersten „**Katholischen Gesellenverein**". Er will besonders den arbeitslosen Handwerksgesellen in eigenen Häusern eine Unterkunft geben, ihnen Familienersatz und Bildung vermitteln.
- 1864 hat das Kolpingwerk bereits 60 000 Mitglieder.

Bischof Freiherr von Ketteler

- Ursprünglich Verwaltungsjurist, dann Priester, Mitglied der Frankfurter Nationalversammlung 1848, ab 1850 Bischof von Mainz. Übernimmt Gedanken von Marx und sieht im schrankenlosen Liberalismus die Hauptgefahr.

Produktionsgenossenschaften und staatliche Sozialpolitik

- Er fordert die Gründung von Produktionsgenossenschaften der Arbeiter und damit ein Ende der Trennung von Arbeit und Kapital;
- Ab 1865 Forderung nach einer staatlichen Sozialpolitik;
- Arbeiter sollen Koalitionsrecht und Streikrecht bekommen.
- Viele seiner Vorstellungen werden von Papst Leo XIII. aufgegriffen.

Papst Leo XIII. „Rerum Novarum"

- Das päpstliche Rundschreiben (Enzyklika) erscheint erst 1891, als weite Kreise der Arbeiterschaft sich bereits von der Kirche abgewandt hatten.

Forderung nach sozialpolitischen Maßnahmen des Staates

- Es will die Zwei-Klassen-Gesellschaft überwinden, lehnt aber die Vergesellschaftung des Eigentums ab, weil sie zu einer Allmacht des Staates und damit zur Unfreiheit führe, bejaht also das Privateigentum an Produktionsmitteln.
- Lösungsweg: sozialpolitische Maßnahmen des Staates (also gegen Liberalismus gerichtet);
- gesetzliche Sozialversicherungen;
- Arbeitervereinigungen zur Interessenvertretung (Gewerkschaften) mit Streikrecht und Recht zur Bildung von Genossenschaften;
- Einschränkung der Frauen- und Kinderarbeit;
- betrieblicher Gesundheitsschutz;
- Selbsthilfeeinrichtungen;
- gerechter Lohn, der akkumulationsfähig ist, also Eigentumsbildung ermöglicht.
- Grundsatz: Alle Menschen haben eine solidarische Mitverantwortung füreinander.

Radikale Lösungsversuche

Nach Maßnahmen im Rahmen der bestehenden Ordnung folgen nun Ansätze, die auf eine grundlegende Veränderung abzielen.

Karl Marx und Friedrich Engels

- Ausgangspunkt ist eine wissenschaftliche Analyse der wirtschaftlichen und sozialen Verhältnisse. Grundlegend ist das Hauptwerk von Karl Marx „Das Kapital" (Band 1, 1867).
- Bestimmend sei die Materie, alles Geistig-Kulturelle ist nur der Überbau (**Materialismus**).
- Alle Entwicklung vollzieht **dialektisch**: Aus jedem Zustand (These) entwickelt sich eine Gegenposition (Antithese). Aus diesem Spannungsverhältnis entsteht etwas Neues, Höherwertiges (Synthese).
- Die Geschichte wird als eine Abfolge von **Klassenkämpfen** gesehen. Dabei stehen sich immer eine „herrschende Klasse", die über die Produktionsmittel verfügt, und eine benachteiligte Klasse gegenüber. Wenn sich neue Produktionskräfte entwickeln, kann die benachteiligte Klasse in einer Revolution selber zur herrschenden Klasse aufsteigen. Auf die antike Sklavenhaltergesellschaft sei die mittelalterliche Feudalgesellschaft und dann der bürgerliche Kapitalismus gefolgt.
- Im 19. Jahrhundert stünden sich die Fabrikbesitzer (Bourgeoisie) mit ihrer Verfügungsgewalt über die Produktionsmittel und die Arbeiter (Proletarier) gegenüber. Letztere können nur ihre Arbeitskraft anbieten.
- Die Ausbeutung beruhe darauf, dass der Unternehmer dem Arbeiter den **Mehrwert** vorenthalte und selbst akkumuliere. Mehrwert: der Anteil am Erlös, der über die Gestehungskosten hinausgeht.
- Durch Überproduktion und Absatzkrisen werden kleinere, weniger leistungsfähige Betriebe von den größeren aufgekauft → **Konzentrationstheorie**.
- Durch Überproduktion und Absatzkrisen kommt es zu Entlassungen, es entsteht die „industrielle Reservearmee des Proletariats" → **Verelendungstheorie**.

Aufhebung des gesellschaftlichen Widerspruchs durch Umkehrung der Machtverhältnisse

- Der Widerspruch zwischen Bourgeoisie und Proletariat führt zu einem Konflikt, der die Machverhältnisse verändert → **Revolutionstheorie**.
- Der Klassengegensatz wird aufgehoben, wenn die Produktionsmittel den Produzierenden, also den Arbeitern gehören. In der klassenlosen Gesellschaft gibt es auch keinen Klassenkampf mehr.
- Marx und Engels sind bemüht, ihre theoretischen Erkenntnisse in praktische Politik umzusetzen:
- „Manifest der Kommunistischen Partei" (1848);
- Gründung der „Internationalen Arbeiter-Assoziation" (1864).

Arbeiterbewegung

Mehrheit für Veränderungen durch Reformen

- Sie wird vom Marxismus stark beeinflusst, verfolgt aber die Verbesserung der Lebensverhältnisse der Arbeiter durch Reformen und Einzelmaßnahmen.
- Koalitions- und Streikrecht sind ebenso wichtige Forderungen wie das Recht zur Bildung von Genossenschaften.
- In England haben die ***trade unions*** schon 1824 diese Ziele erreicht. Die starke und erfolgreiche Gewerkschaftsbewegung in England bewirkt, dass der Marxismus dort wenig Anklang findet.
- In Deutschland bringt das Scheitern der Revolution von 1848 einen Rückschlag auch für die Arbeiterbewegung.
- Erst 1863 kann Ferdinand Lassalle den **Allgemeinen Deutschen Arbeiterverein** gründen. Er verlangt das allgemeine und gleiche Wahlrecht, damit die Arbeiter auf politischem Weg die Gründung von Produktionsgenossenschaften durchsetzen können.
- 1869 entsteht in Eisenach die **Sozialdemokratische Arbeiterpartei**, gegründet durch August Bebel und Wilhelm Liebknecht. Forderungen: allgemeines Männerwahlrecht, Volkswehr, Diäten für Abgeordnete, allgemeine Schulpflicht.
- Beide Arbeiterparteien vereinigen sich 1875 in Gotha zur **Sozialistischen Arbeiterpartei Deutschlands.**
- Parallel zu den Arbeiterparteien entwickelt sich die Gewerkschaftsbewegung in Deutschland.
- In der Zeit der Unterdrückung der Sozialisten durch Bismarck schlägt die Partei einen radikaleren Kurs ein und fordert als **Sozialdemokratische Partei Deutschlands** (SPD) in ihrem Erfurter Programm von 1891 die Vergesellschaftung der Produktionsmittel – ebenso wie Marx und Engels.

Entstehung der SPD

- Nach anschließenden Flügelkämpfen setzt sich zunehmend Eduard Bernstein mit seiner revisionistischen Haltung durch: Die weitere Verelendung sei nicht eingetreten, die Lage der Arbeiter habe sich langsam gebessert. Daher soll sich die SPD an Wahlen beteiligen und über die Parlamente die Möglichkeit wahrnehmen, die soziale Situation der Arbeiter zu verbessern.
- Der Erfolg gibt ihm recht: 1912 ist die SPD stärkste Fraktion im Reichstag, ihre Mitgliederzahl liegt bei fast einer Million.

D Das deutsche Kaiserreich

1871	Reichsgründung
1871–1880	Kulturkampf
1873	Dreikaiserabkommen DR, Ö-U, R
1878	Berliner Kongress
1878–1890	Kampf gegen die Sozialisten
1879	Zweibund DR, Ö-U
1883–1889	Sozialgesetzgebung
1887	Rückversicherungsvertrag DR, R
1888	Dreikaiserjahr, Wilhelm II. beginnt sein persönliches Regiment
1890	Bismarcks Abdankung

1 Die Reichsverfassung

Entstehung

Oktroyierte Verfassung

- Die Verfassung des Norddeutschen Bundes wird mit geringen Änderungen übernommen.
- Nicht das Volk hat sich die Verfassung gegeben, sondern sie wird vom herrschenden Staat oktroyiert.
- 25 souveräne Einzelstaaten schließen sich zu einem **Bundesstaat** zusammen.

Reich und Einzelstaaten

Dominanz Preußens

- Die 25 Bundesstaaten entsenden insgesamt 58 weisungsgebundene Vertreter in den Bundesrat. Preußen nimmt zwei Drittel der Fläche ein und hat ca. 60% der Einwohner des Reiches; es stellt 17 Vertreter und kann damit Verfassungsänderungen und andere wichtige Entscheidungen durch sein Veto verhindern.
- Um die süddeutschen Staaten zu gewinnen, erhalten diese Sonderrechte (Reservatrechte), z.B. den Oberbefehl über das Heer in Friedenszeiten, die Hoheit über das Post- und Telegraphenwesen und über die Eisenbahn.
- Zu einem Konflikt zwischen Preußen und den kleinen Staaten ist es nicht gekommen.

Einzelstaaten behalten Souveränitätsrechte

- Die Einzelstaaten dürfen eigene Gesandtschaften unterhalten, behalten also einen Großteil ihrer Souveränität. Auch das alte Wahlrecht innerhalb der Einzelstaaten bleibt erhalten.

- Das Reich hat nur Einnahmen durch Post, Zölle, einige Verbrauchssteuern, ist aber im Wesentlichen von den Matrikularbeiträgen der Einzelstaaten abhängig.

Die Organe

Der Deutsche Kaiser

Starke Stellung des Kaisers

- Ernennt den Reichskanzler, der nur ihm verantwortlich ist;
- leitet die Exekutive – der Kanzler muss zwar Anordnungen des Kaisers gegenzeichnen, ist aber völlig von ihm abhängig;
- ist gleichzeitig Preußischer König und als solcher Präsident des Bundesrates;
- hat die völkerrechtliche Vertretung;
- hat den Oberbefehl über die Streitkräfte und wird dabei weder vom Parlament noch von der Regierung kontrolliert;
- kann mit Zustimmung des Bundesrates eine Kriegserklärung abgeben;
- kann Reichstag und Bundesrat einberufen, die Sitzungen schließen und den Reichstag auflösen.
- Das Amt ist innerhalb der Dynastie der Hohenzollern erblich.

Reichskanzler

Keine Verantwortung dem Parlament gegenüber

- Wird nicht vom Parlament gewählt oder abberufen, sondern vom Kaiser ernannt, braucht also immer sein Vertrauen;
- ist gleichzeitig preußischer Ministerpräsident;
- ist nicht dem Parlament verantwortlich;
- hat den Vorsitz im Bundesrat;
- erledigt die Regierungsgeschäfte und bedient sich dabei beamteter Staatssekretäre.

Bundesrat

Gesetzgebung und Kontrolle der Regierung

- Beschließt zusammen mit dem Reichstag die Gesetze;
- kann Verfassungsänderungen verhindern;
- kontrolliert die Regierung über die Ausschüsse;
- kann Reichstag mit Zustimmung des Kaisers auflösen;
- stützt durch seine Macht das monarchische System.

Reichstag

Gesetzgebung, keine Kontrolle der Regierung

- Wird durch allgemeines, gleiches, unmittelbares, geheimes Wahlrecht für Männer über 25 Jahre gewählt;
- als Vertretung des Volkes für 3 Jahre, ab 1890 für 5 Jahre bestimmt;
- Gesetzgebungsbefugnis zusammen mit dem Bundesrat;
- genehmigt den Haushalt des Reiches;
- kein Einfluss auf Regierungsbildung oder auf Abwahl der Regierung;

Konstitutionelle Monarchie mit schwachen demokratischen Elementen

Bewertung

- Die Verfassung stellt eine konstitutionelle Monarchie dar. Alle wesentlichen Befugnisse bleiben in der Hand des Kaisers.
- Die Dominanz Preußens bleibt erhalten.
- Die süddeutschen Staaten werden durch Sonderrechte gewonnen.
- Das Wahlrecht für den Reichstag ist zwar modern, aber das demokratische Element ist nur sehr schwach ausgeprägt, weil es keine vom Parlament gewählte Regierung gibt.
- Grundrechte sind nicht enthalten.
- Solange zwischen Kaiser und Kanzler (Wilhelm I. und Bismarck) ein enges Vertrauensverhältnis besteht und der Kanzler weitgehend freie Hand hat, kann der Kanzler wirklich die Richtlinien der Politik bestimmen. Mit dem Regierungsantritt Wilhelms II. wird die begrenzte Macht des Kanzlers sichtbar.

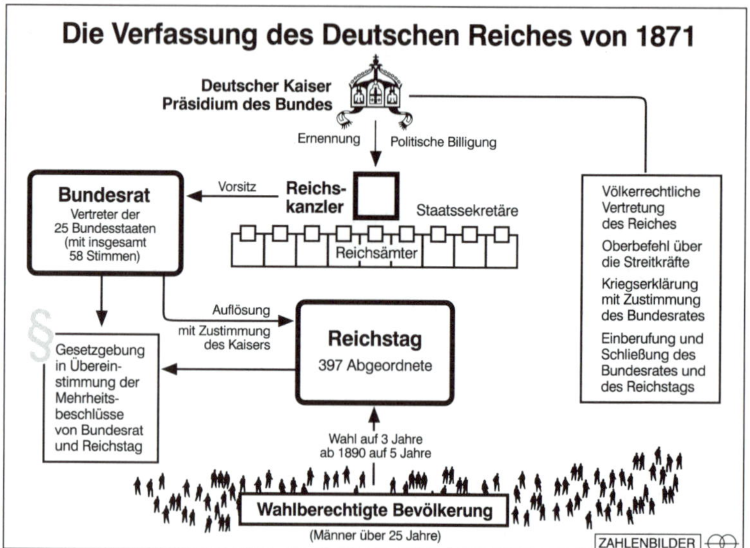

50 060

2 Bismarcks Innenpolitik

Vereinheitlichungen in der Verwaltung

- Einheitliches Handelsrecht schon in der Zeit des Norddeutschen Bundes;
- 1871 Strafgesetzbuch;
- 1879 einheitliche Gerichtsverfassung;
- Festlegung der neuen Maße und Gewichte: Meter, Liter, Kilogramm;
- Einführung der Mark, abgedeckt durch Gold;
- Ausbau der Reichspost, außer in Reservatgebieten.

Der Umgang mit den Parteien

- Die Parteien entwickeln sich erst langsam, sie finden im Reichstag ein Forum, in dem sie sich profilieren können.
- Es handelt sich zunächst nicht um Volksparteien, sie haben nur wenig Mitglieder, sondern um Honoratiorenparteien oder um Vertreter von Interessengruppen. Ausnahme sind die Sozialisten, die über eine große Mitgliederzahl verfügen.
- Bismarck stützt seine Regierungsarbeit nicht auf Parteien, braucht sie aber zur Haushaltsbewilligung.
- Er bedient sich dabei unterschiedlicher Parteien und spielt sie auch gegeneinander aus.

Die Parteien im Reichstag

- Die **Sozialistische Arbeiterpartei Deutschlands** (seit 1875) beheimatet Marxisten genauso wie Anhänger von Lassalle; sie begrüßt die nationale Einigung, ist aber auch international orientiert und fordert eine Republik; wegen ihrer antibürgerlichen Haltung sieht Bismarck die Sozialisten als Reichsfeinde an, von denen die Gefahr eines Umsturzes ausgehen kann.
- Das **Zentrum** ist das politische Sprachrohr des Katholizismus. Es ist antipreußisch und föderalistisch eingestellt.
- Aus Liberalen und Demokraten der Paulskirche entsteht 1861 die **Deutsche Fortschrittspartei**. Sie kämpft für ein allgemeines, gleiches, geheimes und direktes Wahlrecht, für eine parlamentarische Regierung und lehnt staatliche Eingriffe in die Wirtschaft ab. Sie lehnt die Politik Bismarcks ab.
- Der rechte Flügel spaltet sich ab und bildet ab 1867 die **Nationalliberale Partei**. Sie vertritt das Besitz- und Bildungsbürgertum, teilweise auch den Mittelstand und unterstützt den politischen Kurs Bismarcks. Bis 1879 stärkste Fraktion.
- Im Streit um die Schutzzollpolitik spaltet sich der linke Flügel ab und bildet ab 1884 mit der Deutschen Fortschrittspartei die **Deutsche Freisinnige Partei**.
- Es gibt zwei konservative Parteien: Die **Deutsche Reichspartei** unterstützt Bismarck bedingungslos, sie vertritt preußische Monar-

chisten: Offiziere, Beamte, Großgrundbesitzer, evangelische Geistliche. Die Deutsch-Konservative Partei lehnt Bismarcks Kurs teilweise ab.

Der Kulturkampf

- Die katholische Kirche erlebt unter Papst Pius IX. eine dogmatische Festigung und eine Stärkung der Hierarchie.
- Diese entstehen in der geistigen Auseinandersetzung mit dem Liberalismus, dessen politische und wirtschaftliche Grundsätze verworfen werden.
- Als das Vatikanische Konzil 1870 mit dem Unfehlbarkeitsdogma (in Glaubens- und Sittenfragen) die Stellung des Papstes stärkt, ist die Empörung der Liberalen und des Protestantismus groß.
- Bismarck hat andere Motive als seine liberalen Parteigänger.
- Er sieht eine Gefahr für das preußisch-deutsche Reich durch Kräfte von außen und innen (Rom, Süddeutschland, Österreich, polnische Minderheiten) und möchte daher eine strikte Trennung von Kirche und Staat durchführen.
- Daher will er das Zentrum als politische Kraft schwächen und die katholische Geistlichkeit als politischen Faktor ausschalten.

Einzelmaßnahmen

Versuch, das Zentrum und die katholische Kirche politisch zu schwächen

- Die geistliche Schulaufsicht wird durch die staatliche ersetzt.
- Im „Kanzelparagraphen" werden Geistliche mit Freiheitsstrafen bedroht, wenn sie Staatsangelegenheiten so erörtern, dass der öffentliche Friede gefährdet wird.
- Die Zivilehe wird eingeführt und ist für den Staat alleine rechtsgültig.
- Der Jesuitenorden und alle anderen Orden, soweit sie nicht Krankenpflege betreiben, werden verboten.
- Staatliche Geldzuwendungen an die katholische Kirche werden gesperrt.

Ergebnis

- 1876 sind alle preußischen Bischöfe verhaftet oder ausgewiesen, ein Viertel der katholischen Pfarreien unbesetzt.

Bismarck setzt sich nicht durch

- Die katholische Bevölkerung steht hinter dem Klerus in seinem passiven Widerstand.
- Das Zentrum kann seine Stimmenzahl verdoppeln.
- Bismarck hatte geglaubt, eine geistige Auseinandersetzung mit Polizeigewalt entscheiden zu können. Er nimmt schließlich einzelne Maßnahmen zurück; nur Kanzelparagraph, Zivilehe, Jesuitengesetz und staatliche Schulaufsicht bleiben.

Gründe für die Schutzzollpolitik

- Die einheimische Getreideproduktion reicht wegen des starken Bevölkerungswachstums nicht mehr aus und billiges Getreide aus Russland und Übersee überschwemmt den deutschen Markt.
- Die deutsche Eisenindustrie kann mit dem billigen englischen Eisen nicht konkurrieren.
- Bismarck möchte durch die Zolleinnahmen des Reiches von den Zuweisungen der Länder unabhängiger werden.

Der Kampf gegen die Sozialisten

Bismarck überschätzt die Gefahr einer Revolution

- Zwischen dem Reichskanzler, der auf die Erhaltung der überlieferten Autoritäten besteht und den Sozialisten, die Staat und Gesellschaft umgestalten wollen, besteht ein scharfer Gegensatz.
- Bismarck überschätzt aber völlig die revolutionäre Gefahr, die von den Sozialisten ausgeht.
- Die Anhänger Lassalles, die eher gemäßigt sind, haben in der Partei die Mehrheit.
- Als zwei Attentate auf den Kaiser fehlschlagen, mit denen die Sozialisten nichts zu tun haben, nutzt der Kanzler die aufgebrachte Stimmung für die Durchsetzung der Sozialistengesetze (1878).

Inhalt der Sozialistengesetze

- Alle sozialistischen Vereine, Versammlungen und Druckschriften werden verboten.
- Sozialistische Agitatoren können ausgewiesen werden.
- In „gefährdeten" Bezirken kann die Polizei durch den „kleinen Belagerungszustand" hart durchgreifen.

Ergebnisse

- Die Nationalliberalen, die das Gesetz mitgetragen haben, stürzen in einen inneren Konflikt, weil das Gesetz liberalen Grundsätzen widerspricht; ihre Spaltung bereitet sich vor.
- Statt der verbotenen Organisationen entstehen Arbeitersportvereine und Arbeitergesangsvereine als Tarnorganisationen.
- Die Publikationen werden in der Schweiz gedruckt.
- Nach einem kurzen Rückgang steigt die Stimmenzahl der Sozialdemokraten trotz der Unterdrückungsmaßnahmen kräftig an.
- Die Partei gibt sich in Erfurt 1891 ein wesentlich radikaleres, marxistisches Programm.
- Die Gesetze verfehlen ihren Zweck vollkommen.

Völliges Scheitern der Sozialistengesetze

Die Sozialgesetzgebung

- Bismarck hat sich keinem der vorhandenen Sozialprogramme angeschlossen. Er handelt nicht aus sozialen, sondern aus politischen Gründen.
- Er möchte die Arbeiter der Sozialdemokratie entfremden. Er will sie zu Leistungsempfängern des Staates machen, damit sie später an der Erhaltung des monarchischen Staates interessiert sind.

Gesetzliche Pflichtversicherungen

Schaffung eines sozialen Sicherungssystems

- 1883 Krankenversicherung (Beiträge zu 1/3 durch Arbeitgeber und zu 2/3 durch Arbeitnehmer)
- 1884 Unfallversicherung (Beiträge durch Arbeitgeber)
- 1889 Alters- und Invaliditätsversicherung (Beiträge durch Arbeitgeber, Arbeitnehmer, kleiner Staatszuschuss)

Wertung

- Bismarck kann die Sozialisten zunächst nicht für den Staat gewinnen, sie lehnen die Reformen ab, weil sie von oben kommen.
- Die Sozialgesetzgebung bleibt trotzdem ein in ihrer Zeit vorbildliches und zukunftsweisendes Werk.

3 Bismarcks Außenpolitik

Ausgangssituation nach der Reichsgründung

- Preußen als Führungsmacht hatte drei Siege nacheinander errungen, gegen Dänemark, Österreich und Frankreich.
- Das Deutsche Reich ist im Vergleich zum Deutschen Bund groß und militärisch mächtig („halbhegemoniale Stellung").
- Viele europäische Mächte sind misstrauisch gegenüber dem erstarkten Deutschland. Sie befürchten, Deutschland könne, auf Kosten des Vielvölkerstaats Österreich, großdeutsche Pläne im Osten und Südosten verfolgen und die dort lebenden Deutschen in den neuen Staat einbeziehen.
- Die geographische Mittellage bringt für Deutschland die Möglichkeit der Umklammerung mit sich.

Deutsch-französischer Gegensatz bedroht den Frieden

- Besonders Frankreich, gedemütigt durch die Kriegsniederlage, will den Verlust Elsass-Lothringens nicht hinnehmen.
- Als Frankreich durch ein neues Heeresgesetz seine Schlagkraft erhöhen will, erscheint in der deutschen Presse eine Schlagzeile „Ist der Krieg in Sicht?".
- Bismarck nutzt die gereizte Stimmung, um Frankreich einzuschüchtern und dessen Rüstung zu verlangsamen.

- Dagegen treten Russland und England auf, sie wollen vermeiden, dass das politische Gewicht Frankreichs unter ein bestimmtes Niveau sinkt (Gleichgewicht der Kräfte).
- Bismarck erkennt klar eine mögliche Bündniskonstellation: England – Frankreich – Russland, die für ihn zu einer Art Alptraum wird. → Er sucht fortan alles zu vermeiden, was zu einem solchen Bündnis führen könnte.

Ziel
- Das Deutsche Reich soll in dem jetzigen territorialen Umfang und in dem erreichten politischen Status als gleichberechtigte europäische Großmacht erhalten bleiben.
- In ganz Europa soll der Friede gesichert werden, denn jeder Krieg gefährdet das bestehende, labile Gleichgewicht.

Die Strategie
- Bismarck betont immer wieder, Deutschland habe keine weiteren Gebietswünsche, es sei „saturiert" und wolle nur den Status quo (bestehenden Zustand) erhalten.
- Frankreich soll isoliert werden, damit es nicht, seinen Revancheplänen folgend, Bündnispartner sucht und Deutschlands Status wieder gefährdet.

Isolation Frankreichs als Ziel der Bündnisse

- Mit den übrigen Staaten will er Defensivbündnisse schließen.
- Mögliche Bündnisse, die gegen Deutschland gerichtet sind, will Bismarck verhindern.
- Deutschland vermeidet Konflikte mit anderen europäischen Mächten in der Kolonialpolitik.

Kissinger Diktat

Kerngedanke: Das Kissinger Diktat
Darin formuliert Bismarck 1877 selbst, es schwebe ihm „eine Gesamtsituation" vor, „in welcher alle Mächte außer Frankreich unser bedürfen, und von Koalitionen gegen uns durch ihre Beziehungen zueinander nach Möglichkeit abgehalten werden."
Das heißt, er will die machtpolitischen Rivalitäten der anderen Staaten auf niedrigem Niveau pflegen, um zu gegebener Zeit Ausgleich zu schaffen, aber so auch Koalitionen gegen Deutschland verhindern.

Das Bündnissystem und die politischen Krisen

Potenzielle Bündnispartner

- England verharrt in der Politik der *splendid isolation*, will keinesfalls ein Bündnis mit Deutschland schließen.
- Italien ist als Bündnispartner zu machtlos.
- Als mögliche Bündnispartner bleiben Österreich und Russland.
- Zu Russland hat Preußen traditionell gute Beziehungen.
- Wichtig wird die Versöhnung mit Österreich, das Bismarck nach dem Krieg von 1866 bereits bewusst geschont hat.

- Das Drei-Kaiser-Abkommen zwischen Deutschland, Österreich und Russland 1873 ist zwar kein förmliches Bündnis, bekräftigt aber den Expansionsverzicht Deutschlands international und verpflichtet zur Konsultation bei außenpolitischen Krisen.

Von der Balkankrise 1875 bis zum Berliner Kongress 1878

Balkan – Schnittpunkt vieler Interessen

- Der Balkan liegt im Schnittpunkt vieler Interessen und droht daher immer wieder zum „Pulverfass" zu werden:
- Ein Teil einschließlich der Meerengen Bosporus und Dardanellen ist noch in der Hand des **Osmanischen Reiches**. Die betroffenen Völker versuchen die Fremdherrschaft abzuschütteln, das Osmanische Reich ist geschwächt.
- **Österreich-Ungarn** möchte das politische Vakuum auf dem Balkan nutzen und seinen Einfluss in diesen Raum ausdehnen.
- **Russland** will als Beschützer der südslawischen Balkanvölker auftreten und sie im Sinne des Panslawismus in einem Staatenbund unter seiner Führung vereinen, gleichzeitig für seine Flotte vom Schwarzen Meer aus über Bosporus und Dardanellen den Zugang zum Mittelmeer gewinnen.
- Das ruft **England** auf den Plan, das seine Seeherrschaft im Mittelmeer gefährdet sieht und damit auch den Seeweg nach Indien (durch den Suezkanal).
- Nach dem russischen Sieg über das Osmanische Reich 1878 möchte Russland ein Großbulgarisches Reich mit enger Bindung an Russland errichten.
- Dies ruft Österreich-Ungarn und England auf den Plan.
- Bismarck tritt auf dem **Berliner Kongress 1878** als Vermittler, als „ehrlicher Makler" auf.

Beilegung der Balkankrise

- Der **Kompromiss** sieht vor:
  - Rumänien, Serbien, Montenegro werden selbstständig.
  - Russland erhält nur Bessarabien. Bulgarien wird selbstständig, ist aber wesentlich kleiner als es Russland wünschte.
  - England erhält Zypern.
  - Österreich-Ungarn darf Bosnien und Herzegowina verwalten. Beide Maßnahmen als Ausgleich für das russische Vordringen.
- **Ergebnis**:
  - Der drohende große europäische Krieg wird abgewendet.
  - England, Österreich-Ungarn, Türkei sind zufrieden.
  - Bismarck hat bei den europäischen Mächten hohes Ansehen erworben. Aber:
  - Russland fühlt sich um die Früchte seines Sieges gebracht, ist verbittert; Beziehung Deutschland – Russland kühlt sich ab und wird zur Belastung.

– Russisch-österreichischer Gegensatz verstärkt
– Annäherung Deutschland – Österreich

Zweibund Deutschland – Österreich 1879

Gegen Russland gerichtet

- Bei russischem Angriff auf einen der beiden Partner: gegenseitige Hilfe;
- bei Angriff einer anderen Macht, wohlwollende Neutralität;
- Bewertung: Soll russischen Angriff unmöglich machen; Zweifrontenkrieg vermeiden; Russland soll Deutschland wieder als Bündnispartner suchen.

Dreibund DR – Ö-U – It

Defensivbündnis gegen Frankreich

- 1882 Zweibund durch Beitritt Italiens zum Dreibund erweitert:
- Bei französischem Angriff auf Italien helfen beide Partner.
- Bei französischem Angriff auf Deutschland hilft Italien.
- Bei Angriff zweier fremder Mächte helfen beide Partner.
- Defensivbündnis, das vor französischem Angriff schützt und Österreich vor Zweifrontenkrieg sichert.
- 1883 um Rumänien erweitert

Drei-Kaiser-Abkommen wird 1881 erneuert

Zusicherung der Neutralität

- DR – Ö-U – R sichern sich gegenseitige Neutralität zu beim Angriff einer vierten Macht.
- Bewertung: Bei einem französischem Angriff auf das DR wird ein Zweifrontenkrieg vermieden. Bei einem englischem Angriff auf Russland ist R vor einem weiteren Angriff gesichert.
- Die Balkaninteressen will man gegenseitig respektieren.
- Als aber 1885 zwischen Serbien und Bulgarien ein Krieg ausbricht, wollen sich R und Ö-U einmischen. Ihr Gegensatz verstärkt sich erneut. Bismarck warnt Österreich eindringlich vor einem Alleingang, weil er nicht ins österreichische Schlepptau kommen möchte und keinen Konflikt mit Russland will. Russland erklärt wegen der österreichischen Einmischung in Bulgarien das Drei-Kaiser-Abkommen für „tot".
- Russland will sich eher mit Deutschland verständigen als mit Österreich. Das führt zum geheimen Rückversicherungsvertrag.

Rückversicherungsvertrag 1887

DR – R

- Greift Frankreich Deutschland an, bleibt Russland neutral.
- Greift Ö-U Russland an, bleibt Deutschland neutral.
- Die russischen Interessen in Bulgarien werden anerkannt, ebenso wie die an den Meerengen.

- Bewertung: sichert Deutschland vor Zwei-Fronten-Krieg und verhindert ein Zusammengehen Russland – Frankreich. Er stellt das Kernstück des Bismarckschen Bündnissystems dar.

Mittelmeerentente zwischen England, Österreich und Italien 1887

- Der Status quo im östlichen Mittelmeer soll erhalten bleiben, ebenso die Unabhängigkeit des Osmanischen Reiches.
- Der Vertrag wird von Bismarck befürwortet, obwohl er dem Rückversicherungsvertrag widerspricht.

Wertung des Bündnissystems
- Das System lebt vom Gegensatz zwischen Russland und Österreich und von der Freundschaft zwischen Deutschland und Österreich.
- Es war so kompliziert, dass es von den Nachfolgern nicht mehr gehandhabt werden konnte.
- Bismarck hatte im Konfliktfall noch Handlungsfreiheit.
- Das Vertragswerk hat seinen Sinn, den deutschen Status quo und den Frieden zu erhalten, erfüllt.

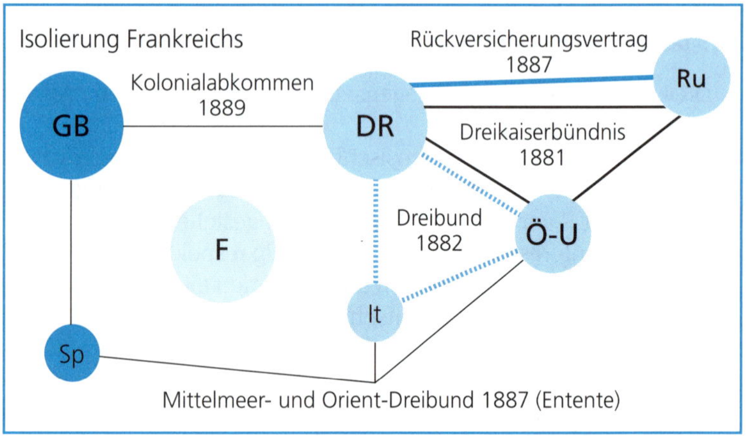

Kolonialpolitik

Verhaltenes Engagement

- Bismarck will keine Kolonien erwerben, weil er fürchtet, in Konflikte hineingezogen zu werden, die eine Rückwirkung auf Europa haben und dort den Frieden gefährden könnten.
- Auf Druck deutscher Kaufleute und des deutschen Kolonialvereins kommt es 1884/1885 doch zum Erwerb einiger unbedeutender Kolonien: Togo, Kamerun, Deutsch-Südwestafrika (Namibia), Deutsch-Ostafrika (Tansania).

E Imperialismus und Erster Weltkrieg (1880–1918)

1890–1914	Wilhelminische Ära in Deutschland
1892	Rückversicherungsvertrag mit Russland nicht erneuert
1894	Französisch-russisches Verteidigungsbündnis
1904	*Entente cordiale* zwischen England und Frankreich
28.6.1914	Attentat von Sarajewo
1914	Julikrise und Kriegsausbruch

1 Begriff Imperialismus

Kurzdefinition

„Drang der Völker und Machthaber nach einem wachsenden Anteil an der Weltherrschaft zunächst durch überseeischen Besitz" (Friedjung)

Historische Entwicklung

- Ähnliche Ansätze werden schon in der Antike sichtbar (Imperium Romanum).
- Im Zeitalter der Entdeckungen suchen die europäischen Mächte nach Einflussgebieten in aller Welt.
- In der Phase des Freihandels im 19. Jahrhundert erfolgt die Ausbeutung der überseeischen Gebiete vorwiegend durch Handelsgesellschaften.
- In der Zeit des klassischen Imperialismus (1880–1918) verschärft sich die Rivalität, als die Nationalstaaten eine direkte politische Herrschaft in den Kolonien und Einflusszonen anstreben. Sie gipfelt im Ersten Weltkrieg und bringt gleichzeitig das Ende dieser Phase. Europa verliert in der Folge an Bedeutung, erfährt aber eine zunehmende Demokratisierung.
- In der Folgezeit kommt es zur Epoche des Neokolonialismus.

Motive des Imperialismus

- **wirtschaftliche**
  - Veränderungen aufgrund der Industriellen Revolution;
  - Rohstoffbasen (Bodenschätze und Agrarrohstoffe);
  - Investitionsbereiche;
  - Absatzmärkte, die von der Konkurrenz abgeschirmt sind.

- **politische** (Weltmachtstreben)
  - Prestigegewinn; weltpolitische Gleichberechtigung („Platz an der Sonne“);
  - Vermischung mit Nationalismus: Gestaltung der Welt als nationale Sendung;
  - Vermischung der traditionellen europäischen Machtpolitik mit neuen Ansprüchen in Übersee; Erhaltung alter Vormachtstellung
  - sozialdarwinistische Vorstellungen: Kampf ums Überleben, Überleben der Tüchtigsten.
- **gesellschaftliche** (Sozialimperialismus)
  - Die herrschenden Eliten wollen die politische und soziale Emanzipationsbewegung in die äußere Expansion umlenken.
  - Durch Erfolge in Übersee soll von den politischen und sozialen Mängeln zu Hause abgelenkt werden.
- **weitere Motive** (meist von geringerer Bedeutung)
  - Siedlungsraum gewinnen
  - Missionierung fremder Völker
  - Unterdrückung des Sklavenhandels
  - Verbreitung der eigenen Kultur, um andere Länder zu entwickeln (kulturelles Sendungsbewusstsein)

Erscheinungsformen

- **direkte territoriale Herrschaft** über ein Gebiet (Kolonien, z.B. in Afrika) meist mithilfe des Militärs = formeller Imperialismus
- **indirekte Herrschaft** in Form von Einflussnahme, wirtschaftlicher Kontrolle (z.B. in China, in Lateinamerika und im Osmanischen Reich) = informeller Imperialismus. Die Mittel dazu waren Freihandelsverträge, Freundschafts- und Schutzverträge, Anleihen für die verkehrstechnische Erschließung.
- Sonderform in **Russland**: statt Erwerbungen in Übersee, Expansion in angrenzende Gebiete (z.B. Sibirien)

Zuspitzung der Konflikte

Die Überschneidung der Interessenssphären im fast völlig aufgeteilten Afrika führt zu wachsenden Spannungen zwischen den europäischen Mächten.

Rückwirkung auf Europa

- In den peripheren Räumen der Welt entstandene Konflikte verhärten die Fronten in Europa.
- Hochrüstung beginnt (Flotte und Heer).
- Verteidigungsbündnisse werden geschlossen.
- Wilhelminische Großmachtpolitik

2 Imperialismustheorien

Es gibt eine Vielzahl von Theorien über den Imperialismus, hier sind nur einige wichtige herausgegriffen.

Ökonomische Theorien

Hobson

John A. Hobson, Imperialism, 1902

Der Linksliberale Brite Hobson hat zu Anfang des 20. Jhds. als einer der ersten eine umfassende Theorie entwickelt, in der er ökonomische und politische Aspekte des Kapitalismus und Imperialismus miteinander in Beziehung setzt.

- In einer kapitalistischen Gesellschaft besitzen einige Wenige ein riesiges Kapital, das sie gewinnbringend anlegen möchten.
- Der Binnenmarkt ist nicht mehr aufnahmefähig, weil die Unterschichten zu wenig Kaufkraft besitzen.
- Daher üben die reichen Kapitaleigner Druck auf die Politiker aus, damit Kolonien für den Kapitalexport erworben werden.

Lenin

Lenin

Lenin knüpft in seinem Werk an Vorstellungen von Marx, Hilferding, Rosa Luxemburg und Hobson an.

- Kapital und Produktion konzentrieren sich in Monopolen.
- Finanzoligarchie entsteht;
- Kapitalexport wird wichtiger als Warenexport.
- International agierende Monopole versuchen, die Welt unter sich aufzuteilen.
- Der Kapitalexport in die Kolonialländer macht aber nur Sinn, wenn dort ein Minimum an Ausbildung und Modernisierung besteht.
- Der Imperialismus ist die einzige Möglichkeit, die sinkende Profitrate zu stützen.
- Der Wettlauf um die Kapitalexportmärkte führt zu Gegensätzen und Krieg.

Hobson und Lenin verweisen zusätzlich auf die Bedeutung der Rohstoffquellen und Absatzmärkte für den Kapitalismus.

Wertung

- Der Imperialismus in Russland, Japan und Italien war nicht mit Kapitalexport verbunden; in diesen Ländern fehlte sogar Kapital und musste importiert werden.
- Französisches und britisches Kapital ist hauptsächlich in anderen europäischen Staaten und nur zum geringsten Teil in den Kolonien investiert worden.
- Der Anteil des Kolonialhandels am Gesamthandel blieb relativ gering, in Frankreich 1913 bei 10% und selbst in England betrug

der Anteil des Imports aus den Kolonien nur 10% und der Anteil des Exports in die Kolonien nur 19% (1913).

Die sozialökonomische Theorie

H.-U. Wehler, Sozialimperialismus, 1979

Der wichtigste Vertreter ist **Hans-Ulrich Wehler**.

- Die Hochindustrialisierung ist mit ungleichmäßigem Wachstum, wirtschaftlichen Krisen und zunehmender sozialer Ungerechtigkeit verbunden.
- Durch Expansion nach außen soll die Krisenanfälligkeit gemildert werden; der Markt wird erweitert, weiteres Wachstum ist möglich.
- Durch die Propagierung einer großen nationalen Aufgabe (koloniale Expansion) soll von sozialen Krisen im Inneren abgelenkt werden. Das alte Sozialgefüge kann erhalten werden, ebenso der politische Status quo.

Sozialpsychologische Erklärungsversuche

Imperialismus und Nationalismus

- Imperialismus wird hier als übersteigerter Nationalismus gesehen.
- Als Folge der deutschen Reichsgründung entstand beispielsweise bei den Briten eine neue Empirebegeisterung.
- Die Übertragung von Darwins Lehre über die Entstehung und Erhaltung der Arten auf Gesellschaften und Staaten führte zu einem Überlegenheitsgefühl und damit zu einer vermeintlichen Berechtigung, andere Länder zu kolonisieren oder abhängig zu machen.
- Gleiches gilt für die Vorstellung von der Überlegenheit der eigenen Kultur.

Prestigedenken als Triebkraft

- Ansätze sind schon im 17./18. Jh. in Frankreich erkennbar: Konkurrenz zwischen dem spanischen und französischen Königshaus.
- Später Rivalität zwischen Frankreich und England in Indien und Nordamerika (18. Jh.).
- Nach der Niederlage gegen Preußen (1871) sieht Frankreich im Imperialismus die Möglichkeit zur Kompensation der „Schmach".
- England unternimmt besondere Anstrengungen, um seine Vorrangstellung als Kolonialmacht zu sichern.
- Das Bedürfnis, angrenzende Räume zu gewinnen, um das dortige Machtvakuum zu beseitigen und das eigene Gebiet auszudehnen, wird auch als Ergebnis des Wunsches nach mehr Ansehen gedeutet. Dies gilt für die USA, Russland und Englands Ausdehnung in Afrika.
- Allgemein lässt sich sagen: Je stärker die Stellung einer Macht in Übersee war, desto größer ihr Prestige in Europa.

3 Imperialismus ausgewählter Großmächte

Großbritannien

Wichtiges Instrument der britischen Expansion war die Kriegs- und Handelsflotte. Sie diente der Beherrschung der Weltmeere und verfügte daher über Stützpunkte in aller Welt.

Unter dem konservativen Premierminister Disraeli engagiert sich England stärker beim Aufbau eines überseeischen Empires.

Benjamin Disraeli (1804–81)

- Königin Victoria nimmt den Titel „Kaiserin von Indien“ an.
- Afrika wird Schwerpunkt britischer Interessen. Gründe:
  - Der Kontinent ist noch nicht „aufgeteilt“.
  - Der 1869 fertiggestellte Suezkanal ist das wichtigste Verbindungsstück nach Indien, der bedeutendsten britischen Kolonie.
- Ägypten, formal noch zum Osmanischen Reich gehörig, wird von den Briten kontrolliert.
- Konflikt mit Frankreich bahnt sich an, das Interesse an Ägypten hat und in Algerien und Tunesien schon Fuß gefasst hatte. Als Kompensation erhält es die Hegemonie über Marokko.
- Briten erwerben Suezkanalaktien und greifen im Sudan ein.
- Seit Mitte der 80er Jahre entsteht das Konzept einer Verbindung der südafrikanischen Besitzungen der Briten mit Ägypten.
- Gründung von Kolonialgesellschaften, die den Rivalen Englands zuvorkommen sollten. Wegen Konflikten ist immer wieder militärische Unterstützung notwendig.
- Deutsche Kolonie „Deutsch-Ostafrika“ steht der britischen Expansion entgegen; Einigung im Helgoland-Sansibar-Vertrag.
- Französischer Wunsch einer Westexpansion von Algerien bis zum Nil führt zum britisch-französischen Zusammenstoß bei Faschoda. Die ernsthafte Krise kann durch französisches Nachgeben im Sudanvertrag gelöst werden.
- Eroberung der Burenstaaten Oranje und Transvaal nach verlustreichen Kämpfen.
- Nach dem erfolgreichen Krieg Japans gegen China um Korea zeigt sich in Ostasien ein neuer Konfliktherd für die Briten.

Frankreich

- Ausgangspunkt Algerien 1830;
- Expansion nach Zentralafrika und in Richtung Ägypten;
- Erfolglosigkeit in Ägypten und am Nil bei Faschoda;
- Ablenkung auf Ersatzräume: Madagaskar, Inselgruppen im Indischen Ozean und im Südpazifik, Indochina.

Russland

- Vorstoß vom Schwarzen Meer durch die Meerengen Bosporus und Dardanellen gegen das Osmanische Reich scheitert zweimal am britischen Widerstand;
- Vorstoß nach Mittelasien in Richtung Kaukasus, Kasachstan, Turkestan, Turkmenien erfolgreich.
- Weitere Ansprüche auf Persien und Afghanistan rufen die Briten auf den Plan.
- Der dritte Vorstoß richtet sich nach Ostasien und führt zum Gewinn der Küstenprovinz und der Amurprovinz. Gründung des eisfreien Hafens von Wladiwostok.
- Damit gerät Russland in Konflikt mit China, dem aufstrebenden Japan und Großbritannien.
- 1904/05 Niederlage im russisch-japanischen Krieg führt zu innerer Erschütterung des Zarenregimes, aber der Einfluss in Ostasien bleibt erhalten.

USA

- Hauptstoßrichtung Pazifik;
- 1898 nach Krieg gegen Spanien: Gewinn der Philippinen und Puerto Ricos;
- im gleichen Jahr: Annexion von Hawai;
- Forderung nach Einfluss in China;
- Handelsimperialismus in Mittel- und Südamerika

4 Wilhelminische Großmachtpolitik

- Kaiser Wilhelm I. hatte, obwohl ihm die Verfassung die Macht gab, darauf verzichtet, in die Regierungsgeschäfte einzugreifen.
- Bismarck genoss sein Vertrauen und konnte ungestört die eigene Politik entwickeln.
- 1888 starb Wilhelm I. und im gleichen Jahr noch sein Sohn Friedrich III. Dessen Sohn Wilhelm II. wurde im Alter von 29 Jahren Kaiser.

Ende der Ära Bismarck

- Gegensatz zwischen dem jungen Kaiser und dem alten Kanzler:
  - Wilhelm wollte selbst regieren, sein „eigener Kanzler“ sein.
  - Er war spontan und sprunghaft im Gegensatz zum bedächtigen Bismarck.
  - Inhaltlicher Gegensatz zu Bismarcks Innen- und Außenpolitik;
  - Bismarck bittet 1890 um seine Entlassung.

Das „persönliche Regiment“ Wilhelms II.

- Die ersten Kanzler Caprivi und Fürst Hohenlohe waren Gehorsam gewohnt, leisten keinen Widerstand.

- Wilhelm war vielseitig begabt, begeistert vom technischen Fortschritt und der Leistung der Industrie, andererseits verachtete er das Parlament und wurde vom Ausland wegen seiner Selbstregierung in die Nähe des Absolutismus gerückt.
- Bei Entscheidungen war er unsicher und leicht beeinflussbar.
- Seine markigen, säbelrasselnden Reden, oft ohne diplomatisches Gespür, entsetzten das Ausland ebenso wie seine Mitarbeiter.

5 Der „Neue Kurs" in der Außenpolitik

- **Bismarck:** Sicherheit Deutschlands in Europa durch Gleichgewicht; mögliche Gegner Deutschlands sollten sich nicht verbünden.
- **Wilhelm II.:** Deutschland soll eine Weltmachtstellung erringen. Eintritt in den Konkurrenzkampf um Kolonien

Zielsetzung

- Gleichstellung mit USA, England, Frankreich und Russland gefordert
- Rückversicherungsvertrag mit Russland nicht erneuert, obwohl Russland es wollte; russische Furcht vor Isolation

Maßnahmen und Folgen

- **Gründe:**
  - angebliche Unvereinbarkeit mit dem Dreibund
  - Hinwendung zu England
- **Folgen:** Russland fühlt seine Balkaninteressen gefährdet und nähert sich Frankreich an: 1892 Militärkonvention, 1894 französisch-russisches Verteidigungsbündnis für den Fall eines Angriffs Deutschlands oder des Dreibunds (DR – Ö-U – It)
- **Ergebnis:** Gefahr eines Zweifrontenkrieges für Deutschland (Bismarcks Alptraum)
- Gewünschtes Bündnis mit Großbritannien kam nicht zustande, weil es in Afrika und im Orient zu Reibereien kam (Kap-Kairo-Bahn, Transvaal-Bahn, Bagdad-Bahn, Krüger-Depesche).

Aufrüstung der Flotte

Bau einer „Risikoflotte"

- **Ziel:**
  - Unterstützung der imperialistischen Politik;
  - Ein Krieg gegen Deutschland sollte für England zu einem Risiko werden, daher „Risikoflotte". Geplante Stärke: zwei Drittel der britischen Flotte;
  - England sollte gezwungen werden, dem Dreibund beizutreten.
- **Befürworter:**
  - Kaiser Wilhelm („Unsere Zukunft liegt auf dem Wasser")
  - Admiral von Tirpitz

  - Deutscher Reichstag
  - Deutscher Flottenverein
- Folgen:
  - Briten sehen ihr Ziel des *Two-Power-Standard* bedroht (Die britische Flotte sollte größer sein als die beiden nächstgrößten)
  - Gefahr für das britische Weltreich
  - Neue Ausrichtung der britischen Politik auf Frankreich: 1904 legen Großbritannien und Frankreich ihre Konflikte in Nordafrika bei, Frankreich erhält Einfluss auf Marokko.
  - Die *Entente cordiale* zwischen Frankreich und Großbritannien verändert die Bündnislandschaft wesentlich: Jetzt stehen sich gegenüber: Großbritannien, Frankreich, Russland und andererseits die Mittelmächte Deutschland, Österreich/Ungarn, Italien, Rumänien. Briten und Russen hatten 1907 einen Ausgleich ihrer Interessen gefunden, nachdem Russland im Krieg gegen Japan seine Flotte verloren hatte und nicht mehr gefährlich erschien.
  - Deutschland ist eingekreist und hat nur „schwache" Bündnispartner.

Imperialistische Aufteilung Afrikas

6 Krisen in Europa und Kriegsbeginn

Erste Marokko-Krise (1905)

- Frankreich leitet nach dem Ausgleich mit England die zunehmende Kontrolle über das formal unabhängige Marokko ein.
- Deutschland macht sich für die Unabhängigkeit Marokkos stark, bleibt aber auf der Konferenz von Algeciras (1906) isoliert: diplomatische Niederlage.

Zweite Marokko-Krise (1911)

- Deutschland kann Frankreichs Protektorat über Marokko nicht verhindern, möchte aber als Ausgleich für seinen Verzicht Französisch Kongo erhalten.
- Um der Forderung Nachdruck zu verleihen, schickt es das Kanonenboot "Panther" nach Agadir („Panthersprung von Agadir“ 1911).
- England unterstützt Frankreich bedingungslos. Die *Entente cordiale* ist gefestigt; Spaltung der Entente durch Deutschland gescheitert.

Balkankriege

Ausgangslage auf dem Balkan

- Balkan liegt im Schnittpunkt der Interessen Österreichs, Russlands, des Osmanischen Reiches und Englands.
- Eine Vielzahl von Völkern lebt in diesem Raum. Sie können sich teilweise aus der Vorherrschaft des Osmanischen Reiches befreien und Nationalstaaten bilden.
- Trotzdem behält jeder dieser Staaten große völkische Minderheiten.
- Zusätzlich existiereren verschiedene Religionen nebeneinander: orthodoxe Christen, oft in Nationalkirchen gebunden, Muslime, römisch-katholische Christen und Protestanten

Der politische Konflikt

- Die Schwäche des Osmanischen Reiches nach der „jungtürkischen Revolution“ 1908 nutzt Österreich, um Bosnien und Herzegowina zu annektieren, die offiziell dem Osmanischen Reich unterstellt sind.
  - Deutschland unterstützt Österreich
  - Serbien kann daher trotz russischer Fürsprache seine eigenen Wünsche auf diese Gebiete nicht durchsetzen.
- Bulgarien macht sich vom Osmanischen Reich unabhängig.
- Bulgarien, Serbien, Montenegro und Griechenland gründen mit Unterstützung Russlands den Balkanbund und erobern im 1. Balkankrieg fast alle in Europa gelegenen Besitzungen der Türkei.
- Österreich fürchtet Erstarken Serbiens und erreicht Gründung Albaniens. Folge: Feindschaft Serbiens gegen Österreich.

- Im Streit um die Landgewinne kommt es zum Zweiten Balkankrieg, der mit der bulgarischen Niederlage endet und Serbien und damit seine Schutzmacht Russland deutlich gestärkt hervorgehen lässt.

Juli-Krise 1914

- Mord an dem österreichisch-ungarischen Thronfolger Franz Ferdinand in Sarajewo (28. Juni 1914) durch einen großserbischen Geheimbund
- Für Österreich willkommener Anlass zu Vorgehen gegen Serbien.
- Um die serbische Schutzmacht Russland von einem Eingreifen abzuhalten, wollte Österreich die unbedingte Unterstützung durch seinen Zweibundpartner Deutschland.
- Deutschland sagte Österreich die bedingungslose Unterstützung zu („Blankoscheck“).
- Eine Bündnisverpflichtung bestand beim Zweibund nur im Falle eines Angriffs durch eine dritte Macht.

Kriegsausbruch

- Österreichisches Ultimatum an Serbien wurde zwar bis auf wenige Einzelheiten erfüllt, trotzdem erklärte Österreich den Krieg.
- Der französische Blankoscheck für Russland ermunterte Russland zur Hilfe für Serbien.
- Mobilmachung Russlands;
- Deutsches Ultimatum an Russland zur Rücknahme;
- Deutsches Ultimatum an Frankreich, bei einem Krieg neutral zu bleiben;
- Nach Ablehnung beider Ultimaten deutsche Kriegserklärung an Russland (1.8.1914) und Frankreich (3.8.1914). Verletzung der belgischen Neutralität hat als Folge:
- 5.8. Britische Kriegserklärung an Deutschland

7 Kriegsziele

Deutschland

- Zunächst nur Erhaltung der Machtstellung;
- dann Hegemonie in Mitteleuropa mit Belgien und Polen als abhängigen Staaten;
- Ausweitung der Kolonien

Österreich-Ungarn

- Serbien, Montenegro und Rumänien einverleiben;
- von Nationalitätenkonflikten im Vielvölkerstaat ablenken

Frankreich

- Elsass-Lothringen, Saarland gewinnen;
- linkes Rheinufer als französische Interessenssphäre

- Zugang zu Bosporus und Dardanellen;
- Vormacht auf dem Balkan

Russland

- Machtgleichgewicht in Europa;
- deutsche Kolonien übernehmen;
- Sicherung des Kolonialreiches;
- Vormachtstellung als Seemacht

Großbritannien

- Autoritäre Regime beseitigen und Demokratie herstellen

USA zusammen mit der Entente

8 Neue Kriegsformen

Stellungskrieg und Materialschlachten

- An die Stelle des früher üblichen Bewegungskriegs trat der Stellungskrieg; Truppen in Schützengräben und Unterständen; Ausbruchsversuche fast ohne Erfolg.
- Versuch, den Gegner durch fast pausenloses Artilleriefeuer über die Schützengräben hinweg mürbe zu machen.

Neue Waffen

- Maschinengewehre, Handgranaten, schwere Artillerie
- später Flugzeuge, Tanks (Panzer) und Giftgas

Totaler Krieg

- Auch die Zivilbevölkerung wird vom Krieg erfasst.
- Der Krieg wird auch zur See und in der Luft geführt.
- Ziel ist es, den Gegner unter Aufbietung aller Kräfte völlig zu schlagen.

Einbeziehung der „Heimatfront“

- Um Waffen, Munition, Verpflegung und Uniformen zu liefern, muss die Wirtschaft in der Heimat auf Kriegsproduktion umgestellt werden.
- Die in der Industrie und Landwirtschaft fehlenden Arbeitskräfte müssen ersetzt werden.
- Frauen spielen eine tragende Rolle in der industriellen Produktion.
- Der Versorgungsmangel zeigt sich in der Heimat genauso wie an der Front (Hungerwinter).

9 Kriegsverlauf

- Anfangserfolge der Mittelmächte im Westen durch den Schlieffenplan und durch Kesselschlachten im Osten;
- russischer Rückzug aus Baltikum und Polen; Truppen demoralisiert; Stellungskrieg;
- auch im Westen Übergang zum Stellungskrieg mit großen Verlusten an Menschen und Material bei Verdun und an der Somme.
- Briten blockieren mit ihrer Flotte den deutschen Nachschub an Rohstoffen.
- 1917 nimmt Deutschland den uneingeschränkten U-Bootkrieg wieder auf und greift ohne Warnung auch neutrale Schiffe an. Folge:
- USA treten auf Seiten der Entente in den Krieg ein.
- Russland scheidet nach der erfolgreichen boschwistischen Revolution aus dem Krieg aus und muss im Frieden von Brest-Litowsk ein hartes Diktat hinnehmen.
- 8. August 1918: „Schwarzer Tag des deutschen Heeres“ durch Niederlage bei Amiens; Frontrücknahme
- Zusammenbruch Österreich-Ungarns, Bulgariens und der Türkei
- Oberste Heeresleitung drängt auf Waffenstillstand; der am 11. November 1918 geschlossen wird.

Leichen in einem russischen Schützengraben nach einem Gasangriff (Foto von 1916, Archiv für Kunst und Geschichte, Berlin)

F Die Weimarer Republik

1918	Revolution in Deutschland, 9.11. Ausrufung der Republik
1919	Vertrag von Versailles; Gründung des Völkerbundes; Verfassung von Weimar; Weimarer Koalition (SPD, Zentrum, Fortschrittspartei = spätere DDP)
1920	Kapp-Putsch von rechts
1922	Vertrag von Rapallo mit Sowjetunion
1923	Besetzung des Ruhrgebietes und passiver Widerstand; Inflation; Unruhen in Sachsen, Thüringen; Separationsbestrebungen im Rheinland; Hitlerputsch in München scheitert
1925	Locarno-Vertrag: Ende der deutschen Isolation, Deutschland erkennt seine Westgrenzen an
1926	Aufnahme Deutschlands in den Völkerbund
1928	Große Koalition; Briand-Kellogg-Pakt: Ächtung des Krieges
1929	Beginn der Weltwirtschaftskrise mit dem „Schwarzen Freitag" – Kurssturz an der New Yorker Börse
1930	Ende der Großen Koalition, Beginn der Präsidialkabinette
1932	Abrüstungskonferenz in Lausanne: Ende der Reparationsleistungen

1 Kriegsgeschehen und innere Entwicklung in Deutschland bis 1918

Gefestigte Stellung der Monarchie zu Kriegsbeginn

Allgemeine Kriegsbegeisterung der Bevölkerung

- Alle Parteien stimmen den Kriegskrediten zu.
- Parteien und Gewerkschaften lassen alle Konflikte ruhen und unterstützen die Regierung („Burgfrieden"). Kaiser Wilhelm II: „Ich kenne keine Parteien mehr, ich kenne nur noch Deutsche."
- Beamtenschaft, Justiz, Militär und Kirchen stehen fest hinter dem alten System.

- Adel, Bauern und Mittelstand, aber auch die Angestellten sind national gesinnt.

Militärische Lage

- Der Stellungskrieg fordert viele Menschenleben.
- Die Kriegskosten steigen, sie belasten und überfordern zunehmend die wirtschaftliche Leistungsfähigkeit.
- Durch die englische Seeblockade können notwendige Rohstoffe nicht mehr importiert werden.
- Der Versuch, die Blockade durch den uneingeschränkten U-Boot-Krieg zu brechen, scheitert.

Vom Stellungskrieg zur militärischen Niederlage

- Er hat aber den Kriegseintritt der USA im April 1917 zur Folge. Auch wenn die Anzahl der US-Soldaten anfangs noch gering ist, verschiebt sich das Kräftepotenzial rasch zugunsten der Alliierten. Zunehmende Überlegenheit
- März bis August 1918: Die letzten großen deutschen Offensiven scheitern. 8. August: Niederlage bei Amiens; „Schwarzer Tag des deutschen Heeres"
- Österreich-Ungarn richtet Friedensnote an die Alliierten (14.9. 1918), Verbündeter Bulgarien bricht zusammen. Türkei hilflos
- OHL gibt im Gespräch (28./29.9.1918) mit führenden Regierungsvertretern die Aussichtslosigkeit der militärischen Lage zu und verlangt Waffenstillstandsgesuch und Friedensangebot an US-Präsident Wilson.

Wirtschaftliche Lage in der Heimat

- Vorrang der Kriegsindustrie vor der Versorgung mit Lebensmitteln und Konsumgütern;
- Lebensmittelknappheit bereits im ersten Winter steigert sich zum Hungerwinter 1916/1917 („Kohlrübenwinter");
- staatliche Kontrolle der Wirtschaft schafft Unmut. Arbeitspflicht

Anstöße von außen

Wilsons 14-Punkte-Erklärung

- Bereits im Januar 1918 verkündet Wilson in seiner **14-Punkte-Erklärung** die Basis für eine künftige Friedensordnung. Zu ihr gehören:
- Ende der Geheimdiplomatie;
- Freiheit der Schifffahrt auf den Meeren;
- freier Welthandel;
- Rüstungsbeschränkung;
- Selbstbestimmungsrecht der Völker;
- territoriale Neuordnung Europas nach Räumung besetzter Gebiete;
- Gründung eines Völkerbunds zum Schutz der Souveränität aller Staaten vor imperialistischen Mächten.

Später, im Oktober, signalisiert Wilson, dass er nur mit einer parlamentarisch legitimierten Regierung Deutschlands verhandeln will, also nicht mit dem kaiserlichen Regime.

Bevölkerung

Verbitterung und Not

- Enttäuschung über unerfüllte Siegeshoffnung → Kriegsmüdigkeit;
- zunehmende Verbitterung über materielle Not und Hunger.
- Im Januar 1918 erreicht die Streikbewegung mit über einer Million beteiligten Arbeitern einen Höhepunkt. Sie ist nicht von der MSPD und den Gewerkschaften getragen oder organisiert, sondern spontan. Zu den Forderungen gehören Verständigungsfriede und Demokratisierung.

Veränderungen bei den Parteien

SPD (Sozialdemokratische Partei Deutschlands)

Unterschiedliche Flügel innerhalb der Partei

- Eine Gruppe am äußersten linken Flügel der Partei um Karl Liebknecht und Rosa Luxemburg will Anfang 1916 die Kriegspolitik nicht mehr mittragen, stimmt den Kriegskrediten nicht mehr zu und bildet innerhalb der SPD die „Gruppe Internationale". Nach ihrem Mitteilungsblatt „Spartakus" wird sie später **Spartakusbund** genannt. Sie verlangt revolutionäre Aktionen.
- Ebenfalls am linken Flügel, aber nicht ganz so radikal, steht eine Gruppe mit pazifistisch-demokratischer Gesinnung, die ebenfalls die Kriegskredite ablehnt. Sie fordern einen Verständigungsfrieden.
- Im März 1916 werden 18 oppositionelle Linke aus der Fraktion der SPD ausgeschlossen. Im Januar 1917 werden sie mit ihren Anhängern aus der ganzen Partei ausgeschlossen. Im April 1917 gründen sie eine eigene Partei, die USPD (Unabhängige Sozialdemokratische Partei Deutschlands). Sie fordert das Ende der Militärdiktatur und einen Friedensschluss ohne Annexionen.
- Der Spartakusbund schließt sich zunächst der USPD an, verfolgt aber weiterhin die eigenen Ziele.
- Die Mehrheit der Mitglieder der SPD nennt man nun meistens – zur Unterscheidung von die USPD – die MSPD oder Mehrheitssozialisten.

MSPD – USPD

Bürgerliche Parteien

machen in der Kriegszeit keine besondere Wandlung durch, sie spielen in der Zeit der Revolution keine wichtige Rolle, haben aber Kontakt zur MSPD.

Nach der Friedensresolution des Interfraktionellen Ausschusses (siehe nächster Abschnitt) sammeln sich die Gegner des Verständigungsfriedens in einer neuen nationalistischen Partei, der Deutschen Vaterlandspartei. Sie wünschen weiterhin einen Siegfrieden mit Annexionen und werden von der OHL unterstützt.

Veränderung im Regierungssystem

- Parteien und Parlament ziehen sich im Sinne des „Burgfriedens" fast aus der Politik zurück und nehmen von sich aus ihre Rechte kaum noch wahr.
- Auch der Kaiser übt seine Rechte, die ihm die Verfassung gibt, eigentlich nicht mehr aus.

Militärdiktatur unter Hindenburg und Ludendorff

- Spätestens seit 1916, als die populären Generäle Hindenburg und Ludendorff die OHL innehaben, ist Deutschland de facto zu einer Militärdiktatur geworden. Sie üben den Oberbefehl über das Heer aus (an sich Recht des Kaisers) und lenken die Wirtschaft des Landes mit weitreichenden Vollmachten (eigentlich Recht der Regierung).
- MSPD, Zentrum, Freisinnige und Nationalliberale arbeiten ab Juli 1917 in einem **„Interfraktionellen Ausschuss"** zusammen und verlangen, dass die Regierung nicht mehr dem Kaiser, sondern dem Parlament verantwortlich sein soll.
- Auch eine Friedensresolution des Parlaments im gleichen Monat bleibt ohne Wirkung, da die Parteien andererseits weiterhin den Kriegskrediten zustimmen.
- Nachdem die OHL am 28./29. September 1918 die militärische Niederlage intern zugegeben hat, drängt sie auf Waffenstillstandsverhandlungen.
- Das öffentliche Eingeständnis der Niederlage in den nächsten Tagen trifft die durch die Kriegspropaganda gelenkte Bevölkerung völlig überraschend und führt in der Folge zu Unruhen.

OHL entzieht sich der Verantwortung für die militärische Niederlage

Demokratisierung in Deutschland bieten der OHL und dem Kaiser die Chance, im letzten Augenblick die Verantwortung auf demokratische Politiker abzuwälzen.

Es kommt in den **„Oktoberreformen"** zu einer Verfassungsänderung: Der Reichskanzler und seine Regierung sind jetzt dem Parlament gegenüber verantwortlich, nicht mehr dem Kaiser. Den Befehl über das Heer hat jetzt ein Minister, der dem Parlament verantwortlich ist. Aus einer konstitutionellen Monarchie ist eine parlamentarische Monarchie geworden.

Am 3. Oktober wird Prinz Max von Baden neuer Reichskanzler. Er beruft Minister aus MSPD, Zentrum und Fortschrittliche Volkspartei.

Dieser Regierung kommt nun die undankbare Aufgabe zu, Waffenstillstandsverhandlungen zu führen.

Dolchstoßlegende

Wider besseres Wissen und in Verdrehung der Tatsachen stellen Hindenburg und Ludendorff später die These auf, das deutsche Heer sei „im Felde unbesiegt" gewesen, es sei erst durch die „Novemberverbrecher" (die Träger der Novemberrevolution) „von hinten erdolcht" worden.

Schuld an der Niederlage wird den Linksparteien zugeschoben

Damit werden Ursache und Folge vertauscht. Die Schuld an der Niederlage sollte den Linksparteien in die Schuhe geschoben werden. Die Verantwortlichen im Kaiserreich konnten somit ihr Versagen vertuschen. Die Dolchstoßlegende haben sich Anhänger des Kaiserreichs und Nationalisten zu eigen gemacht.

2 Der Zusammenbruch

Viele Deutsche wollen nach der Erkenntnis der Niederlage die Beendigung des Krieges schnellstmöglich und um jeden Preis.
Die Friedensbewegung erhält raschen Zulauf und radikalisiert sich. In der Abdankung des Kaisers sehen viele eine Chance für bessere Waffenstillstandsbedingungen.

- Ludendorff wird entlassen.
- Wilhelm II. lehnt Abdankung ab und flieht gegen den Willen der Regierung nach Spa (Belgien) ins Hauptquartier seiner Generäle.

Wilhelm II. flieht nach Belgien

- Ohne Wissen des zuständigen Ministers befiehlt die Marineführung der vor Wilhelmshaven liegenden Hochseeflotte am 28.10. zu einem Gefecht gegen England auszulaufen („nicht kampflos aufgeben").
- Matrosen meutern; über 1000 werden verhaftet.
- Der Funke springt auf Kiel über; Demonstrationen, Schießereien; Entwaffnung von Offizieren; Soldatenräte werden gebildet; Kiel in den Händen der Matrosen und Soldaten.

Matrosenaufstand

Die Unruhen weiten sich auf ganz Deutschland aus. Es ist eine spontane Erhebung, kein geplanter oder gesteuerter Umsturz. Der kaiserliche Polizei- und Militärapparat gibt meist widerstandslos nach.

Die Vorgänge in Berlin

- Am 9. November erreichen die Unruhen Berlin. Kanzler Max von Baden will die Monarchie retten, ersucht den Kaiser um Abdankung. Als es zu Massendemonstrationen kommt und sich Soldaten anschließen, vom Kaiser aber immer noch keine Antwort vorliegt, verkündet der Kanzler von sich aus die Abdankung des Kaisers.

- Eine MSPD-Delegation sucht den Reichskanzler auf und drängt ihn, die Macht an Männer zu übergeben, die „das volle Vertrauen des Volkes" besäßen. Sie sagt zu, nach der Verfassung weiterzuregieren und Wahlen für eine verfassunggebende Nationalversammlung auszuschreiben.
- Max von Baden will die Monarchie retten und übergibt sein Amt an Ebert, in der Hoffnung, so die Republik oder den Bolschewismus verhindern zu können. (Vorgang nicht verfassungsgemäß)
- Ebert will die Entscheidung über die Staatsform der Nationalversammlung überlassen, richtet sich als Kanzler ein.

Ausrufung der Republik

- Er hat das Amt nur für wenige Stunden, da zu seiner Verärgerung sein Parteifreund Philipp Scheidemann kurz darauf die Republik ausruft. Dieser wollte den anrückenden Demonstranten nicht das Gesetz des Handelns überlassen.
- Wenig später ruft der Führer des Spartakusbundes, Karl Liebknecht, die „Sozialistische Republik Deutschland" aus.

3 Zwischen Rätebewegung und parlamentarischer Demokratie

Die Akteure und ihre Ziele

Heer, kaiserliche Verwaltung

- Heer greift nicht unmittelbar ein.
- OHL will ohne allzu große Erschütterungen einen Frieden erreichen.
- Sie möchte, dass die Revolution nicht zu weit nach links abgleitet.
- Die Beamtenschaft verhält sich passiv und folgt den Anweisungen der neuen Regierung.

SPD = MSPD

- SPD ist durch Oktoberreformen eigentlich am Ziel ihrer Wünsche (parlamentarische Monarchie, möglich auch parlamentarische Demokratie).
- Dringende Aufgaben:
  - geordnete Rückführung des Heeres;
  - Lebensmittelversorgung sichern;
  - Wiedereingliederung der Soldaten in die Wirtschaft;
  - Zerfall des Reiches verhindern;
  - Kriegs- auf Friedenswirtschaft umstellen;
  - Friedensverhandlungen vorbereiten.
- Zu diesem Zweck Zusammenarbeit mit kaiserlicher Bürokratie, Offizieren und Unternehmern;
- zunächst keine tief greifende revolutionäre Umgestaltung;

- Rätesystem wie in der Sowjetunion soll verhindert werden;
- rasche Wahlen zu einer Nationalversammlung, die die politische und gesellschaftliche Neuordnung vornehmen soll.
- Führende Persönlichkeiten: Friedrich Ebert, Philipp Scheidemann
- Mitglieder: 1 Mio. im März 1919

Deutlicher Differenzen zischen dem rechten und dem linken Flügel lähmen die Partei zeitweise.

USP

Linker Flügel:
- Erhebt radikalsozialistische Forderungen: Rosa Luxemburg und Karl Liebknecht;
- für Rätesystem;
- gegen Wahl einer Nationalversammlung;
- will disziplinierte Aktionen der Arbeiterschaft statt unkontrollierbare Gewalt auf der Straße.

Rechter Flügel: (hat anfangs mehr Einfluss)
- Für Nationalversammlung, aber erst zu einem späteren Termin;
- vorher Grundlagen für soziale Demokratie legen (lässt sich nur durchsetzen bei Zusammenarbeit mit MSPD);
- Mitglieder der USPD: Okt. 1918: 100 000; Jan. 1919: 300 000

Spartakusbund

Spartakusbund war bis Ende Dezember noch der USPD angeschlossen. Führer: Karl Liebknecht und Rosa Luxemburg
Ziele:
- Räterepublik, verbündet mit Sowjetunion; Revolution weiter vorantreiben;
- Rat der Volksbeauftragten auflösen;
- Arbeiter- und Soldatenräte sollten Macht übernehmen;
- keine Nationalversammlung;
- Polizei und Offiziere entwaffnen → Arbeitermilizen aufstellen;
- Enteignung von Bergwerken, großen Industrie- und Handelsbetrieben und landwirtschaftlichen Großbetrieben.
- Mitglieder waren fest entschlossen, aber zahlenmäßig gering, am Anfang höchstens einige Tausend. Sie konnten in den Arbeiterräten nur wenige Sitze erringen.

Durch Agitationen auf der Straße werden Anhänger der MSPD und der bürgerlichen Parteien, die eine Nationalversammlung wollen, verschreckt. Die MSPD wird nach rechts gedrängt zur Zusammenarbeit mit dem Offizierskorps.

Der Rat der Volksbeauftragten

- Ebert wollte bis zum Zusammentritt der Nationalversammlung eine Koalitionsregierung mit diktatorischer Vollmacht aus SPD, Zentrum, Fortschrittspartei und USPD bilden.
- Andererseits führten Mitglieder des linken Flügels der USPD bereits Wahlen zu Arbeiter- und Soldatenräten durch. Die Gewählten wollten noch am gleichen Tag eine provisorische Regierung einsetzen.
- Um dem zuvorzukommen und eine Doppelregierung zu vermeiden, verständigte sich Ebert mit der Führung der USPD auf eine paritätisch besetzte Regierung aus MSPD und USPD, den Rat der Volksbeauftragten.

Zusammensetzung: drei Vertreter der MSPD, drei der USPD.
Der Berliner Arbeiter- und Soldatenrat anerkennt diese Regierung, wählt aber gleich noch einen **„Vollzugsrat"**, der die Regierung kontrollieren sollte. Gemäßigten Mitgliedern gelingt auch hier eine paritätische Besetzung zu erzwingen. Ende November hat der Rat der Volksbeauftragten den Machtkampf mit dem Vollzugsrat gewonnen.

Exkurs

Rätedemokratie

Die Rätedemokratie stellt eine radikaldemokratische Regierungsform im Gegensatz zur repräsentativen oder parlamentarischen Demokratie dar.

Kennzeichen:

- Geschlossene Basisgruppen, z.B. Betriebseinheiten bilden die Urwähler.
- Alle öffentlichen Ämter, auch Beamtenpositionen werden durch Wahl besetzt.
- Alle wichtigen politischen Entscheidungen sollen in den Basisgruppen fallen.
- Alle Mandatsträger sind den Urwählern unmittelbar verantwortlich: gebundenes, imperatives Mandat. Abberufung des Mandatsträgers jederzeit möglich, wenn er sich nicht an den Auftrag seiner Basis hält (Gegensatz parlamentarische Demokratie: „an Aufträge und Weisungen nicht gebunden und nur ihrem Gewissen unterworfen"(Art. 38 GG)). Es gibt daher kaum „Berufspolitiker".
- Ämterrotation, keine Ämterhäufung
- Keine Gewaltenteilung, sie behindert die Leistungsfähigkeit der Räte.

Zentralrat bestellt Exekutivkomitee
mit Fachkommissionen

↑ wählt

Kreis- oder Länderrat

↑ wählen

Gemeinde-/Stadträte
(legislative, exekutive, richterliche Kompetenz)

↑ wählen

Betriebsräte

- Parteien und Verbände sind in diesem System nicht notwendig.
- **Wertung:** Das politische Beispiel des ehemaligen Jugoslawien zeigt, dass ein Rätesystem praktisch nur in Verbindung mit einer starken Einheitspartei funktioniert, aber kaum in einem pluralistischen System.

Der Waffenstillstand

- Schon am 6.11., noch unter Kanzler Max von Baden, beginnen die Verhandlungen.
- Statt eines Vertreters des Generalstabs muss der Zentrumsabgeordnete Matthias Erzberger die Delegation leiten und die Verantwortung übernehmen.
- Harte Bedingungen: u.a. Räumung der besetzten Gebiete im Westen, Auslieferung von Kriegsmaterial, Unterseebooten, Hochseeflotte, Lokomotiven, Kraftwagen; Aufhebung des Friedensvertrags von Brest-Litowsk mit der Sowjetunion; Blockade bleibt bestehen.

Bedingungen des Waffenstillstands

- Widerstand aussichtslos, hätte zur Fortsetzung des Krieges und Besetzung Deutschlands geführt, selbst OHL ist für Abschluss;
- 11.11. Unterzeichnung durch Erzberger. Kriegsende

Übereinkunft Ebert – Groener (10.Nov.)

- Ebert will mithilfe der alten Mächte Ruhe und Ordnung aufrechterhalten, um die Republik stabilisieren zu können.

Ruhe und Ordnung aufrechterhalten

- General Groener, als Nachfolger Ludendorffs der wichtigste Mann in der OHL, will die Kommandogewalt der Offiziere in der Armee sichern .
- Ihr gemeinsames **Ziel:**
  - verhindern, dass sich die Revolution weiter nach links bewegt;
  - ohne größere Erschütterungen des Staates zu einem Frieden kommen.
- **Ergebnis:** gegenseitige Sicherung
- **Problem:** Die neue Regierung braucht die alten kaiserlichen Machtinstrumente.

Abkommen zwischen Unternehmern und Gewerkschaften (15.Nov.)

Durch die Partnerschaft profitieren beide Seiten.
- Die Unternehmer befürchten Sozialisierung ihrer Betriebe durch Radikalisierung der Revolution. Sie wollen durch Zugeständnisse ihre eigene Position sichern.
- Die Gewerkschaften können endlich alte Forderungen durchsetzen.

Ergebnisse:
- Freies Unternehmertum bleibt erhalten.
- Gewerkschaften als Tarifpartner anerkannt;
- Achtstundentag;
- kollektive Tarifverträge sind möglich.
- Arbeiterausschüsse in großen Betrieben (Vorläufer der Betriebsräte).

Die künftige politische Ordnung

Rätediktatur oder Nationalversammlung?

- Die extreme Linke plädiert für eine Rätediktatur: „Alle Macht den Räten!"
- MSPD, die meisten Mitglieder der USPD, die Gewerkschaften, die bürgerlichen Parteien, die meisten Arbeiterräte und die Soldatenräte sind für die Wahl einer Nationalversammlung. Diese erst soll eine Verfassung geben und damit die künftige politische Ordnung festlegen.
- Verhältniswahlrecht soll gelten und Frauen sollen das aktive und passive Wahlrecht erhalten.

Neben dem Rat der Volksbeauftragten bestanden in ganz Deutschland Arbeiter- und Soldatenräte. Im Dezember tritt erstmals ein Rätekongress zusammen, in dem Delegierte aus ganz Deutschland vertreten sind. Zwei Drittel seiner Mitglieder gehören der MSPD an, kaum 10 Leute dem Spartakusbund, Liebknecht und Luxemburg waren nicht gewählt worden. **Entscheidende Weichenstellung:**

- Entscheidung für Nationalversammlung und parlamentarisches System. Damit ist das Rätesystem gescheitert.
- Rat der Volksbeauftragten soll bis zur Wahl der Nationalversammlung die legitime Regierung darstellen.

Entscheidung für ein parlamentarisches System

Die Rebellion der extremen Linken

- Vertreter der USPD verlassen am 28.12. den Rat der Volksbeauftragten.
  Anlass: Truppeneinsatz gegen Aufständische in Berlin
  Grund: Zusammenarbeit der MSPD mit dem Militär
  Folge: Plätze werden mit MSPD-Leuten aufgefüllt.
- Rat der Volksbeauftragten, jetzt ganz in der Hand der MSPD, wird von der Beamtenschaft loyal unterstützt.
- Aus dem Spartakusbund und einer linken Splittergruppe entsteht am 1. Jan. 1919 die Kommunistische Partei Deutschlands (KPD).
- Januaraufstand oder Spartakusaufstand. Am 5. Januar schlecht organisierter, bewaffneter Aufstand der Berliner Linksradikalen (KPD, Berliner USPD und Revolutionäre Obleute). Gebäudebesetzungen, Revolutionsausschuss eingesetzt, Regierung Ebert-Scheidemann für abgesetzt erklärt.

Spartakusaufstand

- Regierung flieht, schlägt aber dann die Bewegung mithilfe von Reichswehr und Freikorps bis 12. Januar mit Härte nieder. Es ist die entscheidende Niederlage der extremen Linken.
- 15. Januar: Die Kommunistenführer Karl Liebknecht und Rosa Luxemburg werden nach ihrer Verhaftung von Freikorpsoffizieren ermordet.
  → Empörung über den Mord nicht nur bei den Anhängern
  → Radikalisierung der USPD; sie wird später zwischen KPD und SPD aufgerieben.
  → Putschversuche und Streiks in mehreren Großstädten

Ermordung Karl Liebknechts und Rosa Luxemburgs

- Die Revolutionsphase von Januar bis Mai 1919 ist durch heftigere Unruhen als in den Monaten November und Dezember gekennzeichnet: Streiks, Besetzung von Betrieben und öffentlichen Gebäuden, improvisierte Räterepubliken.
- Die Radikalisierung nimmt zu, USPD gewinnt an Stimmen, SPD-Anhänger resignieren zum Teil und verlieren an Stimmen.
- Erst durch den umstrittenen, massiven Einsatz von Freikorps werden die revolutionären Unruhen beendet.

Fazit der Revolution

- Die parlamentarische Demokratie wurde nicht von einer breiten Volksmehrheit erkämpft.
- Kein mehrheitsfähiges Konzept für eine neue politische Ordnung.
- Die Republik war eine improvisierte „Notlösung“.

Republik als „Notlösung“

- Weil es keine wesentlichen sozialen und wirtschaftlichen Umwälzungen gab, sprechen manche von einer „steckengebliebenen Revolution".
- Die alten Führungseliten im Heer und im diplomatischen Dienst blieben bestehen.

Exkurs

Freikorps

Kurzdefinition: Freiwilligenverbände, unter einzelnen Führern meist für begrenzte Zeit gebildet mit Billigung des Kriegsherrn
In Deutschland:

- Ab November 1918 gebildet
- **Anregung:** durch OHL, zum Teil durch Regierung (Noske)
- **Führer:** ehemalige Offiziere
- **Mitglieder:** Kriegsteilnehmer und sonstige Freiwillige. Sie wollen nicht ins Zivilleben zurückkehren und folgen ausschließlich ihren Führern.
- **Politische Einstellung:** monarchisch-konservativ, rechtsradikal, antibolschewistisch; selten republikanisch, höchstens nach außen. Ein Offizier: „Ich diene nicht dieser Schandregierung. Ich diene dem Vaterland. Das will ich vor dem Bolschewismus schützen." – Gegner der Demokratie!
- **Zahl und Stärke:** über 100 000; im Winter 1918/1919 stärker als anderen bewaffneten Organisationen; März 1919: etwa 250 000 Mann
- **Einsatz:** Unterdrückung kommunistischer Aufstände, Schutz der Nationalversammlung, Grenzschutz gegen Polen in Oberschlesien
- Gemäß Versailler Vertrag beginnt im Herbst 1919 die Reduzierung des Heeres → Existenzbedrohung für Freikorps → Putschneigung
- 1920 Freikorps offiziell aufgelöst; teilweise in Reichswehr übernommen; teilweise Weiterexistenz in anderer Form als „Kampfbünde", „Arbeitskommandos" oder im Untergrund z.B. „Organisation Consul" unter Kapitän Erhardt; oft für politische Morde verantwortlich, z.B. an Erzberger und Rathenau

- Die Republik war durch den verlorenen Krieg belastet, daher nicht sehr stabil.
- Viele Unzufriedene bekämpfen die Republik:
  - Die radikale Linke hat ihre Ziele nicht erreicht, ihr ist der neue Staat zu bürgerlich.
  - Die konservativen Kräfte und die Rechte trauern dem Kaiserreich nach.

4 Nationalversammlung und Reichsverfassung

Ergebnis der Wahl zur Nationalversammlung

Januar 1919

KPD	0%	(hatte Wahl boykottiert)
USPD	7,6%	
MSPD	37,9%	
DDP	18,5%	
Zentrum	19,7%	
DVP	4,4%	
DNVP	10,3%	

(Rest Splitterparteien)

- Absage an radikale rechte und linke Positionen;
- Mehrheit für die politische „Mitte“.

Die Parteien der Mitte und des rechten Spektrums

Zentrum
- Bürgerlich christlich; vertritt nur katholische Wähler;
- in der Wählerschaft ein breites soziales Spektrum vom christlichen Gewerkschaftler bis zum Großgrundbesitzer;
- manche Mitglieder mit monarchistischen Neigungen;
- Schwächung durch die Abspaltung der föderalistisch orientierten bayerischen Schwesterpartei BVP (Bayerische Volkspartei).

DDP (Deutsche Demokratische Partei)
- Bürgerlich liberal;
- hervorgegangen aus der **Fortschrittlichen Volkspartei** und einem Teil der **Nationalliberalen**;
- bekennt sich eindeutig zur Republik;
- in der Sozialpolitik gegen Vergesellschaftung und für Privatwirtschaft, aber Bereitschaft zu gewissen sozialen Veränderungen;
- Außenpolitik: für Selbstbestimmungsrecht der Völker;
- vertritt das nichtkatholische Bürgertum.

DVP (Deutsche Volkspartei)
- National-konservativ;
- hervorgegangen aus dem rechten Flügel der Nationalliberalen;
- anfangs noch Gegner der Republik, eher für Monarchie;
- für Privateigentum an Produktionsmitteln, aber Sozialisierung gegen Entschädigung in Einzelfällen; Gegnerschaft zur SPD;
- gegen Versailler Vertrag, für „Vereinigung aller Deutschen“;
- Vertreter: Gustav Stresemann, Hjalmar Schacht.

- Unter dem Einfluss Stresemanns bewegt sich die Partei von der Annexionspolitik zur Verständigungspolitik und konnte ab 1923 auch in einer großen Koalition mitwirken.

DNVP (Deutschnationale Volkspartei)
- National-konservativ; steht sehr weit rechts, vehement gegen den Kommunismus eingestellt;
- für Monarchie, gegen Republik und Demokratie;
- scharfe Gegnerschaft zum Versailler Vertrag.

Einberufung der Nationalversammlung

Tagungsort Weimar
- Weimar als Signal für die Abkehr vom wilhelminischen Preußen;
- Anknüpfung an die große kulturelle Blüte Deutschlands in der Zeit der Weimarer Klassik mit Goethe und Schiller;
- ruhige Arbeitsmöglichkeit abseits der Bürgerkriegsunruhen in Berlin

Hauptaufgaben
- Friedensverhandlungen führen;
- eine demokratische Verfassung erstellen und
- als provisorisches Parlament dringende Gesetze vorab zu beschließen;
- eine provisorische Regierung einsetzen und kontrollieren;
- **Friedrich Ebert** wird zum Reichspräsidenten gewählt.
- Dieser beruft **Scheidemann** zum Regierungschef und ein Kabinett aus der **„Weimarer Koalition"** (SPD, DDP, Zentrum).

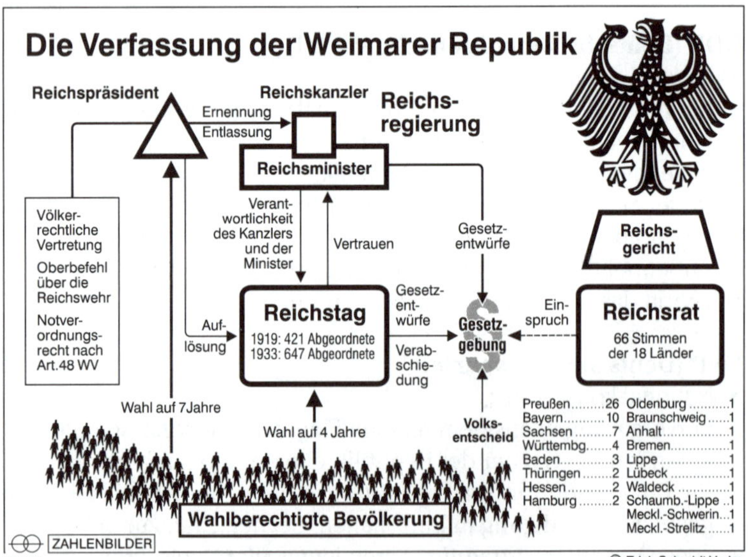

© Erich Schmidt Verlag

Organe der Verfassung von Weimar

Reichstag
- Gesetzesinitiative und Gesetzesbeschlüsse;
- Kontrolle der Regierung: Kanzler und jeder Minister können durch einfaches Misstrauensvotum abgewählt werden.

Reichskanzler
- Schwache Position, da er gleichzeitig auf das Vertrauen des Reichstags und des Reichspräsidenten angewiesen ist

Reichspräsident

Starke Stellung – „Ersatzkaiser"

- Starke Position infolge Direktwahl durch das Volk und siebenjährige Amtsdauer und Möglichkeit der Wiederwahl;
- ernennt und entlässt Reichskanzler und Minister ohne dabei an den Reichstag gebunden zu sein;
- kann den Reichstag auflösen, jedoch nur einmal aus dem gleichen Anlass;
- hat den Oberbefehl über die Reichswehr
- Durch den Artikel 48 hat er im Ausnahmezustand weitreichende Sondervollmachten:
  - Er kann gegen ein Land mit der Reichswehr vorgehen.
  - Er kann bei Gefahr für Sicherheit und Ordnung die Reichswehr einsetzen.
  - Er darf dabei auch einzelne Grundrechte aufheben.

Reichsrat
- Wirkt bei Gesetzgebung mit, kann gegen ein Gesetz des Reichstags Einspruch erheben, dann geht es erneut an Reichstag zurück → deutliche Schwächung im Vergleich zur Verfassung von 1871.

Grundrechte
- Der Formulierung der Grundrechte liegt kein einheitliches Konzept zugrunde, teils haben sich bürgerliche, teils sozialistische Ideen durchgesetzt.
- Neben klassischen Freiheitsrechten stehen auch soziale Rechte, z.B. Achtstundentag, Gleichberechtigung von Mann und Frau, Möglichkeit der Sozialisierung von Unternehmen.
- Die Grundrechte haben keinen Vorrang vor den übrigen Gesetzen.

Verhältnis Reich und Länder
- Die Rechte der Länder werden deutlich reduziert, bisher bestehende Reservatrechte Bayerns und Württembergs werden aufgehoben.

- Länder dürfen zwar Landtage und Länderregierungen behalten, ihre Vertretung auf Reichsebene, der Reichsrat, hat bei der Gesetzgebung nur ein Einspruchsrecht, kann aber ein Gesetz letztlich nicht verhindern.
- In der Steuergesetzgebung und in der Verwaltung dominiert das Reich.
- Bei ernsten Konflikten zwischen Reich und Ländern ist sogar eine bewaffnete Reichsexekution gegen ein Land möglich.

Wahlrecht

- Verhältniswahlrecht ohne eine Sperrklausel (Prozenthürde) führte zur Bildung von vielen Splitterparteien, Interessensparteien, Weltanschauungsparteien → schwierige Koalitionsbildung, Instabilität der Koalitionsregierungen
- Wahlrecht ab 20 Jahren, Frauen erhalten aktives und passives Wahlrecht.

Mitwirkung des Volkes

Das Volk soll weitgehende Mitwirkungsrechte erhalten:

- erweitertes Wahlrecht (siehe oben);
- direkte Wahl des Reichspräsidenten durch das Volk für sieben Jahre,
- aber auch plebiszitäre Elemente:
- Volksbegehren (Gesetzesvorschlag durch das Volk);
- Volksentscheid (Abstimmung über ein bestehendes Gesetz)

Wertung der Verfassung

- Die Gestalter der Verfassung waren gegenüber einem starken Parlament sehr skeptisch → Einschränkung der Parlamentsrechte.
- Als Gegengewicht zur Parlamentsmacht stärkte man einerseits die Rechte des Volkes und andererseits die des Reichspräsidenten.

Schwaches Parlament und starke Stellung des Reichspräsidenten

- Die übergroße Macht des Reichspräsidenten ließ ihn zu einer Art „Ersatzkaiser“ werden. Vom Artikel 48 machten Ebert und Hindenburg jeweils über hundertmal Gebrauch, meist zur Sicherung von Wirtschaft und Finanzen.
- Die Gefahr einer Präsidialdiktatur war durch die Verfassung gegeben.
- Die erhoffte Machtbalance zwischen Reichstag, Reichskanzler und Reichspräsident misslang und führte oft zu gegenseitiger Blockade.
- Mit zwei Drittel der Stimmen können durch den Reichstag alle Verfassungsbestimmungen geändert werden, auch die Grundrechte können aufgehoben werden und damit die Substanz der Demokratie (= wertfreie Demokratie im Gegensatz zur wertgebundenen Demokratie der späteren Bundesrepublik).

5 Pariser Friedenskonferenz, Vorortverträge und Kriegsschuldfrage

Schwierige Ausgangslage

- Bei allen beteiligten Völkern waren die nationalen Leidenschaften freigesetzt → emotionsgeladene Verhandlungen.
- Wegen Einbeziehung der gesamten Volkswirtschaft konnte man von einem „totalen" Krieg sprechen. → Die Erwartungen der Sieger auf Entschädigung waren sehr hoch.
- Der klare Sieg der Alliierten und die völlige Niederlage des Deutschen Reiches bot keine Chance für echte Verhandlungen. Man konnte die Sieger nicht zum Nachgeben zwingen, indem man mit Wiederaufnahme des Kampfes drohte.
- Mäßigende neutrale Mächte fehlten;
- Uneinigkeit bei den Siegernationen

Die Verhandlungen von Versailles

Am 18.1.1919 beginnen die Verhandlungen im Spiegelsaal von Versailles, genau 48 Jahre nach der Proklamation des Deutschen Reiches am gleichen Ort.

Teilnehmer

- 32 Staaten
- Nicht beteiligt: neutrale Staaten; Sowjetunion
- Besiegte Staaten sind von den Verhandlungen ausgeschlossen.

Beratungsgremien

- Vollversammlung mit über 1000 Teilnehmern nicht handlungsfähig;
- Entscheidungsgewalt hat zuerst der Zehnerrat (Regierungschefs und Außenminister der USA, Frankreichs, Großbritanniens, Italiens, Japans).
- Ab Ende März liegt die Entscheidung beim „Rat der Vier": Wilson, Clemenceau, Lloyd George, Orlando.

Themen

- Regelung der deutschen Frage
- Wie lässt sich die Sowjetunion wieder beseitigen oder eindämmen?
- Wie lassen sich Ostmitteleuropa und Südosteuropa strukturieren? Als Bollwerk gegen die Sowjetunion oder als Gürtel zwischen Deutschland und der Sowjetunion?
- Was wird aus den Gebieten, die nach der Zerschlagung Österreichs und des Osmanischen Reichs frei werden?
- Was wird aus den deutschen Kolonien?
- Wie wirkt sich die japanische Expansion aus?

Die Positionen der Teilnehmerstaaten

USA (Wilson)

- Errichtung eines Völkerbundes: dauerhafte Friedenssicherung auf der Basis des Rechts. Den Mitgliedern wird ihr Staatsterritorium ebenso garantiert wie ihre politische Unabhängigkeit. In Streitfragen sollte ein Ausgleich zwischen den Nationen herbeigeführt werden durch Schiedsverfahren oder den Internationalen Gerichtshof.
- Durchsetzung der „14 Punkte"

Frankreich (Clemenceau)

- Um dem französischen Sicherheitsbedürfnis Rechnung zu tragen, sollte Deutschland dauerhaft geschwächt werden durch weitgehende Gebietsabtretungen, Rüstungsbeschränkung und Reparationen.
- Frankreich wollte eine Hegemoniestellung in Europa aufbauen. Aus den Nachfolgestaaten des russischen und habsburgischen Staates sollte ein Sicherheitsgürtel (*cordon sanitaire*) aufgebaut werden (Baltikum, Polen, Tschechoslowakei). Damit sollte die Sowjetunion eingedämmt werden. Gleichzeitig sollten als Ersatz für Russland neue Bündnispartner für Frankreich geschaffen werden, um Deutschland in Schach zu halten.
- Dazu sollten planmäßig Gegensätze zwischen Deutschland und seinen östlichen Nachbarn geschaffen werden: Sudetendeutsche bleiben bei der Tschechoslowakei; deutsche Gebiete werden Litauen und Polen zugewiesen.

Großbritannien (Lloyd George)

- Großbritannien hatte die wichtigsten Ziele schon im Waffenstillstand erreicht: deutscher Verzicht auf Hochseeflotte, U-Boote, Handelsflotte.
- Gleichgewichtspolitik muss fortgesetzt werden. Das bedeutet:
- Deutschland sollte als bündnisfähiger Partner im europäischen Staatensystem erhalten bleiben und weiterhin Lieferant und Kunde des britischen Handels sein.
- Deutschland sollte ein Gegengewicht gegen die befürchtete französische Hegemonialstellung bilden.
- Befürchtung, Deutschland könnte bei totaler Knebelung durch die Sieger kommunistisch werden;
- Lloyd George wirkt daher mäßigend auf Frankreich ein.

Der Versailler Vertrag

Der Streit der Verhandlungsführer untereinander war intensiv, er reichte von Misstrauen über das Druckmittel der zeitweiligen Abreise bis zu Beleidigungen und Tätlichkeiten.

Gebietsabtretungen

- Elsass und Lothringen ohne Abstimmung an Frankreich;
- Posen und Westpreußen an Polen

- Das industrielle Zentrum Oberschlesiens nach Abstimmung an Polen;
- kleinere Gebiete an Belgien, Dänemark, Litauen.

Unterstellung unter fremde Verwaltung

- Das Selbstbestimmungsrecht der deutschen Bevölkerung in den abgetretenen Gebieten (etwa 3 Mio.) wird teilweise missachtet.
- Die abgetretenen Gebiete machen 15% der Fläche Deutschlands aus, sie umfassen 15% der landwirtschaftlichen Produktion, 20% des Bergbaus und der Eisenproduktion und etwa 7% der verarbeitenden Industrie.
- Verlust der Kolonien;
- Verbot des Anschlusses von Deutsch-Österreich

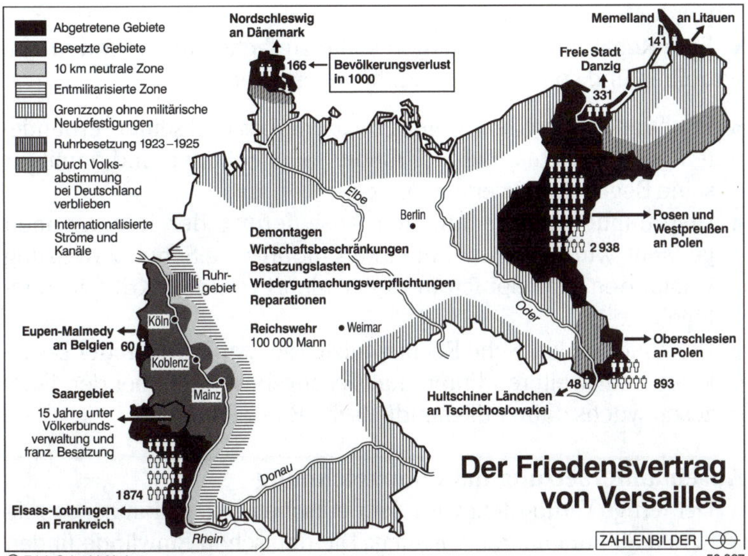

 50 067

- Saargebiet dem Völkerbund unterstellt, der es an Frankreich zur Verwaltung gibt. Das Eigentum an den Kohlengruben geht an Frankreich. Nach 15 Jahren soll die Bevölkerung des Saarlandes über seine künftige Zugehörigkeit entscheiden.
- Danzig wird eine „Freie Stadt", dem Völkerbund unterstellt.

Besetzungen

- linksrheinische Gebiete;
- dazu drei Brückenköpfe rechts des Rheins um Köln, Koblenz, Mainz

Abrüstung

- Beschränkung auf ein Berufsheer von 100 000 Mann, eine Marine von 15 000 Mann mit wenigen, kleinen Schiffen;
- Verbot von Panzern, U-Booten, Flugzeugen;
- Verbot eines Generalstabs;
- Schleifung von Befestigungen im Grenzbereich;

- 50 Kilometer breiter Streifen am rechten Rheinufer muss von deutschen Truppen frei bleiben;
- Kontrolle aller Maßnahmen durch internationale Ausschüsse

Reparationen

- England und Frankreich wollten alle Kriegskosten erstattet haben, da sie selbst mit 4,6 bzw.4 Mrd. US$ bei den USA verschuldet waren.
- Wilson wollte bescheidenere Forderungen stellen, stimmte aber dann einem Kompromiss zu.
- Soziale Folgekosten (z.B. Militärpensionen) wurden einbezogen, dadurch stiegen die Forderungen in immense Höhe.
- Weil man sich über die Leistungsfähigkeit der deutschen Wirtschaft nicht einig war, sollte die endgültige Höhe später festgelegt werden.
- Eine Reparationskommission sollte zunächst Reparationen eintreiben und später die Gesamthöhe festlegen.

Kriegsschuldartikel 231

- Er besagte, durch den „Angriff Deutschlands und seiner Verbündeten" sei Deutschland der „Urheber" aller Schäden und damit für seine Begleichung verantwortlich.
- Ursprünglich zur rechtlichen Absicherung der Reparationen gedacht, wurde er zunehmend als moralische Schuldzuweisung verstanden. Man sprach in Deutschland von der „Kriegsschuldlüge".
- Die antidemokratische Rechte nutzte die Empörung in der Bevölkerung zur weiteren Emotionalisierung. Besonders bei den Franzosen wuchs darauf die antideutsche Einstellung.

Auseinandersetzung um Unterzeichnung

- Der fertige Vertragstext wird der deutschen Delegation zur schriftlichen Stellungnahme vorgelegt. Die deutschen Einwände finden nur in einem Punkt Berücksichtigung (Volksabstimmung in Oberschlesien)

Deutsche Regierung wird zur Unterzeichnung gezwungen

- Die ultimative Forderung nach Unterzeichnung innerhalb von fünf Tagen führt in Berlin zu einem Regierungswechsel.
- Angesichts der Drohung einer Kriegsfortsetzung und der Aussichtslosigkeit eines militärischen Widerstands muss die neue Regierung am 28.6.1919 unterzeichnen.

Wertung des Versailler Vertrags

- Gemessen an den Maximalforderungen, die Deutschland für den Fall eines Sieges gestellt hatte, konnte es kaum auf einen milden „Wilson-Frieden" nach dem 14-Punkte-Programm hoffen.
- Weil die deutsche Delegation nicht an den Verhandlungen teilnehmen durfte und wegen der Umstände der Unterzeichnung und der Härte mancher Bestimmungen empfanden fast alle Zeitgenossen den Vertrag als das „Diktat von Versailles".

„Diktat von Versailles"

- Tatsächlich hatten sich nicht überall die französischen Maximalforderungen durchgesetzt, sondern Kompromisse waren gefunden worden.
- Die zweifelsohne harten Belastungen haben nicht die Schuldigen des ehemaligen Kaiserreichs getroffen, sondern die Politiker der Weimarer Demokratie, die verständigungsbereit waren.
- Als ungerecht wurde es weitgehend empfunden, dass das von Wilson verkündete Prinzip der Selbstbestimmung teilweise missachtet wurde, z.B. im Sudetenland, in Oberschlesien, im Memelland und beim Anschlussverbot Deutsch-Österreichs. Auch für die Auslieferung von 90% der Handelsflotte gab es kein Verständnis.
- Deutschland war europäische Großmacht geblieben und hätte langfristig wieder eine Rolle in der europäischen Politik gespielt.

Pariser Vorortverträge

Vertrag von St. Germain mit Österreich

Auflösung des Vielvölkerstaates

- Vielvölkerstaat Österreich-Ungarn wird aufgelöst.
- Es entstehen fünf selbstständige Staaten: Österreich, Ungarn, Tschechoslowakei, Jugoslawien, Rumänien.
- Entgegen dem Selbstbestimmungsrecht durfte sich Österreich trotz Beschluss der Nationalversammlung nicht dem Deutschen Reich anschließen. Es verlor Südtirol, Triest und Istrien an Italien; Dalmatien an Jugoslawien.

Vertrag von Trianon mit Ungarn

- Ungarn verliert 70% seines bisherigen Territoriums an die neu entstehenden Nachbarstaaten.
- Aus der ungarischen Republik wurde vorübergehend eine Räterepublik und dann ein autoritäres Regime unter Admiral Horthy.

Tschechoslowakei

- In dem neuen Vielvölkerstaat dominieren die Tschechen mit 46%, die slowakische Bevölkerung (13%) ist mehr agrarisch orientiert.
- Starke nationale Minderheiten sind die Sudetendeutschen (28%) und die Ungarn (8%); daneben gibt es noch Ukrainer und Polen.

Jugoslawien

- Ebenfalls ein Vielvölkerstaat, entstanden 1918 als Königreich der Serben, Kroaten und Slowenen; weitere Minderheiten.
- Verschiedene Religionen: Katholiken (Kroaten), Griechisch-Orthodoxe Christen (Serben) und Muslime (Bosnier).
- Zentralistische Verfassung von 1921 soll die auseinanderstrebenden Gruppen binden.

Polen

- Von den Mittelmächten als konstitutionelle Monarchie geplant, wurde es von Marschall Pilsudski zur Republik umgewandelt, in der er diktatorische Vollmacht besaß.
- Der Versailler Vertrag sprach dem neuen Staat Posen und große Teile Westpreußens zu. Damit Zugang zur Ostsee möglich (Korridor).
- Weitere Gewinne in Oberschlesien.
- Die als Ostgrenze vorgesehene Curzon-Linie lehnte Pilsudski ab und schob nach einem erfolgreichen Krieg gegen die Sowjetunion die Grenze ca. 150 km weiter nach Osten vor.

6 Krisenjahre und Konsolidierung

Kapp-Lüttwitz-Putsch

Hintergrund

Seit Mitte 1919 trafen Rechtsextremisten um General Ludendorff und Wolfgang Kapp, Gründer der extrem rechten Vaterlandspartei, Vorbereitungen für einen Sturz der Regierung. **Ziel:** Errichtung einer Militärdiktatur.

Verlauf

- Sie suchten Kontakt zu Militärs, besonders zu General von Lüttwitz, der große Freikorpsverbände befehligte.
- Die Freikorps mussten gemäß dem Friedensvertrag aufgelöst werden.
- Als die Regierung im März 1920 die vor Berlin befindliche Brigade Erhard aufzulösen befahl, verlangte Lüttwitz den Rücktritt von Reichspräsident und Regierung.

- Reichswehrminister Noske setzt daraufhin Lüttwitz ab.
- Dieser besetzt mit der Brigade Erhard das Regierungsviertel in Berlin.
- Die Regierung möchte reguläre Reichswehrtruppen zur Niederschlagung des Putsches einsetzen.
- Aber der Chef des Truppenamtes, General von Seeckt verweigert den Einsatz mit dem angeblichen Zitat: „Reichswehr schießt nicht auf Reichswehr".
- Kapp wird durch Lüttwitz als Reichskanzler bestimmt.
- Regierung und Reichspräsident fliehen nach Stuttgart.
- Die Beamten verweigern Kapp den Gehorsam, die Reichsbank zahlt ihm kein Geld für die Truppe aus.
- Die Gewerkschaft ruft zum Generalstreik auf, der im ganzen Land befolgt wird.
- Der Putsch bricht zusammen, Kapp und Lüttwitz fliehen ins Ausland.

Auswirkung

- Obwohl Gewerkschaften und bürgerliche Demokraten die Säuberung des Heeres und des Beamtenapparates von antidemokratischen Kräften forderten, geschah nichts. Auch keine Strafverfolgung der Putschisten.
- Lediglich der verhasste Reichswehrminister Noske musste gehen.

Unruhen in Sachsen und Thüringen und im Ruhrgebiet

- Der Streik radikalisiert sich, es bilden sich Selbstschutzeinheiten der Arbeiter.
- Geführt von USPD-Anhängern, später auch von Kommunisten, wollen sie auch nach dem Zusammenbruch des Kapp-Putsches weiter agieren, nunmehr gegen die demokratische Regierung in Berlin und gegen die Freikorps.
- Im **Ruhrgebiet** bildet sich eine „Rote Armee" von 50 000 Mann, die wochenlang große Gebiete beherrscht.
- Durch die Regierung eingesetzte Freikorps und die Reichswehr sollen den Aufstand niederschlagen. Die Auseinandersetzungen werden auf beiden Seiten mit großer Grausamkeit geführt.
- Problematische Rolle der **Reichswehr**: Sie greift nicht ein gegen einen Putsch von Rechts (Kapp-Lüttwitz), schlägt aber einen Aufstand von Links mit Härte nieder.
- Von Seeckt baut die Reichswehr in der Folgezeit zu einem Machtinstrument aus, das wie ein Staat im Staate wirkt und sich durch das Parlament kaum kontrollieren lässt.

Reichswehr wird eigenständiger Machtfaktor

1921 kommt es in Mitteldeutschland wieder zu einem bewaffneten Versuch der KPD, eine Räteherrschaft zu errichten. 1923 bilden in Thüringen und Sachsen SPD und KPD Koalitionsregierungen. Mit der Aufstellung von „proletarischen Hundertschaften" will sich die KPD die Vorbedingungen für eine deutschlandweite Erhebung schaffen. Die Reichsregierung verhängt den Ausnahmezustand und lässt im Zuge einer Reichsexekution gegen Sachsen die Reichswehr einmarschieren und die Regierung absetzten.

Reparationen

Die Reparationskommission stellte extrem hohe Forderungen an Geld- und Sachleistungen, ohne zunächst die Gesamtsumme festzulegen.

- 1921 wird auf der Konferenz von Paris die Reparationssumme auf 269 Mrd. Goldmark festgelegt, zahlbar in 42 Jahresraten.
- **Londoner Ultimatum**: Zurückweisung der deutschen Gegenvorschläge. Neue Gesamtsumme: 132 Mrd. Goldmark. Zahlung von

1 Mrd. innerhalb von 25 Tagen, sonst Besetzung des Ruhrgebietes
- 1923: Kommission stellt fest, dass Holz- und Kohlenlieferung nicht erfolgt ist. → Einmarsch der Franzosen ins Ruhrgebiet. Scheitern der französischen Strategie. England und USA wirken mäßigend ein.
- 1924 **Dawes-Plan**: 5,4 Mrd. bis 1928, dann 2,5 Mrd. jährlich. Deutschland erhält ein Darlehen von 800 Mio. Goldmark für die Rückkehr zur Goldmark und zur Bezahlung der ersten Rate.

Regelung der Reparationen

- 1929 **Young-Plan**: durchschnittlich 2 Mrd. jährlich auf die Dauer von 59 Jahren. Rheinland soll schon 1930 von Besatzungstruppen frei werden (statt 1935).
- 1931 **Konferenz von Lausanne**: Ende der Zahlungen. Die vereinbarte Schlusszahlung von DM 3 Mrd. wurde nicht mehr geleistet.
- Insgesamt wurden nach deutschen Berechnungen 67 Mrd. tatsächlich bezahlt, die Alliierten sprechen von 20 Mrd.

Die Alliierten haben ihre Forderungen zunächst am eigenen Interesse orientiert. Die Leistungsfähigkeit der deutschen Wirtschaft wurde nicht berücksichtigt. Zudem hemmten Importschranken die wirtschaftliche Genesung in Deutschland.

Wirtschafts- und Währungsprobleme

Die Altschulden des Kaiserreichs

Unsolide Kriegsfinanzierung

- Privatkunden konnten in der Hoffnung auf hohe Zinsgewinne Kriegsanleihen zeichnen. Die Staatsverschuldung stieg dadurch von 5 Mrd. Reichsmark (1913) auf 144 Mrd. (1919).
- Der Papiergeldumlauf wurde von 12,3 Mrd. RM auf 63,5 Mrd. RM (1918) erhöht.
- Die dadurch ausgelöste Inflation kam wegen der Zwangswirtschaft in der Schlussphase des Krieges nicht zum Ausbruch, kann aber am Verfall der RM gegenüber dem US$ abgelesen werden.

Fortsetzung der Schuldenpolitik

- Als Folgen des Krieges fielen Entschädigungskosten und soziale Lasten an, die durch Erhöhung der Staatsschulden beglichen wurden.
- → Die Lücke zwischen Einnahmen und Ausgaben wird immer größer. Die Reparationskosten fallen dabei nicht sehr ins Gewicht.

Zunehmende Inflation

- → Die Geldentwertung läuft in den ersten Jahren der Republik ungebremst weiter.
- Sie ist aber das kleinere Übel, da Wirtschaftswachstum herrscht und fast Vollbeschäftigung.
- Die Regierung profitiert während der Inflation davon, dass die Siegermächte das Leistungsvermögen der deutschen Wirtschaft nicht einschätzen können.

- Die Siegermächte verlangen deswegen das Ende der Inflationspolitik.

Hyperinflation
Darunter versteht man eine ins Überdimensionale gestiegene Inflation. Sie wurde ausgelöst durch die Folgelasten der französischen und belgischen Ruhrbesetzung.
- Die im Generalstreik befindliche Bevölkerung im Ruhrgebiet musste finanziell und mit Waren unterstützt werden, weil sie kein Einkommen mehr hatte.
- Steuereinnahmen aus dem Ruhrgebiet fallen aus.
- Kohle wird nicht mehr produziert und muss im Ausland gekauft werden.
- Folge: Der Staat kann nur noch 15% seiner Ausgaben durch Steuern decken. Den Rest besorgt man über den vermehrten Geldumlauf.
- Die Diskrepanz zwischen dem realen Wert an Immobilien und Waren und dem nominalen Wert des im Umlauf befindlichen Geldes wird immer größer.

Wertverfall der Mark im Vergleich zum US$

Ein Dollar hatte im Vergleich zur Mark folgenden Wert:

Juli 1914	4,2	Mark
Januar 1919	8,9	Mark
Februar 1920	99,0	Mark
Juni 1921	65,0	Mark
Juli 1922	420	Mark
November 1922	7.000	Mark
Februar 1923	42.000	Mark
April 1923	20.000	Mark
Juni 1923	100.000	Mark
Juli 1923	350.000	Mark
August 1923	4.600.000	Mark
September 1923	100.000.000	Mark
Oktober 1923	25.000.000.000	Mark
November 1923	4.200.000.000.000	Mark

Währungsreform

Einführung der Rentenmark

Mit der radikalen Umstellung auf die Rentenmark Ende November 1923 steht die Währung wieder auf einer soliden Basis. Die Hyperinflation hat aber weit reichende Folgen, es gibt Verlierer und Gewinner:

- **Verlierer:** Sparer, Hypothekengläubiger, Inhaber öffentlicher Anleihen, z.B. Kriegsanleihen
- Unberührt sind alle, die kein Sparvermögen hatten, sondern von der Hand in den Mund lebten.
- **Gewinner:** Alle, die Schulden gemacht hatten, und Spekulanten, die auf Kredit Immobilien erworben hatten. Das Deutsche Reich war auch Gewinner: Die Kriegsschulden von 156 Mrd. Reichsmark betrugen nach der Währungsreform nur noch 15,6 Pfennige.

Harte Folgen für den Mittelstand

- **Politische Folge:** Weite Teile des Mittelstandes, die Geld zur Alterssicherung gespart hatten, wurden proletarisiert, politisch haltlos und anfällig für die Propaganda der Nationalsozialisten.

Politische Morde und Justiz

Seit 1919 wurde der politische Kampf mit allen Mitteln ausgetragen, sie reichten bis zum Mord. Besonders rechts gerichtete Kreise haben sich dabei hervorgetan. Die Täter kommen zum Teil aus dem Umfeld der Freikorps oder nach deren Auflösung aus ihren illegalen Nachfolgeorganisationen im Untergrund (z.B. Organisation Consul).

- Opfer sind zunächst Vorkämpfer für das Rätesystem (Karl Liebknecht, Rosa Luxemburg; der bayerische Ministerpräsident Kurt Eisner, der teilweise für das Rätesystem eintrat).
- Später richten sich die Anschläge gegen Repräsentanten der Weimarer Republik, die versuchen, mit den Siegermächten entsprechend dem Versailler Vertrag zu kooperieren – diffamiert als „Erfüllungspolitiker" (Matthias Erzberger, Außenminister Walther Rathenau).
- Das „Gesetz zum Schutz der Republik" kann keine wirksame Abhilfe schaffen.
- Zwischen 1918 und 1922 werden 22 Morde von Linksstehenden und 354 von Rechtstehenden begangen.
- Die Justiz richtet mit zweierlei Maß: Von den Morden, die von Rechtsstehenden begangen wurden, bleiben 354 ungesühnt, die Strafen fallen milde aus.

Separatismus

Separatismus im Rheinland

Er richtete sich gegen den territorialen Bestand des Reiches. Keinen Erfolg hatte der Versuch, Oberschlesien und Ostpreußen in autonome Gebiete umzuwandeln. Der Separatismus im Rheinland war bedrohlicher für die Reichseinheit.

- Seine Wurzeln lagen in der antipreußischen Haltung des katholisch geprägten Rheinlands.
- Ein erster Versuch der Abtrennung scheitert 1918 am energischen Widerspruch des Rats der Volksbeauftragten.
- Im Oktober 1923, zur Zeit der Ruhrgebietsbesetzung durch Frankreich und Belgien, wird in Aachen die „Rheinische Republik" ausgerufen und die Pfalz erklärt sich als autonom.
- Erst als England und später auch Frankreich und Belgien diesen Bestrebungen entgegentreten, ist der Separatismus beendet.

Ruhrbesetzung

Vorwand

Der Rückstand Deutschlands bei den Reparationslieferungen ist nach Darstellung Frankreichs absichtlich herbeigeführt worden.

Vorgehen

- Eine Kommission von Ingenieuren soll die Kontrolle über den Kohlenabbau übernehmen.
- Um sie zu „schützen", rücken am 9.1.1923 etwa 60000 Soldaten, hauptsächlich Franzosen, aber auch Belgier, ins ganze Ruhrgebiet ein.
- Der Umfang der Besatzungsarmee steigt später auf 100000 Mann.

Ziele

- Pünktliche Lieferung der Reparationsleistungen soll gesichert werden, aber hauptsächlich:
- Faustpfand, um später die französische Grenze an den Rhein vorschieben zu können.

Ergebnisse

- Empörung in allen Parteien und bei der Bevölkerung in Deutschland;
- Regierung ruft zum passiven Widerstand auf, weil militärischer Einsatz aussichtslos wäre.
- Die Besatzungsmächte trennen das Ruhrgebiet wirtschaftlich vom Reich ab und weisen viele Beamte ins Reich aus.
- Kohlenlieferung nach Frankreich ist jetzt minimal.
- Der Generalstreik kann französische Truppen nicht zum Abzug zwingen, belastet aber das Reich finanziell weit über das erträgliche Maß hinaus.
- Im August muss eine neue Regierung gebildet werden, die „Große Koalition" aus SPD, – Z, – DDP, – DVP mit Stresemann als Kanzler.
- 26. September: Stresemann beendet den passiven Widerstand.

Hitlerputsch 1923

Zentralistisch – republikanische Kräfte in Berlin	Rechte, partikularistische Kräfte in München	„Vaterländische Verbände“ aus NSDAP, SA, Bund Oberland
Ziel: Reichseinheit erhalten, Republik verteidigen, partikularistische Kräfte bekämpfen	**Ziel:** Kampf gegen Regierung in Berlin, Separatismus Bayerns, Errichtung einer rechten Diktatur	**Ziel:** Revolution in Bayern, dann Marsch auf Berlin, Errichtung einer nationalen Diktatur
Reichsregierung unter Stresemann verhängt Ausnahmezustand im ganzen Reich.	v. Kahr erhält am 26.9.23 Sondervollmachten; er duldet die nationalsozialistischen Bestrebungen; setzt Reichsgesetze außer Kraft	
	Lossow verweigert Gehorsam	
	bayerische Reichswehrtruppen unter Lossow nun auf Freistaat vereidigt,	8.11.1923: Hitler putscht im Bürgerbräukeller; er erklärt Regierungen in Berlin und Bayern für abgesetzt.
Seeckt lehnt Reichsexekution gegen Bayern ab, warnt aber v. Kahr und Lossow vor weiterem Rechtsruck	aus Befehlsgewalt Seeckts gelöst v. Kahr und Lossow distanzieren sich , als sie in Freiheit sind	Hitler zwingt v. Kahr und Lossow seiner Regierung beizutreten
NSDAP und KPD im ganzen Reich verboten; Republik hat Zerreißprobe bestanden	Landespolizei schlägt Putsch vor der Feldherrnhalle nieder geringe Strafen für Beteiligte am Putsch	Marsch Hitlers am 9.11. zur Feldherrnhalle in München

7 Außenpolitik

Ausgangssituation der Mächte

Soziale, wirtschaftliche und politische Instabilität in den meisten europäischen Staaten

Großbritannien

- Konzentriert sich auf seine Kolonien;
- hat selbst wirtschaftliche und soziale Probleme (1920 fast 20% Arbeitslosigkeit).

Frankreich

- Furcht vor deutscher Überlegenheit (40 Mio. Franzosen, 62 Mio. Deutsche);
- Kriegsfolgen sind gravierend: viele Tote, größere Zerstörungen als in Deutschland, da der Krieg weitgehend auf französischem Territorium stattgefunden hat.

Italien

- Arbeitslosigkeit, Inflation;
- 1922 faschistische Diktatur unter Mussolini, allerdings kaum expansionistisch in Europa

Osteuropa und Südosteuropa

- Fast alle Staaten sind politisch instabil.
- In sehr vielen Staaten haben sich autoritäre Regime etabliert, wie in Polen, Jugoslawien, Bulgarien, Estland, Lettland, Griechenland, Ungarn, Österreich.

Sowjetunion

- Ist durch Krieg und Bürgerkrieg erschöpft;
- seit März 1921: Neue Ökonomische Politik (NEP); neben der Zentralverwaltungswirtschaft wird zur Verbesserung der Versorgungslage in Teilbereichen Privatwirtschaft zugelassen;
- außenpolitisch wegen des kommunistischen Regimes isoliert.

USA

- Sind im Krieg zur größten Wirtschaftsmacht aufgestiegen;
- Hauptgläubiger der Alliierten;
- keine Bündnisse mit den Alliierten; kein Beitritt zum Völkerbund;
- wirtschaftlich an Europa interessiert.

Deutschland

- Deutschland ist nach dem verlorenen Krieg isoliert und politisch wie wirtschaftlich geschwächt.
- Gespanntes Verhältnis zu Frankreich;
- Deutschlands Ziel: Bündnispartner gewinnen und Aussöhnung mit den europäischen Mächten.

Der Vertrag von Rapallo

1922

Deutschland und die Sowjetunion sind beide durch den Krieg geschwächt und politisch isoliert. Darum erfolgt ihre Annäherung trotz ideologischer Gegensätze.

Erste Kontakte

- 1921 wird ein Handelsvertrag geschlossen.
- Reichswehr und Rote Armee arbeiten in der Fortbildung der Offiziere und bei der Kriegstechnik begrenzt zusammen.

Vertragsinhalt

Auf der großen **Konferenz von Genua** (28 Nationen), bei der über den Wiederaufbau Mittel- und Osteuropas gesprochen wird, versuchen die westlichen Demokratien, Einfluss auf die Wirtschaft der Sowjetunion zu gewinnen und eine politische Einheitsfront gegen das Land zu errichten.

- Am Rand der Konferenz treffen sich deutsche und russische Vertreter zu Gesprächen in Rapallo und einigen sich auf einen Vertrag.
- Beide Staaten nehmen diplomatische Beziehungen auf.
- Sie verzichten gegenseitig auf Kriegsentschädigung.
- In den Wirtschaftsbeziehungen wird eine Meistbegünstigungsklausel vereinbart, d.h. man bietet dem Handelspartner gleich günstige Bedingungen an, wie sie Dritten eingeräumt werden.

Wertung

Überwindung der außenpolitischen Isolation

- Deutschlands außenpolitische Isolation ist teilweise zu Ende.
- Die wirtschaftliche Bedeutung ist gering.
- Insgeheim findet die Reichswehr die Möglichkeit, trotz des Verbots im Friedensvertrag, Offiziere an nicht erlaubtem Kriegsgerät auszubilden, z.B. an Flugzeugen.
- Trotz anfänglicher Verärgerung der Alliierten, gelingt ein kleiner Schritt zur Normalisierung der Beziehung auch zu den Westmächten.

Vertrag von Locarno 1925

Anlass

Die Alliierten wollen die Besatzungszone um Köln nicht fristgerecht räumen, weil Deutschland den französischen Sicherheitsvorstellungen angeblich nicht Rechnung getragen habe.

Inhalt

- Stresemann will den französischen Sicherheitswünschen entgegenkommen, um diesen ständigen Druck loszuwerden.
- Frankreich, Belgien und Deutschland verzichten auf eine gewaltsame Veränderung ihrer Grenzen. England und Italien garantieren den Pakt.

Wertung

Anerkennung der Westgrenze Deutschlands

- Damit ist die Westgrenze Deutschlands anerkannt.
- Die Sicherheitsvorstellungen Frankreichs sind erfüllt, weiter gehende Forderungen Frankreichs sind abgewehrt.
- Die Isolierung Deutschlands im Westen ist endgültig vorbei, es ist wieder in den Kreis der europäischen Großmächte aufgenommen.
- Deutschland erlangt Handlungsfreiheit für die Revision seiner Ostgrenze, die es sich ausdrücklich vorbehalten hat.

Folgen

Aufnahme in den Völkerbund

- Deutschland kann 1926 in den Völkerbund eintreten.
- In Deutschland wird der Vertrag von der Rechten abgelehnt, weil er den Verzicht auf Elsass-Lothringen einschließt: „Schandvertrag". Stresemann wird als „Erfüllungspolitiker" beschimpft.
- Die Sowjetunion fürchtet, Deutschland würde sich dem Westen annähern und als Bündnispartner verloren gehen. Sie will daher den Vertrag von Rapallo ausbauen. Das geschieht im Berliner Vertrag von 1926: Bei einem Angriff durch einen dritten Staat sichert man sich gegenseitige Neutralität zu.

8 Die Weltwirtschaftskrise und ihre Auswirkungen

Ursachen

- In den USA herrscht in den 20er Jahren Hochkonjunktur → Produktion steigt, Aktienkurse steigen.
- Viele kaufen in der Hoffnung auf Kursgewinn Aktien, häufig auf Kredit.
- Wegen der großen Nachfrage klettern die Kurse weit über den wirklichen Wert der Unternehmen.
- Der allgemeine Optimismus führt zu einer Überproduktion und letztlich zu einer Absatzkrise.

Folgen

- Am **„Schwarzen Freitag"** (24./25. 10.1929) kommt es zu einem gewaltigen Kurssturz der Aktien an der New Yorker Börse. Manche Papiere verlieren 90% ihres Wertes.
- Eine Vertrauenskrise bricht aus: Banken hatten an Spekulanten Kredite vergeben, die sie nun nicht mehr zurückbekommen. → Banken geraten in die Krise → Sparer holen aus Furcht vor eigenen Verlusten ihr Geld zurück, was die Krise der Banken noch verschärft.
- Wegen ihrer Liquiditätsprobleme ziehen die Banken ihre Kredite aus Europa, besonders aus Deutschland, zurück.

- Die US-Regierung erhöht die Importzölle, um die heimische Wirtschaft zu schützen. →
- Die Krise greift auf Europa über.

Auswirkungen in Europa

- Der plötzliche Kapitalmangel führt zu Produktionsrückgang und Konkursen. Auch in Deutschland brechen Banken zusammen.
- Die Löhne sinken.
- Massenarbeitslosigkeit breitet sich aus

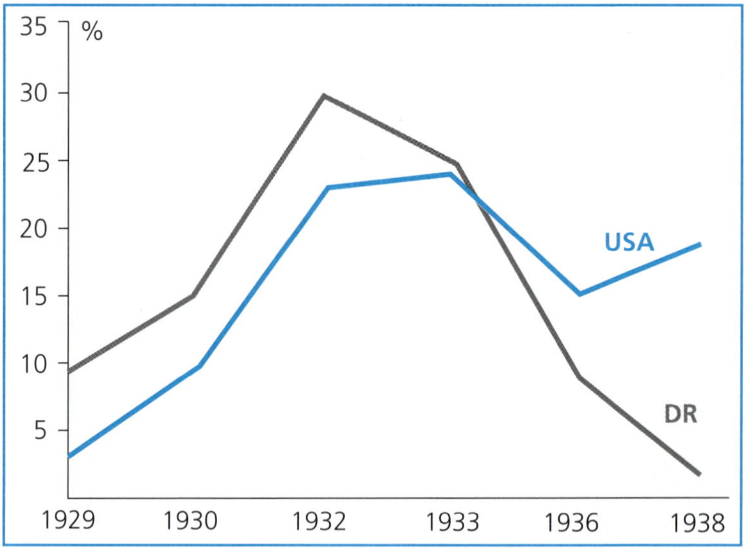

Arbeitslosenquote in den USA und im Deutschen Reich

- Soziale Maßnahmen der Versicherungen greifen kaum, da Kapital fehlt.
- Radikale Parteien wie KPD und NSDAP erhalten großen Zulauf.
- Die „Große Koalition" aus SPD, Z, DDP und DVP bricht auseinander; es kommt keine Regierung auf parlamentarischer Basis mehr zustande; Präsidialkabinette und Auflösung der Demokratie sind die Folge.

9 Niedergang der Weimarer Republik

Die Präsidialkabinette

Begriff

Eine Regierung, die keine Parlamentsmehrheit hinter sich hat, und nur vom Vertrauen des Reichspräsidenten abhängig ist. Gesetze werden mithilfe des Artikels 48 der Verfassung auf dem Verordnungsweg in Kraft gesetzt, also ohne Parlamentsbeschluss.

Treibende Kräfte

- Hindenburg und seine Berater;
- Reichswehr unter General Schleicher;
- Teile der Wirtschaft;
- Presse des Medienmoguls Hugenberg mit ihrer Propaganda gegen die Demokratie;
- rechtsgerichtetes Bürgertum

Ziele

- Autoritärer Staat, in dem die Rechtskräfte dominieren;
- Ausschaltung der SPD als Regierungspartei;
- Zurückdrängung von Parteien und Parlament zugunsten einer starken Führerfigur

Die Machtverlagerung

- Auflösungsprozess beginnt schon 1929 zur Zeit der „Großen Koalition“ unter Müller (SPD).
- Parteien und Parlament verlieren an Einfluss: Der Reichstag tritt 1932 nur noch 13-mal zusammen, er beschließt 1932 nur noch 5 Gesetze.
- Der Reichspräsident und das von ihm abhängige Kabinett gewinnen an Macht: Die Anwendung des Artikels 48 und die Parlamentsauflösung sind die wichtigsten Drohmittel.

Kabinett Brüning

März 1930 – Mai 1932

Außenpolitik

Reparationen

- Außenpolitik hat höchsten Stellenwert.
- Zentrales Ziel ist die Aufhebung der Reparationen.
- Daneben soll die außenpolitische Gleichberechtigung in Europa erreicht werden.
- Um von den Reparationsforderungen wegzukommen, soll Deutschland seinen guten Willen zeigen und gleichzeitig seine Zahlungsunfähigkeit demonstrieren.
- Für diesen Zweck nimmt Brüning Massenarbeitslosigkeit und Verelendung für mehrere Jahre hin.

Wirtschaftspolitik

Deflationspolitik

- Allen Beteiligten und der Bevölkerung war die Inflation in schrecklicher Erinnerung. Eine erneute Geldabwertung sollte auf jeden

Fall vermieden werden. Brüning betreibt daher zur Lösung der Wirtschaftsprobleme eine rigorose Deflationspolitik, d.h.
- Geldumlauf reduzieren;
- Kredite beschränken;
- Staatsausgaben kürzen;
- Löhne und Gehälter kürzen;
- Steuern und Abgaben erhöhen.

- Diese Deflationspolitik wird auch von den gegnerischen Parteien, Gewerkschaften und Unternehmern nicht in Frage gestellt.

Krise und Teilerfolge

- 1931 kommt es zu einer Bankenkrise, die durch den Staat aufgefangen werden muss → riesige Haushaltslücke.
- Der amerikanische Präsident Hoover erkennt das Ausmaß der Krise und will, auch im Interesse der Weltwirtschaft und der amerikanischen Gläubiger, den Zusammenbruch der deutschen Wirtschaft verhindern.

Hoover-Moratorium

- Im „Hoover-Moratorium" werden die Zahlungen Deutschlands für ein Jahr lang gestoppt, ebenso die Schuldenzahlung der Alliierten an die Amerikaner.
- Als später ein Gremium von Fachleuten erkennt, dass Deutschland auch nach diesem Jahr nicht zu Zahlungen fähig ist, verzichten die Gläubiger auf der **Konferenz von Lausanne** (Juli 1932) auf die restlichen Reparationszahlungen. Brüning ist zu dieser Zeit nicht mehr im Amt.

Brünings innenpolitische Schwierigkeiten und sein Sturz

- Brüning, selbst Mitglied des Zentrums, versucht eine Zusammenarbeit mit der DNVP und will die SPD bewusst ausklammern.
- Als er für seine unpopulären Wirtschaftsmaßnahmen keine Mehrheit findet, greift er zu Notverordnung und Reichstagsauflösung.

Radikale Parteien mit starkem Stimmenzuwachs

Die Neuwahl bringt aber für die staatstragenden Parteien ein katastrophales Ergebnis: Die NSDAP wird zweitstärkste Partei und erringt 197 Sitze, die KPD kommt auf 77 Sitze.

- Die SPD toleriert in der Folgezeit Brüning, indem sie sich bei Misstrauensanträgen des Reichstags der Stimme enthält.

Harzburger Front

- Die extreme Rechte formiert sich bei einer Großkundgebung in Bad Harzburg: DNVP, Stahlhelm und NSDAP bilden die „Harzburger Front" und sind sich einig in der Absicht, die Regierung zu stürzen, was zusammen mit der KPD auch fast gelingt.
- Die Reichspräsidentenwahl im März/April 1932 bringt Hindenburg im 2. Wahlgang zwar den Sieg, macht aber auch deutlich, dass Hitler, der im gleichen Wahlgang 36,8% erreicht, zu einer Bedrohung geworden ist.

- Hitlers paramilitärische Verbände SA und SS, schon auf 500 000 Mann angewachsen, werden verboten.
- General Schleicher beginnt mit Intrigen gegen Brüning und sucht Kontakt zu Hitler.

Zwischen Hindenburg und der Regierung kommt es zu Missstimmung, die zur Entlassung Brünings führt.

Bewertung des Kabinetts Brüning

Präsidialdiktatur

- Die Staatsführung ist gemäßigt autoritär, aber noch rechtsstaatlich.
- Die Macht des Reichspräsidenten nimmt stark zu.
- Das Parlament ist weitgehend ausgeschaltet.
- Die Reichswehr nimmt eine Schlüsselrolle ein.
- Die Öffentlichkeit gewöhnt sich langsam an die Form der Diktatur.

Die außenpolitischen Erfolge Brünings:

- militärische Gleichberechtigung Deutschlands;
- Streichung der Reparationszahlungen;
- Räumung des Rheinlandes.

Kabinett von Papen

Juni 1932 – Dez. 1932

Es wird auch das „Kabinett der Barone" genannt, mit Wehrminister Schleicher als „starkem Mann".

Vorgeschichte

Bei der Absprache zwischen Schleicher und Hitler im Mai 1932 sagt Hitler die Duldung einer national ausgerichteten Präsidialregierung zu. Schleichers Versprechen umfasst die Ablösung Brünings, die Aufhebung des SA-Verbots und Neuwahlen.

Schleichers Ziel ist die Errichtung eines dauerhaften autoritären Präsidialsystems, in das die NSDAP eingebunden werden soll. Er meint, die NSDAP dadurch zu „zähmen". Er schiebt von Papen vor und möchte selbst Drahtzieher im Hintergrund bleiben.

Maßnahmen von Papens:

- SA wird wieder erlaubt.
- Von Papen übernimmt durch einen Staatsstreich zusätzlich die Macht in Preußen.

Bei der Reichstagswahl im Juli 1932 erreichen die extremen Parteien, besonders die NSDAP große Erfolge, die bürgerlichen Parteien, außer dem Zentrum, brechen völlig ein.

Die NSDAP und die KPD haben zusammen über 50% der Mandate und können damit den Reichstag beherrschen, wenn es um den Boykott der Regierung geht (Sperrmajorität).

Reichstagswahlen 1932

NSDAP	107	→	230	DDP	20	→	4
DVP	30	→	7	SPD	143	→	133
Zentrum	68	→	75	KPD	77	→	89

Als der Reichstag von Papen mit überwältigender Mehrheit das Misstrauen ausspricht, wird er erneut aufgelöst. Die Neuwahlen im November bringen der NSDAP zwar 4% Verluste, sie bleibt aber die stärkste Partei.

Von Papen plant, mithilfe von Reichswehr und Polizei Gewerkschaften und Parteien zu verbieten und eine neue Verfassung zu erlassen. → Schleicher betreibt darauf bei Hindenburg die Entlassung von Papens und übernimmt selbst das Amt des Reichskanzlers.

2.12.1932 – 28.1.1933

Kabinett Schleicher

Das „Zähmungskonzept“, das eine Einbeziehung der NSDAP ins Kabinett vorsieht, lehnt Hitler ab. Er will selbst Reichskanzler werden.

Schleichers Ziele:

- Arbeitsplätze schaffen,
- Wirtschaft ankurbeln,
- Kontakte zu SPD, den Parteien der Mitte und Gewerkschaften herstellen, werden verfehlt.

Von Papen führt nunmehr selbst hinter Schleichers Rücken Gespräche mit Hitler und anderen Führern rechter Gruppierungen. Ziel seines Gesprächs mit Hitler:

- eine Regierung der „nationalen Konzentration“ aus DNVP, NSDAP und anderen nationalistischen Gruppen;
- Hitler sollte Reichskanzler sein und von Papen Vizekanzler.
- Zwei Ministerposten sollten von der NSDAP besetzt werden.

Mitte Januar 1933 ist Hindenburg für diese Idee gewonnen. Maßgeblichen Einfluss haben dabei Hindenburgs Sohn Oskar, Großgrundbesitzer und Vertreter der Industrie.

Hitler wird Reichskanzler

Zwischen Hindenburg und Schleicher kommt es zur Entfremdung, nach dessen Rücktritt ernennt Hindenburg am 30.1.1933 das Präsidialkabinett Hitler. Viele sahen diese Regierung als so kurzlebig an, wie es die anderen davor waren. Doch wurde schon sehr bald deutlich, dass die Nationalsozialisten eigene Ziele verfolgten.

Gründe für das Scheitern der Weimarer Republik

- Die parlamentarische Demokratie wurde von Anfang an nur von einer Minderheit unterstützt.

- Rechtsextreme und Linksextreme haben die Republik kompromisslos bekämpft.
- Führende Schichten des Kaiserreichs in Militär und Verwaltung, aber auch ein Teil des Bürgertums haben sich immer mehr von der Republik abgewandt. Sie glaubten, der Nationalsozialismus könnte ihren Interessen dienen.
- Das System der Präsidialkabinette schwächte die parlamentarische Kontrolle.
- Die Inflation hat die Mittelschichten um Ersparnisse und Alterssicherung gebracht. Sie sehen in den regierenden Parteien fälschlich die Schuldigen.
- Die Weltwirtschaftskrise schürte soziale Ängste, trieb viele in Arbeitslosigkeit und Not. Diese Menschen setzten auf extremistische Parteien.
- Die Bestimmungen des Versailler Vertrags werden von den Rechtsparteien wirksam zur Propaganda gegen die Regierung und die demokratischen Kräfte eingesetzt.

Wirtschaftliche Probleme und ein instabiles politisches System

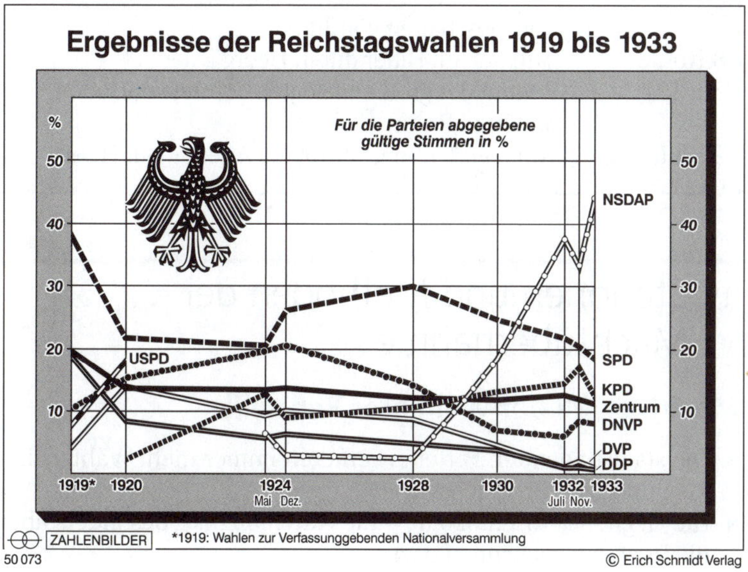

G Deutschland unter dem Nationalsozialismus

30. Jan. 1933	Ernennung Hitlers zum Reichskanzler
28. Feb. 1933	„Verordnung zum Schutz von Volk und Staat“ – Beginn des permanenten Ausnahmezustands; bis Juli 27.000 politische Gefangene in Lagern interniert.
24. März 1933	„Ermächtigungsgesetz“ – Entmachtung des Reichstags
31. März 1933	Gesetz zur Gleichschaltung der Länder mit dem Reich
20. Juli 1933	Reichskonkordat mit der katholischen Kirche
15. Sept. 1935	Nürnberger Gesetze
9. Nov. 1938	Reichspogromnacht – Zerstörung von Synagogen und Geschäften von Juden
8. Nov. 1939	Attentat auf Hitler durch Georg Elser
seit 1941	Beginn der groß angelegten Tötung von Juden, Sinti und Roma
20. Juli 1944	von Stauffenberg verübt ein Attentat auf Hitler

1 Stationen und Methoden der Machtübernahme

Machtverfall der Weimarer Republik

- Die staatstragenden Parteien verlieren immer mehr Wählerstimmen und Sitze im Reichstag.
- Die Gegner der Demokratie – die extreme Linke, besonders aber die Rechten – gewinnen dazu.
- Koalitionsregierungen können keine Mehrheit im Parlament finden und sind auf die Unterstützung durch den Reichspräsidenten angewiesen.
- Es ist nicht gelungen, die Machteliten im Staat und weite Teile der Bevölkerung dafür zu gewinnen, dass sie aktiv für die Demokratie eintreten.

Ernennung Hitlers zum Reichskanzler

Die Ernennung Hitlers zum Reichskanzler am 30. Januar 1933 bedeutet zunächst formal nichts Ungewöhnliches. Seine Regierung der „nationalen Konzentration" ist ein **Präsidialkabinett**, wie die vorausgehenden auch.

Weil die Nationalsozialisten nur mit drei Mitgliedern vertreten sind (Hitler als Kanzler, Frick und Göring), glauben die konservativen Minister aufgrund ihrer Mehrheit, Hitler „einrahmen" zu können. Von Papen: „In zwei Monaten haben wir Hitler in die Ecke gedrückt, dass er quietscht".

Die „Machtergreifung"

Die Nationalsozialisten aber feiern noch am gleichen Abend die „Machtergreifung" als eine entscheidende Wende.

Bereits nach zwei Tagen setzt Hitler beim Reichspräsidenten Hindenburg die Auflösung des Reichstags und die Ausschreibung von Neuwahlen zum 5. März 1933 durch, obwohl er mit der DNVP zusammen bei Duldung durch das Zentrum hätte regieren können.

Die zielstrebige Beseitigung der Demokratie

Schon der Beginn des Wahlkampfs bringt Einschränkungen für die Gegner der Nationalsozialisten.

Aufhebung demokratischer Grundrechte

- Am 4. 2. werden Pressefreiheit und politische Versammlungen durch eine **Notverordnung** des Reichspräsidenten eingeschränkt.
- Der **offene Terror** der Nationalsozialisten, besonders gegen Kommunisten und Sozialdemokraten, wird behördlich gedeckt und gebilligt; die NSDAP hat im Reich und in Preußen das Innenministerium übernommen.
- Am 27. Februar brennt der Reichstag. Die Nationalsozialisten nutzen die Empörung der Bevölkerung für ihre Ziele.
- Am 28. Februar beschließt das Kabinett die **„Verordnung zum Schutz von Volk und Staat"** (Reichstagsbrandverordnung) und lässt sie durch Hindenburg in Kraft setzen. Das ist der erste wichtige Schlag gegen die Demokratie:
  - Die politischen Grundrechte sind außer Kraft gesetzt.
  - Der Bürger kann nicht mehr gegen Verletzung seiner Rechte klagen.
  - Für Hoch- und Landesverrat wird die Todesstrafe festgesetzt.
  - Diese Verordnung bleibt bis zum Ende der NS-Herrschaft in Kraft.

Damit ist praktisch der ständige Ausnahmezustand gegeben und der Rechtsstaat ist beseitigt. Rein formal war der Vorgang legal.

- Massenverhaftung von KPD-Funktionären aus Anlass des Reichstagsbrandes – kommt praktisch einem KPD-Verbot gleich.

Obwohl der Wahlkampf unter dem Terror der NSDAP steht, obwohl auch SPD-Abgeordnete verhaftet werden und die NSDAP große Spenden von der Schwerindustrie bekommt, erreichen die Nationalsozialisten in der letzten, halbfreien Wahl nur 43,9% der Stimmen. Sie haben also nie die absolute Mehrheit der Wählerstimmen erhalten. Zusammen mit den Stimmen der DNVP hat die NSDAP 51,9%, könnte also regieren, sogar ohne Unterstützung durch den Reichspräsidenten. Trotzdem verlangt Hitler weitergehende Kompetenzen.

Ausgleich mit den Konservativen

Am 21.3.1933 inszeniert Goebbels, mittlerweile Propagandaminister, den **Tag von Potsdam**. In der dortigen Garnisonskirche findet die feierliche Eröffnung des Reichstages statt. Dabei begegnen sich der greise Generalfeldmarschall und Reichspräsident von Hindenburg, beim Volk in hohem Ansehen, und der junge Reichskanzler Adolf Hitler, der sich bürgerlich und bescheiden gibt. Hitlers Verbeugung vor Hindenburg soll die Versöhnung zwischen dem alten ruhmreichen Preußen und der neuen „Bewegung" zeigen, dient aber nur der Gewinnung der konservativen Parteigänger Hitlers.

Ausschaltung des Parlaments

- 24.3.1933 **„Ermächtigungsgesetz"**:
  - Vier Jahre lang kann die Regierung ohne Beteiligung von Reichstag und Reichsrat Gesetze erlassen.
  - Dieser Verfassungsänderung für die eine Zwei-Drittel-Mehrheit notwendig ist, stimmen alle Parteien des Reichstags außer der SPD zu.
  - Die bürgerlichen Parteien glaubten, durch Zustimmung noch einen Rest von Einfluss zu behalten und einem Parteienverbot zu entgehen. Hitler hatte versprochen, die Stellung des Reichspräsidenten und der Länder nicht anzutasten.
  - Der Reichstag entmachtet sich dadurch selbst, die Regierung kann ohne Kontrolle jedes beliebige Gesetz erlassen. Ein Grundprinzip der Demokratie – die Gewaltenteilung – ist aufgehoben. Die Diktatur ist vollendet. Formal wurde sie auf legalem Weg etabliert.

Beamtenapparat

- Ab 7.4.1933 wird per Gesetz der Beamtenapparat gesäubert. Das **„Gesetz zur Wiederherstellung des Berufsbeamtentums"** ermöglicht es den Nationalsozialisten, Beamte willkürlich aus ihren Stellungen zu entfernen, die keine arische Abstammung haben, oder bei denen Zweifel daran bestehen, ob sie „jederzeit rückhaltlos für den nationalen Staat" eintreten. In frei werdende Stellen werden Nationalsozialisten eingeschleust. Damit ist auch die Exekutive in der Hand der Partei.

- Gleichschaltung der Länder; Beseitigung der Länderrechte
  - Einsetzung von Reichskommissaren, die der Partei die Polizeigewalt sichern
  - 31.3.1933: **„Gesetz zur Gleichschaltung der Länder mit dem Reich"**: Die Länderparlamente müssen nach den gleichen Stimmenanteilen zusammengesetzt werden wie der Reichstag. Dies wird auch auf Bezirke und Gemeinden ausgedehnt.
  - 7.4.1933: **Reichstatthalter** mit diktatorischen Befugnissen werden ernannt: Sie können Regierungsmitglieder, aber auch höhere Beamte und Richter entlassen oder einsetzen.
  - Dadurch sind die Länder politisch ausgeschaltet, am 30.1.1934 wird der Reichsrat aufgelöst.

Aufhebung des Föderalismus

- 22.6.1933: Verbot der SPD, bürgerliche Parteien lösen sich bis Juli selbst auf, weil ihnen das gleiche Schicksal droht. Das „Einrahmungskonzept" von Papens ist gescheitert.

Parteienverbot

- 14.7.1933: Die als einzige übrig gebliebene NSDAP wird Staatspartei. Sie steht auf allen Ebenen neben den staatlichen Behörden.
- Nach der Entmachtung der SA (30.6.1934) beansprucht Hitler auch das oberste Richteramt im Staat, er erklärt die Morde an den SA-Führern und anderen Gegnern nachträglich als rechtens. Ende einer unabhängigen Judikative. Die Reichswehr nimmt die Eingriffe ohne Widerspruch hin.
- Nach dem Tod von Hindenburgs am 2.8.1934 vereinigt Hitler die beiden höchsten Ämter, das des Reichskanzlers und des Reichspräsidenten und nennt sich fortan **„Führer und Reichskanzler"**.

Hitler übernimmt die beiden höchsten Staatsämter

- Die Reichswehr vereidigt von jetzt an ihre Mitglieder auf Hitler persönlich.

Ergebnis: Schon eineinhalb Jahre nach der Ernennung Hitlers zum Reichskanzler gibt es im Staat keine Kontrollinstanz mehr. Die totalitäre Diktatur ist vollendet. Widerstand ist kaum noch möglich.

2 Hitlers Weltanschauung

Fehlen eines geschlossenen Systems

- Im Gegensatz zum Marxismus, der ein in sich geschlossenes Gedankengebäude aufweist, ist Hitlers Ideologie ein Konglomerat aus verschiedenen Einzelelementen.
- Teilweise bestehen Widersprüche in den Aussagen.

Unterschiedliche Bewertungen der Weltanschauung

- Die meisten Zeitgenossen Hitlers haben die programmatischen Vorstellungen nicht vollkommen ernst genommen, sondern erst im Nachhinein entdeckt, dass viele Zielsetzungen Hitlers schon in den 20er Jahren von den Nationalsozialisten offen ausgesprochen wurden.
- Theodor Heuss glaubte 1932, es sei Hitler nicht in erster Linie auf Ideologie angekommen, sondern primär auf den Machtgewinn und auf die Erhaltung der Macht.
- Der Hitlerbiograph Alan Bullock war zunächst auch der Meinung, Hitler habe nicht nach Prinzipien, sondern nach den jeweiligen Gegebenheiten gehandelt.
- Die Historiker Nolte, Jäckel, Hildebrand und Hillgruber glaubten dagegen, Hitler habe sehr wohl eine planmäßige Herrschaft betrieben, die auf ideologischen Vorstellungen basierte.

Programm der DAP von 1920 (Deutschen Arbeiterpartei), der späteren NSDAP

- Es enthält zum Teil sozialistische Elemente, z.B. „Einziehung aller Kriegsgewinne", „Verstaatlichung aller bereits vergesellschafteten Betriebe", „Gewinnbeteiligung an Großbetrieben" oder Möglichkeit der Enteignung für gemeinnützige Zwecke. Diese Forderungen werden 1928 von Hitler wieder zurückgenommen, als er sagt, die Partei „stehe auf dem Boden des Privateigentums".
- Andere Forderungen sind teilweise weltfremd, z.B. die „Brechung der Zinsknechtschaft", was ein Verbot der Bank- und Zinsgeschäfte bedeutet hätte;
- der Kampf gegen den Vertrag von Versailles und die Bildung eines Großdeutschen Reiches unter Einschluss Österreichs;
- auch ein Sonderrecht für die Juden und ihre Ausweisung ist schon angesprochen, die Formulierung „Reinigung des deutschen Volkskörpers" taucht auf.

Hitlers Buch „Mein Kampf" von 1925 und der zweite Band von 1926

- In einer Mischung aus Berichten und Erklärungen legt er den Gedanken dar, dass es höhere und niedere Rassen gebe und dass deren Vermischung vermieden werden müsse.
- Nur wer gesund sei, solle Kinder zeugen, die Fruchtbarkeit der höheren Rassen solle planmäßig gefördert werden.
- Die „Entfernung der Juden" wird ebenso gefordert wie der „Lebensraum im Osten".

Herkunft der Vorstellungen

Antisemitismus und Rassentheorien

- Bis heute ist nicht exakt erforscht, was Hitler in seiner Wiener Zeit alles gelesen hat. Trotzdem lässt sich nachweisen, dass die Grundideen bereits vorhanden waren.
- Die Wurzeln des Antisemitismus reichten bis ins Mittelalter zurück. Er wurde in der Zeit der rechtlichen Gleichstellung der Juden wieder neu belebt und ausgeformt im Alldeutschen Verband und in der Deutsch-Konservativen Partei.
- Der Franzose Josef Graf von Gobineau (1816–1882) legte in seinem Werk „Versuch über die Ungleichheit der Menschenrassen" den Grundstock für den Rassismus.
- Der Brite Houston Stuart Chamberlain (1855–1927), Schwiegersohn Richard Wagners, seit 1916 eingebürgert, führte diese Vorstellungen weiter.
- Ernst Haeckel (1834–1919) verbreitete in Deutschland die auch in England vertretene Vorstellung vom Sozialdarwinismus.
- Der Geograph Karl Haushofer (1869–1946) war Begründer der Geopolitik, die im Raum die Grundlagen der Politik sah; von hier bezog Hitler die Vorstellungen von „Volk ohne Raum".

Sozialdarwinismus

Darwins Theorie der Evolution und ihre Uminterpretation

- Charles Darwin (1809–1882) hatte in seinem Werk **„Von der Entstehung der Arten durch natürliche Auslese im Kampf ums Dasein"** (1859) die Evolution durch das Prinzip der Selektion erklärt. Diejenigen Mitglieder einer Population, die aufgrund bestimmter Merkmale konkurrenzfähiger sind, sind besser angepasst und tragen mehr zum Genpool der nächsten Generation bei *(survival of the fittest)*. Das entscheidende Merkmal kann eine bestimmte Färbung oder sonst eine Eigenschaft ausmachen, manchmal auch körperliche Stärke.
- Der Sozialdarwinismus ist im Gegensatz dazu eine sozialphilosophische Theorie, die glaubt, in der Natur beobachtbare Prinzipien wie Auslese, Kampf ums Dasein, Anpassung an die Umwelt auf das Zusammenleben der einzelnen Menschen und Völker übertragen zu können.
- Darwins Vorstellung vom Überleben der am besten angepassten Art wird uminterpretiert auf das Überleben des Stärkeren. Unter den Menschen herrsche ein Kampf ums Dasein, der Tüchtige überlebe, könne herrschen, der weniger Tüchtige werde ausgemerzt oder müsse sich unterordnen. Dadurch gebe es eine Höherentwicklung.
- Folglich müsse der Staat dafür sorgen, dass sich die Gesunden und Starken vermehren, die Kranken und Schwachen aber müssten an der Fortpflanzung gehindert werden.

- Züchtung von Menschen sei also wichtiger als Erziehung. Der Einzelne tritt zurück zugunsten des Ganzen.
- Menschenrechte hätten keine Gültigkeit. Ebenso wenig Toleranz, Mitleid mit dem Kranken und Schwachen, Fürsorge. Zwangssterilisierung und Tötung von Behinderten und Kranken (von den Nationalsozialisten als „Euthanasie“ bezeichnet) seien legitime Mittel im Sinne der „Rassenhygiene“.
- Die Übertragung dieser Vorstellungen auf das Zusammenleben der Völker bedeutet, dass der Krieg als jederzeit legitimes Mittel angesehen wird: Starke Völker dürften schwache unterwerfen oder ausrotten und selbst die Weltherrschaft anstreben.
- Im Nationalsozialismus werden die Vorstellungen des Sozialdarwinismus mit dem Rassismus verbunden.

Nationalismus

- Die Erwartungen der Nationalisten im Deutschland des 19. Jahrhunderts waren nicht erfüllt worden, es hatte sich nur ein kleindeutscher Staat gebildet, außerdem mit zeitlicher Verzögerung. Deutsche lebten als Minderheiten in Nachbarstaaten.
- Der Imperialismus heizte den Nationalismus erneut an, besonderen Auftrieb bekam der Gedanke nach dem Ersten Weltkrieg durch die harten Friedensbedingungen und durch den Kriegsschuldartikel im Versailler Vertrag.
- Der bürgerliche Nationalismus des 19. Jahrhunderts basierte auf einer gleichen Geschichte und Kultur.

Übersteigerter Nationalismus

- Hitlers Nationalismus fußte auf der Rassengleichheit der Nation.
- Hitler überspitzte den Nationalismus ins Extreme zum **Chauvinismus**: In Missachtung der Rechte anderer Nationen dürfe sich die eigene Nation ohne Rücksicht ausbreiten, dabei sei jedes Mittel recht.
- Ziel sei die Errichtung eines Großdeutschen Reiches, das eine Weltherrschaft innehaben solle und andere Völker unterwerfen dürfe.

Rassismus

- Graf Gobineau vertritt die Vorstellung, es gebe einen Zusammenhang zwischen den körperlichen Merkmalen von Menschengruppen und ihren charakterlichen Eigenschaften.
- Außerdem seien Rassen nicht nur verschiedenartig, sondern auch verschiedenwertig.
- Die weiße Rasse sei allen anderen überlegen, sie hätte alle Hochkulturen geschaffen und habe auch die Legitimation zur Herrschaft; sie sei hochwertig.

Vorstellung von einer Hierarchie der Rassen

- Geringwertige Rassen seien die Schwarzen und die Semiten.
- Heute gebe es keine reine, weiße Rasse mehr. Vermischung bedeute Untergang einer Rasse.
- Solche rassistischen Vorstellungen tauchten schon in der Zeit des Imperialismus auf.
- H. S. Chamberlain deutete die Geschichte als einen Kampf der Rassen gegeneinander.
- Vermischung der Rassen müsse man bewusst verhindern und reine Rassen züchten.
- Die wertvollste Rasse seien die Arier und unter ihnen besonders die Germanen.
- Sie hätten den Kampf zu führen gegen die rassisch Minderwertigen, besonders gegen die Juden.

Lebensraumpolitik

- Sie folgt aus dem übersteigerten Nationalismus.
- Der deutschen „Herrenrasse“ stehe ein angemessen großer Lebensraum zu.
- Da er dem deutschen Volk fehle, müsse er durch Krieg erobert und dauerhaft gesichert werden. Das solle auf Kosten der slawischen Nachbarvölker im Osten, besonders der Russen geschehen.

Führerprinzip

- Herrschaftsprinzip Hitlers im Gegensatz zur Demokratie, wo die Entscheidungen durch Mehrheitsbeschlüsse fallen.
- Für Hitler gilt: „Autorität jedes Führers nach unten und Verantwortung nach oben“ (Mein Kampf). Bei Hitler selbst liegt die höchste Autorität.
- Dieses hierarchische Prinzip war in Reichswehr und Verwaltung stark verwurzelt.
- In Hitlers Führungspraxis wird es teilweise durchbrochen infolge von Kompetenzstreitigkeiten, Freiräumen und Sonderbeauftragten.
- Durch den Führerkult sollte es gestärkt werden.

Volksgemeinschaft

Volk steht über dem Individuum

- Sie bedeutete die „Negierung aller Unterschiede in Herkunft, Stand, Beruf, Vermögen, Bildung, Wissen, Kapital“ (Höhn, 1935).
- Alle Gegensätze innerhalb des Staates sollten damit aufgehoben werden, um dem Harmoniebedürfnis nach innen Rechnung zu tragen. Politische und soziale Auseinandersetzungen, auch Diskussionen sind nicht erwünscht.

- Dem Zweck des Einheitsgefühls dienten nationale Feiertage, Kundgebungen, Parteitage, Straßensammlungen, z.B. für das Winterhilfswerk.

Antihaltungen

Hitlers Weltanschauung ist

- **antiliberal:** Menschenrechte, Bürgerrechte lehnt er ab;
- **antidemokratisch:** Mehrheitsentscheidungen widersprechen seiner Vorstellung vom Führerprinzip; Parlamente duldet er allenfalls als Zustimmungsorgane, nicht aber als Diskussions- und Entscheidungsforen;
- **antimarxistisch:** Marxismus ist für ihn eine Vorstellung, die aus dem Judentum entsprungen ist. Der Gedanke der Gleichheit widerspricht seinen Vorstellungen von Eliten;
- **antisemitisch:** In seiner Idee vom Kampf der Rassen interessiert Hitler eigentlich nur der Vernichtungskampf innerhalb der weißen Rasse zwischen Ariern und Juden; sie werden zu Sündenböcken für alle Mängel und Fehlentwicklungen gestempelt;
- **inhuman und antichristlich:** Gedanken des Mitgefühls oder gar der Nächstenliebe sieht er als unnatürlich an, sie würden den Fortschritt hemmen.

3 Herrschaftstechnik

Die Rolle der NSDAP

Entwicklung vor 1933

- Nach dem gescheiterten Putsch vom 9. November 1923 und dem NSDAP Verbot gründet Hitler die Partei im Februar 1925 neu.
- Die Mitgliederzahl steigt von 27 000 (Ende 1925) auf 130 000 (Sept. 1930) und auf 850 000 (Jan. 1933)
- Programm und Sachaussagen spielen keine Rolle, die Partei ist ganz auf die Person Hitlers ausgerichtet.

Über Wahlen an die Macht

Hitlers **taktische Wendung** seit dem Putsch: Er will nicht mehr durch einen Putsch zur Macht kommen, sondern auf legalem Weg durch Wahlen. Und dies, obwohl er das parlamentarische System ablehnt und es nach der Machtergreifung beseitigen will. (Hitler beschwört diese Legalitätstaktik als Zeuge beim Reichswehrprozess im Sept. 1930)

- Die Weltwirtschaftskrise mit ihren Folgewirkungen bringt der NSDAP großen Stimmenzuwachs bei den Reichstagswahlen:

1928	2,6%	Juli 1932	37,3%
1930	18,3%	Nov. 1932	33,1%

- Sie ist damit seit 1932 die stärkste Fraktion.
- Die **Wählerstimmen** kommen hauptsächlich aus dem Mittelstand: Angestellte, Kaufleute, Handwerker, Händler sowie manche Bauern und Arbeiter, die keiner Gewerkschaft angehören. Wegen der aggressiven antimarxistischen Haltung kommen immer mehr Stimmen aus der oberen Mittelschicht dazu, auch der Frauenanteil wächst.

Wählerstimmen aus dem Mittelstand

- Neben die alten **Mitgliederschichten** aus dem unteren Mittelstand treten von der Wirtschaftskrise betroffene Arbeiter und relativ viele junge Menschen.
- Trotz des Erfolgs ist die Partei labil: Die Finanzen sind nicht gesichert, klare Sachaussagen fehlen, innere Rivalitätskämpfe mit Gregor Strasser kann Hitler erst im Dezember 1932 für sich entscheiden.

Monopolstellung

- Als Hitler Reichskanzler wird und bei der Märzwahl 1933 43,9% der Stimmen erhält, schnellen die Mitgliederzahlen nach oben: Januar 850 000, März 2,5 Mio. Mitglieder.
- Die „alten Kämpfer" fürchten um ihre Stellung und vermuten bei den Neumitgliedern (nicht ganz zu Unrecht) Opportunisten und Karrieremacher. → Ein Aufnahmestopp wird verhängt.
- Nach Ausschaltung aller anderen Parteien hat die NSDAP eine Monopolstellung erreicht.

Die Stellung der SA

- Die Schlägertrupps der SA hatten in Saalschlachten und auf der Straße die politischen Gegner eingeschüchtert.

Bedeutender Machtfaktor

- Ihr Führer Ernst Röhm, ehemaliger Reichswehrhauptmann, Duzfreund Hitlers, ist seit dem Hitlerputsch der unumstrittene Führer der SA, Hitler ist sein einziger Vorgesetzter.
- Die SA hofft auf die Umsetzung der sozialistischen Programmpunkte der NSDAP (Enteignung von Großindustrie und Banken) und will ihre Mitglieder materiell versorgt wissen.
- In der Bevölkerung nicht unbeliebt, steigt die paramilitärische Organisation von 70 000 (1930) auf 4,5 Mio. Mitglieder bis Sommer 1934.
- Als Hitler im Juli 1934 die Revolution für beendet erklärt, sieht sich die SA um die Früchte ihrer Anstrengung gebracht.

- Sie fordert eine „zweite Revolution“ und möchte die Aufstellung eines Milizheeres, in das die Reichswehr (nur 100 000 Mann) eingehen sollte.

- Für seinen geplanten Eroberungskrieg im Osten benötigte Hitler die **Reichswehr**.

Zerschlagung der SA

- Röhms Rivalen Göring, Himmler (SS) und Goebbels raten Hitler, Röhm zu entmachten. Röhm ist mit seiner SA tatsächlich der einzige Mann, der Hitler gefährlich hätte werden können. Einen Putsch hat er aber nicht geplant.
- Unter dem Vorwand, einen Umsturz geplant zu haben, lässt Hitler mithilfe der SS Röhm mit weiteren SA-Führern am 30.6.1934 verhaften und ohne Gerichtsverfahren erschießen. Er nutzt die Gelegenheit, um bis zum 2.7. weitere Gegner umzubringen, z.B. den früheren Reichskanzler von Schleicher, seinen Parteirivalen Gregor Strasser, der das Feld schon geräumt hatte, von Kahr, der den Putsch 1923 misslingen ließ. Insgesamt lässt Hitler mindestens 85 Gegner töten.
- Er erklärt die Morde nachträglich als „Staatsnotwehr“ für rechtens und ist von da an unangefochtener Diktator.

Die NSDAP als Herrschaftsinstrument

- Als oberster Führer der Partei baut er diese in der Folgezeit zum Herrschaftsinstrument aus, das ihm willenlos ergeben ist.

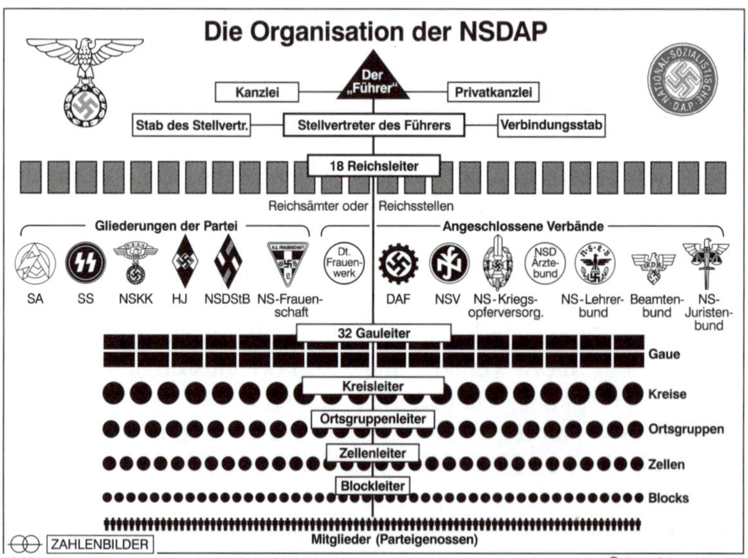

50 084 © Erich Schmidt Verlag

- Die Partei ist streng hierarchisch gegliedert, vom Blockleiter über den Ortsgruppenleiter, den Kreisleiter, den Gauleiter bis zu den 18 Reichsleitern, die unmittelbar Hitler unterstehen.
- Diese Parteihierarchie steht neben der staatlichen Hierarchie: Bürgermeister, Landrat, Regierungspräsident, Reichsstatthalter, Reichsregierung.

Parteihierarchie neben staatlicher Hierarchie

- Da beide Hierarchien Macht beanspruchen und es viele Kompetenzstreitigkeiten gibt, kann Hitler häufig persönlich eingreifen und entscheiden. Ein Teil seiner Machtausübung beruht darauf.
- Ab 1937 steigt die Zahl der Parteimitglieder auf 8,5 Mio. bis Kriegsende. Viele sind direkt oder indirekt gezwungen worden beizutreten.

Gleichschaltung der Bevölkerung

- Nach der Zerschlagung der Parteien und Gewerkschaften werden alle Gruppierungen der Gesellschaft von den Nationalsozialisten durchdrungen.
- Es werden eigene **NS-Berufsorganisationen** aufgebaut, die eine Monopolstellung haben: für Richter, Techniker, Ärzte, Studenten, Hochschullehrer, Bauern, Lehrer, Künstler usw.

Berufsorganisationen

- Diese Berufsorganisationen üben Druck und Kontrolle aus und sorgen dafür, dass die letzten Freiräume verloren gehen.
- Ein weit verzweigtes Spitzelsystem entsteht, der totalitäre Staat versucht alles zu kontrollieren, wer abweicht, muss damit rechnen, ins KZ zu kommen.
- Die Jugend soll durch die Staatsjugendorganisation der **Hitlerjugend** und durch den **Bund Deutscher Mädel** im Sinne der Partei erzogen und ebenfalls kontrolliert werden. Für 10 bis 18-Jährige ist ab 1936 die Mitgliedschaft verpflichtend. Viele Jugendliche sind begeistert dabei, da interessante Freizeitangebote gemacht werden: Fahrten, Lager, Sportangebote. Die herkömmlichen Jugendgruppen von Kirchen, Gewerkschaften, Pfadfindern werden behindert oder aufgelöst.

Jugendorganisationen

Propaganda

Funktion

- Anfangs: Anhänger gewinnen;
- später: Integration der Mitglieder;
- schließlich: Beeinflussung der Massen durch Werbung, Überredung, Verführung, aber auch Drohung und Einschüchterung.

Methoden

Einsatz massenpsychologischer Mittel

Anwendung neuester Erkenntnisse der Massenpsychologie:
- wenig und nur einfache Information;
- Appell an das Gefühl, besonders durch Heftigkeit, Leidenschaftlichkeit und Fanatismus;
- Einbeziehung von Symbolen (Hakenkreuz), Fahnen, Kampfliedern, Uniformen und Abzeichen;
- Entlehnung von Ritualen aus anderen Bereichen:
  - militärische Aufmärsche zur Demonstration von Stärke, Geschlossenheit, Ordnung; „Saalschutz“;
  - theatralische Inszenierung, um Aufmerksamkeit und Spannung zu erzeugen;
  - pseudoreligiöse Elemente, um eine weihevolle Überhöhung zu erreichen.

- **Großveranstaltungen:** z.B. Reden im Berliner Sportpalast oder die jährlichen Reichsparteitage in Nürnberg. Veranstaltungselemente können sein: Fackelzug, Lichteffekte, Marsch- oder Choralmusik, Einzug Hitlers mit seinen Getreuen, pathetische Gelöbnisse, Fahnenweihe durch Berühren mit der „Blutfahne“ vom Hitlerputsch 1923, Hauptrede, Totengedenken.

- Einrichtung nationaler Festtage im Jahresverlauf als Kontrast zu den christlichen Festtagen

Kontrolle und Lenkung der Massenmedien

Als Kontrollorgan wirkt das Reichsministerium für Volksaufklärung und Propaganda unter Josef Goebbels.

Presse

Schriftleitergesetz

- Verbot bestimmter Presseorgane, z.B. von Parteien und Kirchen
- Schriftleitergesetz:
  - Entfernung jüdischer und marxistischer Journalisten;
  - Verpflichtung auf Meinung von Behörden und Regierung;
  - Verpflichtende Mitgliedschaft in der **Reichspressekammer**; ein Ausschluss aus ihr bedeutet Berufsverbot.
- Zeitungsverlage werden aufgekauft: Am Ende der NS-Herrschaft gibt es 350 parteieigene Zeitungen mit einem Anteil von 80% an der Gesamtauflage in Deutschland. Nur einzelne bürgerliche Presseorgane konnten überleben.
- Direkte Einwirkungen: In der täglich im Propagandaministerium stattfindenden Pressekonferenz gibt es wenig Informationen, aber konkrete Anweisungen, wo und in welcher Aufmachungen eine Nachricht zu bringen ist. Das geht bis zur Vorformulierung der Schlagzeile → Einheitszeitung.

Rundfunk

Der „Volksempfänger" als modernes Propagandamittel

- Wird als modernes Medium besonders gefördert: Der einfache **„Volksempfänger"**, mit dem man nur regionale Sender empfangen kann, wird sehr kostengünstig angeboten.
- 1933: 4,3 Mio. Empfänger, 1938: 10,8 Mio., 1943: 16,2 Mio.
- Alle Sender werden verstaatlicht.
- Übertragen werden Führerreden, Unterhaltungsveranstaltungen, Lieder.
- **Gemeinschaftsempfang** in Betrieben, Geschäften, Behörden bei wichtigen Reden
- Politischer Anteil wird bewusst nicht zu weit ausgedehnt. Unterhaltung steht zur Ablenkung im Vordergrund, besonders während des Krieges.

Grenzen der Manipulation

- Der totalitäre Staat hat alle Möglichkeiten der Beeinflussung ausgeschöpft, dennoch gelang sie nicht unumschränkt:
- Trotz aller Propaganda bricht zu Beginn des Zweiten Weltkriegs keine Euphorie aus, sondern herrscht eher Nachdenklichkeit.
- Nach Stalingrad bricht der Führermythos zusammen.

Film, Theater

Propaganda und leichte Unterhaltung

- Hier gilt Überwachung durch die **Reichskulturkammer**, die auch dem Propagandaministerium unterstellt ist.
- Verboten wird alles, was dem Geist des Regimes widerspricht. Jüdische und linke Künstler verlieren ihre Arbeitsmöglichkeit.
- Propagandafilme werden produziert, vorwiegend aber leichte Unterhaltung.
- Die Theaterspielpläne werden zensiert. *Nathan der Weise* (Toleranz) wird ebenso verboten wie *Wilhelm Tell* (Tyrannenmord).

Literatur, Kunst und Wissenschaft

Künstler und Wissenschaftler verlassen Deutschland

- Verpönte Literatur wird öffentlich verbrannt, aus Bibliotheken entfernt, darf nicht mehr verlegt werden. Schriftsteller gehen in die innere Emigration oder sie wandern aus: Kästner, Brecht, Thomas und Heinrich Mann, Musil, Feuchtwanger, Broch, Zuckmayer, Döblin, Oskar Maria Graf.
- Expressionismus, Abstrakte Malerei, Kubismus, Neue Sachlichkeit werden als „entartete Kunst" bezeichnet und in massenhaft besuchten Ausstellungen, mit diffamierenden Texten versehen, dem Gespött eines unverständigen Publikums preisgegeben. Diese Kunstwerke werden dann zur Devisenbeschaffung im Ausland verkauft, verschwinden in Magazinen oder werden, wie in Berlin, öffentlich verbrannt.

- Wissenschaftler müssen sich ideologisch anpassen, besonders hart sind Biologen und Juristen betroffen, oder auswandern, wie Albert Einstein wegen seiner jüdischen Herkunft. Allein 20 Nobelpreisträger verlassen Deutschland.

4 Unterdrückung und Verfolgung

Justizapparat

Kontinuität am Anfang

- Rechtssystem bleibt prinzipiell erhalten;
- keine fachfremden Neubesetzungen.

Einschränkungen

- Notverordnungen z.B. Reichstagsbrandverordnung heben wesentliche Grundrechte auf.
- Politische Eingriffe: Durch Gesetz wird etwas nachträglich zum Straftatbestand erklärt oder härter bestraft als bisher vorgesehen. Beispiele: Beteiligte am Reichstagsbrand, Umfeld der Röhm-Affäre.
- Rechtsfreie Räume entstehen für SA, SS und Polizei.

Zentralisierung

- Durch Aufhebung der Justizhoheit der Länder wird Effektivität gesteigert.
- Vereinheitlichung

Ende des Rechtsprechungsmonopols

- Neueinrichtung von Sondergerichten z.B. dem **Volksgerichtshof** für die Aburteilung der Männer des 20. Juli und durch Sondergerichte für politische Delikte;
- Neueinrichtung von Standesgerichten z.B. Wehrmachtsgerichte, SS-Ehrengericht, Erbgesundheitsgericht

Neue Zielsetzung

- Im Zentrum steht nicht mehr die Einzelperson, die geschützt werden muss;
- auch nicht mehr die Gleichheit aller vor dem Gesetz,
- sondern die „Volksgemeinschaft“, der jeder zu dienen hat. „Recht ist, was dem Volke nützt“.

Neue Grundsätze

Aufhebung von Rechtsgrundsätzen

- Der alte Rechtsgrundsatz „Keine Strafe ohne Gesetz“ *(Nulla poena sine lege)* gilt nicht mehr.

- Auch ohne positive Rechtsvorschrift kann ein Urteil nach einem analogen Fall gesprochen werden, wenn es dem Volksempfinden entspricht.
- Alle Führeräußerungen werden zu einer allen Gesetzen übergeordneten Rechtsquelle.

Verlust von Unabhängigkeit und Kompetenzen

- Durch das Erstarken von Polizei, SS und Geheimer Staatspolizei (Gestapo) wird der Einfluss der Justiz immer mehr zurückgedrängt:
- Die Gestapo nimmt unabhängig von den regulären Gerichten Menschen in Haft und behält sie dort nach Gutdünken.
- Die Gestapo kann regulär Verurteilte, die ihre Strafe abgesessen haben, wieder in Haft nehmen, ja sogar töten, wenn ihr die Strafe zu milde erscheint.

Folgen für den Bürger

Völlige Rechtsunsicherheit

- Er ist einer großen Rechtsunsicherheit ausgesetzt.
- Er kann oft „sein Recht" nicht bekommen, d.h. er ist einer Willkür ausgeliefert.
- Die Härte der Urteile nimmt zu: Auf Abhören eines feindlichen Rundfunksenders steht im Krieg die Todesstrafe.
- Insgesamt werden 16000 Todesurteile gesprochen, davon 15000 ab 1941 (Urteile der Kriegsgerichte nicht mitgezählt).

Konzentrationslager

Rechtliche Konstruktion

„Schutzhaft"

- Die Notverordnung vom 28.2.1933 (Reichstagsbrandverordnung) hebt die Grundrechte auf und lässt die „Beschränkungen der persönlichen Freiheit" zu. Die Nationalsozialisten nennen das „Schutzhaft". Das ist die pseudolegale Basis.
- Die Haft im KZ besteht außerhalb der regulären Justiz. Man kann weder von einem Richter eingewiesen werden, noch vor einem Gericht gegen die Einweisung oder die Behandlung dort klagen.
- Die Einweisung erfolgt meist durch die Gestapo, später durch das Reichssicherheitshauptamt (RSHA), in den Anfangsjahren auch durch NSDAP, SA, SS.

Die Lager der Anfangszeit

- Gleich in den ersten Monaten nach der Regierungsübernahme Hitlers beginnt eine Verhaftungswelle unter den politischen Gegnern. Weil die Kapazität der Gefängnisse bei weitem nicht ausreicht, werden von Polizei, SA und SS zunächst provisorische Lager eingerichtet. Im Juli 1933 gibt es 27000 politische Gefangene.

- Zweck der im ganzen Land verteilten „wilden" Lager ist politische Einschüchterung. Diese Lager verschwinden später meist wieder.
- Nach dem Muster des Lagers bei Dachau werden straff durchorganisierte große Lager in ganz Deutschland errichtet.

Die Lager der SS Ende 1934 bis Kriegsbeginn

- Die Bewachung erfolgt nach der Ausschaltung der SA im Zuge der Röhm-Affäre durch die SS.
- Die Hauptlager sind außer Dachau: Sachsenhausen, Buchenwald, Flossenbürg, das Frauenlager Ravensbrück, Neuengamme und Mauthausen.

Dichtes Netz von Lagern

- Um die Lager herum entstanden kleinere Nebenlager. Diese Außen-Arbeitslager und Außenkommandos waren sehr zahlreich, oft um die 70 bis 80, Dachau besaß während des Krieges bis zu 169.
- Die Lager sind Stätten des organisierten Terrors und der Willkür. Misshandlungen und Tötungen sind nicht selten.
- Zu den politischen Häftlingen kommen später Juden, Sinti und Roma, harmlose Landstreicher, Homosexuelle, Ernste Bibelforscher und ganz bewusst auch Kriminelle dazu.
- Harte Arbeit bei unzureichender Ernährung bestimmt das Leben. Schlechte hygienische Verhältnisse tragen außerdem dazu bei, dass die Sterblichkeit sehr hoch ist.
- Mit manchen Häftlingen werden unmenschliche medizinische Versuche vorgenommen.

Lager während der Kriegszeit

- Neugründungen von Lagern. 1944 gibt es 22 Hauptlager mit insgesamt 1202 Außenlagern und Außenkommandos.
- Viele neue Lager liegen in den eroberten Ostgebieten.
- Zwangsarbeit für die Rüstungsindustrie und sonstige Kriegswirtschaft steht im Vordergrund. Wer arbeitsfähig ist, hat bessere Überlebenschancen, weil er gebraucht wird. Die Sterblichkeit liegt in den Arbeitslagern bei etwa 60%.
- Häftlinge aus den eroberten Gebieten kommen dazu, auch Kriegsgefangene.
- Ab 1941 entstehen spezielle **Vernichtungslager**, alle außerhalb der früheren Reichsgrenzen. Die Tötung wird fabrikmäßig betrieben, meist in Gaskammern. Wertsachen, Schuhe, Kleidung, Haare und Zahngold werden geraubt und verwertet.
- Vor heranrückenden Alliierten werden die Lagerinsassen, soweit möglich, mit Zügen oder in Fußmärschen evakuiert. Flüchtende werden erschossen.

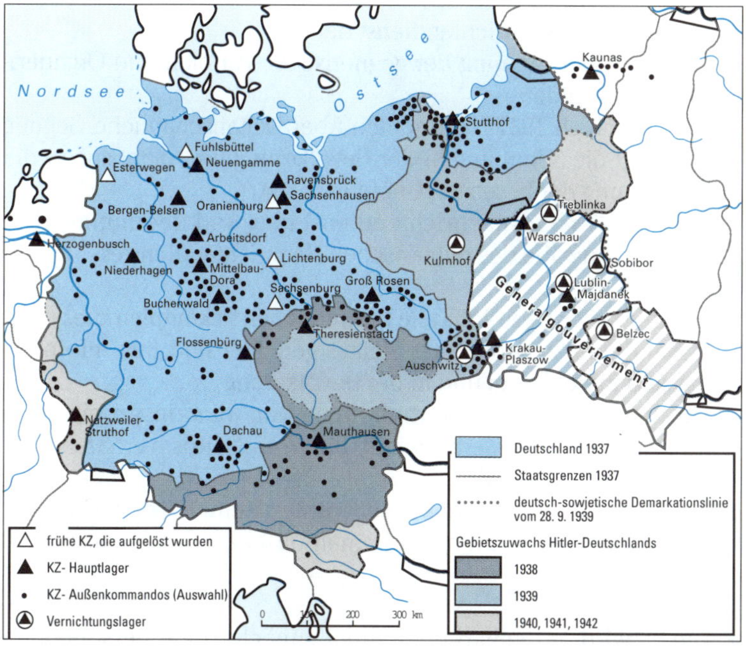

©Klett-Perthes, Gotha

Konzentrations- und Vernichtungslager

Der Polizei- und SS-Staat

Innenpolitische Ziele des Regimes

Andersdenkende werden zu Feinden erklärt

- In der Formel „Wer nicht unser Freund ist, ist unser Feind" drückt sich die Grundhaltung aus: Es gibt keinen politischen Gegner, mit dem man sich wie in der Demokratie auseinandersetzt, sondern die Andersdenkenden müssen unterdrückt und vernichtet werden.
- Dies wird deutlich im Verbot der Parteien, in der Unterdrückung der Gewerkschaften, im Kampf gegen Kirchen und Sekten, der Ausgrenzung von Homosexuellen, der Vernichtung von Juden, Sinti und Roma.
- In diesem Kampf dürfen alle Mittel eingesetzt werden. Alte Grundrechte und Rechtsnormen müssen Staats- und Parteiorgane in dieser Auseinandersetzung nicht mehr beachten.

Das Instrumentarium der Unterdrückung

Entsprechend dem Herrschaftssystem der Nationalsozialisten werden Staatsorgane und Parteiorgane mit gleichen Aufgaben zunächst nebeneinander geführt und dann zunehmend verschmolzen. Die drei nachfolgenden Organisationen werden 1945 bei den Nürnberger Prozessen als verbrecherische Organisationen eingestuft.

Sicherheitsdienst (SD)

- Der SD ist ein Nachrichtendienst der SS;
- 1931 zur Überwachung der gegnerischen Parteien und Organisationen gegründet.
- Er sammelt ab 1937 Nachrichten über weltanschauliche Gegner, erkundet die Stimmung in der Bevölkerung und plant später die Ausbeutung der besetzten Gebiete.
- Er ist als Auslandsnachrichtendienst tätig und übernimmt 1944 auch die Aufgabe des militärischen Nachrichtendienstes.

Geheime Staatspolizei (Gestapo)

- Die Gestapo soll seit 1933 alle Bestrebungen bekämpfen, die gegen Bestand und Sicherheit des Staates gerichtet sind. Ihre Informanten sind in der Partei und in der Bevölkerung.
- Sie nimmt willkürlich Verhaftungen vor, weist in Arbeitserziehungslager und KZ ein, zwingt Juden in Gettos; verhaftet zum Abtransport in die KZ.
- Als Reichsbehörde wird sie 1936 unter Himmler, dem Chef der Deutschen Polizei, mit der Kriminalpolizei zur Sicherheitspolizei (Sipo) vereinigt.

Schutzstaffel (SS)

- Die SS wird 1925 gegründet; dient zunächst dem persönlichen Schutz Hitlers.
- Ihr Führer wird 1929 Heinrich Himmler.
- Formal gehört sie als eine Unterabteilung zur SA, von der sie sich innerlich immer mehr entfernt, weil sie sich als Elite der NSDAP fühlt und ganz besonders auf Hitler ausgerichtet ist.
- Im Machtkampf zwischen der SA und der Reichswehr bedient sich Hitler 1934 (so genannter Röhm-Putsch) der SS. Die SA ist fortan entmachtet, die SS genießt das Vertrauen Hitlers und wird zunehmend größer und mächtiger. 1929: 280 Mitglieder, 1933: 209 000
- Sie versteht sich als bevorzugtes Instrument zur Umsetzung des „Führerwillens“. Aus ihren Reihen kommen die Wachmannschaften der KZ („SS-Totenkopfverbände“).
- Zunehmendes Durchdringen der Polizei, damit Verknüpfung von Partei und Staat. Die Polizei wird damit aus der staatlichen Befehlsgewalt herausgelöst und direkt Hitler und der NSDAP unterstellt.
- Aufgaben sind sehr weit gestreut: Einfluss auf Militärs im Krieg, Umsiedlungsaktionen, Eliteschulen, Verbindung zur Verwaltung; im Krieg eigene Verbände: Waffen-SS; die SS betreibt auch eigene Wirtschaftsunternehmen.
- Die SS ist Hauptträger der Terror- und Vernichtungspolitik.

1939 legt Himmler die Sicherheitspolizei mit dem SD und der Geheimpolizei der SS zu einer riesigen Behörde, dem **Reichssicherheits-Hauptamt (RSHA)** zusammen. Die Einzelbezeichnungen werden weitergeführt.

Rassenpolitik und Verfolgung der Juden

Erste Phase 1933 bis 1939

Drei Stadien, die manchmal miteinander verbunden sind:

- rechtliche Diskriminierung;
- wirtschaftliche Entmachtung;
- persönliche Bedrohung.

Ausgrenzung und Terror

- Boykott gegen jüdische Geschäfte am 1.4.1933
- **Nürnberger Gesetze** vom 15.9.1935:
  - Juden sind nur noch „Staatsangehörige" minderen Rechts. Sie werden aus zahlreichen Berufen verdrängt.
  - Eheschließung zwischen Deutschen und Juden sind verboten,
  - ebenso außereheliche Beziehungen.
- **Reichspogromnacht** am 9. Nov. 1938 – von der Nazipropaganda „Reichskristallnacht" genannt:
  - In einer von Goebbels gesteuerten Aktion, die als spontane Volksaktion dargestellt wird, werden etwa 90 Menschen getötet, 7500 jüdische Geschäfte zerstört, 250 Synagogen verwüstet.
  - Den Juden wird eine hohe Bußgeldsumme auferlegt.
- Bis zu diesem Zeitpunkt waren nur 170 000 von 375 000 deutschen Juden ausgewandert.
- Sperrgebiete für Juden werden eingerichtet, Besuchsverbote für Theater, Konzerte, Museen, Kinos werden erlassen. Ab Kriegsbeginn ist der Besitz von Rundfunkempfängern, später auch der von Telefonen verboten.
- Das Vermögen der Juden wird eingezogen.

Zweite Phase

Deportation und Gettoisierung

Seit den Kriegserfolgen im Westen wird eine „territoriale Endlösung" geplant.

- Alle europäischen Juden sollen auf die von Frankreich zur Verfügung zu stellende Insel Madagaskar gebracht werden. Unter Bewachung durch die SS sollten sie ein Faustpfand für die künftige Weltmachtpolitik sein. 1941 wird dieser Plan fallen gelassen. Stattdessen neues Konzept:
- Deportation der Juden nach Sibirien;
- Errichtung von Gettos in den im Osten eroberten Staaten.

Dritte Phase

Organisierte Massenmorde

Physische Vernichtung

- 21.6.1941 Beginn der Mordaktionen im eroberten Teil Russlands (Erschießungen);
- Juni 1941 Befehl Himmlers, in Auschwitz Vergasungsanlagen großer Kapazität zu bauen;

- 31.7.1941 Göring beauftragt im Namen Hitlers Heydrich damit, „alle erforderlichen Vorbereitungen für eine Gesamtlösung der Judenfrage im deutschen Einflussbereich in Europa zu treffen".
- Ab September 1941: Judenstern muss getragen werden;
- ab 21.10.1941: Ausreiseverbot für Juden; systematische Deportation aus Deutschland; Einzug ihres Vermögens.
- Ab Dezember 1941 wird die physische Vernichtung mit technischer Perfektion betrieben (Vergasung).
- 20.1.1942 **Wannsee-Konferenz**: Heydrich erteilt Weisung an Ministerien zur Evakuierung aller europäischen Juden in den Osten. Der eigentliche Beschluss zur Tötung der Juden war schon früher gefallen. Bis zur Wannseekonferenz sind schon mindestens 500 000 Juden ermordet worden.
- Massenvernichtungslager in **Auschwitz, Treblinka, Sobibor, Belzec, Chelmno, Lublin-Majdanek;**
- Ende der Morde erst im Oktober 1944 mit dem Anrücken der Roten Armee.
- Zahl der Opfer: Mindestens 6 Millionen, die meisten osteuropäischer Abstammung.
- Schicksal der deutschen Juden: In Deutschland lebten ungefähr 500 000 Juden. Davon wanderten etwa 278 000 aus, 160 000 bis 195 000 wurden ermordet; etwa 15 000 lebten in „Mischehen" und konnten dadurch überleben; knapp 6 000 überlebten die Lager im Osten, meist im Durchgangslager Theresienstadt. Eine geringe Zahl konnte illegal in Verstecken überleben.

Verfolgung und Vernichtung der Sinti und Roma

Sinti und Roma wurden damals „Zigeuner" genannt.

Diskriminierung

- Nürnberger Gesetze 1935 gelten auch für Sinti und Roma;
- um 1936 Zwangseinweisung in „Zigeuner-Gemeinschaftslager"

Verfolgung und Vernichtung

- Verschleppung Arbeitsfähiger in Konzentrationslager zur Zwangsarbeit;
- 18.12.38: Himmler gibt die formale Rechtsgrundlage für Deportation.
- In besetzten Gebieten werden von besonderen Einsatzgruppen Tötungen vorgenommen.
- In Auschwitz-Birkenau wird 1942 ein eigenes „Zigeunerlager" eingerichtet.

- Gesamtzahl der Opfer ist schwer zu bestimmen, da genaue Aufzeichnungen fehlen. Expertenschätzungen sprechen von Hunderttausenden.
- Weil Sinti und Roma angeblich als Kriminelle und Asoziale inhaftiert wurden, gab es keine Entschädigungen für sie. Erst in den 70er Jahren werden sie als rassisch verfolgt anerkannt.

Tötung körperlich und geistig Behinderter („Euthanasie")

- 1939 beginnt die Tötung geisteskranker Kinder.
- Nach Kriegsbeginn werden vereinzelt geisteskranke Erwachsene getötet, ab 1940 erfolgen Massentötungen.
- Bald werden Patienten mit anderen Krankheiten einbezogen, z.B. Tuberkulose, Arteriosklerose und Krebs.
- Hitler gibt die Tötung „lebensunwerten Lebens" offiziell genau so wenig zu wie die Judenmorde, obwohl beides auf ihn zurückgeht.
- Proteste von Bischöfen (Wurm und von Galen) und Strafanzeigen führen offiziell zur Beendigung, im Geheimen läuft die Aktion weiter.
- Zahl der Opfer: über 70 000, nach dem offiziellen Ende noch 50 000.

5 Wirtschafts- und Sozialpolitik

Verhältnis Wirtschaft und Politik

Wirtschaft ist der Politik untergeordnet

- Die Wirtschaft hat sich nach Vorstellungen des Nationalsozialismus der Politik unterzuordnen.
- Ein machtvoller Staat entwickle auch eine adäquate Wirtschaft, Wirtschaft sei also sekundär.

Verhältnis der Industrie zum Nationalsozialismus

- Bis 1930 bleiben die Zuwendungen der Industrie bescheiden, die Partei hat sich hauptsächlich anderweitig finanziert.
- Nach dem Wahlerfolg im September 1930 erhält die NSDAP regelmäßig Zuwendungen, aber weniger als es ihrem Sitzanteil im Reichstag entspricht. Die Industrie hat der NSDAP nicht durch ihre Zuwendungen zur Macht verholfen.
- Ab 1933 spendet sie allerdings sehr reichlich.
- Die Wirtschaft verbindet mit dem Nationalsozialismus die Hoffnung, er werde durch die Unterdrückung der Arbeiterbewegung Stabilität garantieren und pflegt daher schon vor 1933 Kontakte zu Hitler.

Ziele der NS-Wirtschaftspolitik

Autarkie und Kriegsvorbereitung

- Arbeitslosigkeit beseitigen → Akzeptanz in der Bevölkerung erhöhen;
- die Wirtschaft auf die geplante Kriegführung ausrichten, d.h. Schwer- und Rüstungsindustrie fördern, Konsumgüterindustrie drosseln;
- die deutsche Wirtschaft von Importen unabhängig machen (Autarkie), → Vorräte an Rohstoffen anlegen und Treibstoff aus Kohle herstellen.
- Die im Parteiprogramm von 1920 niedergelegten, sozialistisch klingenden Forderungen haben keine praktische Bedeutung mehr.

Lenkung oder private Initiative?

Auflösung der Gewerkschaften

- Mit der Gründung der „Deutschen Arbeitsfront" (DAF) 1933 werden die bereits am 2. Mai 1933 entmachteten **Gewerkschaften** zwangsweise mit der Gruppe der Angestellten und der Unternehmer zusammengeschlossen.
- Die Tarife werden nicht mehr zwischen den Tarifpartnern ausgehandelt, sondern von einem staatlichen „Treuhänder der Arbeit" bestimmt.

Staat kontrolliert die Wirtschaft

- Durch die Einführung eines Vierjahresplanes 1936 wird die Wirtschaft zwar nicht in eine echte Planwirtschaft (Zentralverwaltungswirtschaft) übergeführt, aber die staatliche Lenkung wird deutlich. Hitler: „Das Wirtschaftsministerium hat nur die ... Aufgaben zu stellen und die Privatwirtschaft hat sie zu erfüllen."

Einzelmaßnahmen

- Die Löhne werden eingefroren.
- Andererseits erhalten Arbeitnehmer Kündigungsschutz und einen kurzen bezahlten Urlaub.

Freizeitangebote

- Durch die Freizeitorganisation **„Kraft durch Freude"** können Arbeiter, denen bisher kein Urlaub möglich war, verreisen oder an kulturellen Veranstaltungen teilnehmen, was die Akzeptanz des Regimes erhöht (Nur wenige Arbeiter kamen tatsächlich in den Genuss). Volkswagensparen wird eingeführt. Einen „Käfer" kann man zu erträglichem Preis bestellen, wegen des Krieges kommt es aber nicht mehr zur Auslieferung an Privatsparer.

Arbeitsbeschaffungsmaßnahmen

- **Arbeitsbeschaffungsprogramme** sollen Arbeitslosenzahlen reduzieren:
  - Steuernachlass für Instandsetzungsarbeiten
  - Der **„Reichsarbeitsdienst"**, den alle Jugendlichen ein halbes Jahr lang leisten müssen, ist zwar nicht sehr effektiv, verschönt aber die Arbeitslosenstatistik. Ideologisches Ziel der Hilfs-

arbeiten bei Forst- und Wegearbeiten oder der Hilfsdienste beim Autobahnbau ist die Überwindung von Standesschranken.
  - Bau der Reichsautobahnen. Die Pläne dafür aus der Weimarer Zeit werden öffentlichkeitswirksam umgesetzt.
  - Arbeitslose werden als gering bezahlte Landhelfer eingesetzt.
- Wirtschaftsminister und Reichsbankpräsident Schacht beschafft mit fragwürdigen Mitteln Kredite für die Rüstung.
- Die Schulden sollen durch die spätere Kriegsbeute getilgt werden. Göring: „Wenn wir siegen, wird die Wirtschaft genug entschädigt werden."

Landwirtschaft

Förderung der Landwirtschaft

- Durch das **„Reichserbhofgesetz"** können Landwirtschaftsbetriebe bestimmter Größe nicht mehr verschuldet, aber auch nicht verkauft werden.
- Relativ hohe Agrarpreise sichern dem „Reichsnährstand" ein ausreichendes Einkommen auf Kosten der Verbraucher.
- Ziel ist die Unabhängigkeit von Lebensmitteleinfuhren (Autarkie) auch im Hinblick auf den Krieg.

Ergebnis der NS-Wirtschaftspolitik

- Die hohe Arbeitslosenzahl kann bis 1938 restlos abgebaut werden. 1936 ist die Vollbeschäftigung erreicht.
- Die Reallöhne steigen, ebenso das Pro-Kopf-Einkommen.
- Die Industrieproduktion wächst in sechs Jahren um fast 90%.

Probleme

- Hohe Rüstungsausgaben: 1934/1935: 5 Mrd. RM; 1938: 17 Mrd. RM
- Die Verschuldung steigt. Wirtschaftsminister Hjalmar Schacht tritt deswegen 1937 zurück.
- Die Versorgung mit Konsumgütern ist schlecht.
- Die Geldwertstabilität ist in Gefahr, was aber wegen der Festsetzung der Preise nicht für jedermann sichtbar wird.
- Es kommt zum Arbeitskräftemangel. Arbeitszeit wird verlängert (1933 43 Stunden/Woche, 1939 47 Stunden/Woche).
- Das Rüstungspotenzial reicht trotz aller Anstrengungen nur für „Blitzkriege". Für einen langen Abnutzungskrieg ist das Waffenarsenal zu klein und das Wirtschaftspotenzial zu schwach. Weil die Gegner ab 1942 an Material weit überlegen sind, werden Zwangsmaßnahmen ergriffen:
  - Einsatz von bis zu 7,5 Mio. Zwangsarbeitern, die aus eroberten Ländern nach Deutschland deportiert werden.
  - Rohstoffergänzung aus nicht-deutschen Gebieten, z.B. Erdöl aus Rumänien bis zur Besetzung durch sowjetische Truppen im

August 1944, was de facto die Kriegsfähigkeit Deutschlands beendete.

– Rationierung der Lebensmittel

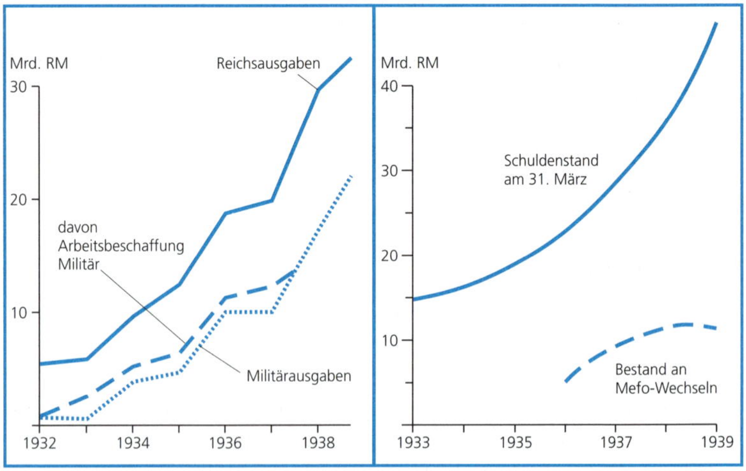

Nach: Friedrich-Wilhelm Henning, Das industrialisierte Deutschland 1914–1976, Schöningh Verlag

6 Widerstand in Deutschland

Zwischen Ablehnung und Anpassung

Keine breite Widerstandsbewegung

- Widerstand wurde nur von relativ kleinen Gruppen geleistet, die untereinander keine oder nur begrenzte Verbindung herstellen konnten. Es gab keine breite Widerstandsbewegung.
- Die Formen waren sehr verschieden; sie reichten vom Plakatkleben bis zum Attentat und zu Staatsstreichplänen.
- Viele, die keinen Widerstand leisteten, sagten hinterher, sie hätten von den Verbrechen nichts gewusst oder sie hätten sich anpassen müssen, sonst wären sie selbst getötet worden.
- Tatsächlich waren viele mit den Zielen des Nationalsozialismus einverstanden, wenn auch nicht mit den Methoden. In der Anfangsphase wurde das Instrumentarium der Unterdrückung erst aufgebaut.
- Viele Offiziere und Eliten in anderen Bereichen standen in einem echten Gewissenskonflikt während des Krieges, weil sie glaubten, dem Staat und dem eigenen Volk gegenüber eine Verpflichtung zu haben.

Möglichkeiten zum Widerstand

Allgegenwärtige Kontrolle durch Sicherheitsorgane

- Allgegenwärtige Bespitzelung und Terror machen Widerstand nur sehr schwer möglich und lebensgefährlich. Auch Familienmitgliedern, die selbst nicht Widerstand leisten, sind durch „Sippenhaft" bedroht. Sicherheitsorgane, Geheime Staatspolizei (Gestapo) und Parteimitglieder auf allen Ebenen überwachen die Bevölkerung.
- Erfolge des Regimes in Wirtschaft, Außenpolitik und anfängliche militärische Siege bewirken, dass viele Skeptiker und ursprüngliche Gegner sich teilweise mit den Machthabern arrangierten.
- Während der Kriegszeit kommt eine gewisse Solidarität auf; niemand will als Verräter dastehen, der dem Gegner zuarbeitet.

Kommunistischer Widerstand

- Die **Kommunistische Partei** als erklärte Hauptgegnerin des Nationalsozialismus muss von Anfang an mit Verfolgung rechnen und bereitet sich schon früh auf den Widerstand im Untergrund vor.
- Viele Spitzenfunktionäre werden gleich zu Anfang ermordet oder verhaftet, andere sehen sich zur Flucht ins Ausland gezwungen. Im Juli 1933 sind schon etwa 12000 bis 15000 Kommunisten in den Gefängnissen.
- Es besteht ein Netz von Funktionärsgruppen, das zunächst noch aus Verstecken heraus die Parteizeitung und eine Vielzahl von Flugblättern verbreiten kann, Einzelaktionen unternimmt, aber große Verluste erleidet.

Linke bleibt gespalten

- Geplante große Streiks und Massendemonstrationen können nicht umgesetzt werden wegen des offenen Terrors des Regimes, wegen der fehlenden Zusammenarbeit mit der SPD (beschimpft als „Sozialfaschisten") und weil das Regime angesichts wirtschaftlicher Erfolge wachsende Zustimmung in der Bevölkerung findet.
- Bis 1935 gelingt es der Gestapo, den hartnäckigsten Widerstand zu brechen.
- Die Kommunistische Internationale empfiehlt nach den verlustreichen Flugblattaktionen eher Überzeugungsarbeit von Mann zu Mann. Die Anweisung, mit der SPD eine Volksfront aufzubauen, führt wegen anderer Zielrichtung bei der SPD kaum zu Erfolgen. Die Kontakte kommunistischer Zellen zum Ausland und nach Moskau werden immer geringer. Der Hitler-Stalin-Pakt lähmt den Widerstand, der aber nach dem Angriff Hitlers auf die Sowjetunion wieder auflebt.

Hohe Zahl von Opfern

- Insgesamt haben die kommunistischen Widerstandskämpfer die größten Opferzahlen zu beklagen. Etwa 150000 kamen insgesamt ins Gefängnis. 50% der hingerichteten politischen Gefangenen waren Kommunisten.

Sozialistischer Widerstand

Stille Verweigerung

- Sehr viele Mitglieder der SPD ziehen sich nach dem Parteiverbot in private Zirkel zurück, pflegen aber das sozialdemokratische Milieu, tauschen Nachrichten aus und bleiben bei einer stillen Verweigerung („Überwintern“).
- Abnehmende Arbeitslosenzahlen, außenpolitische Erfolge Hitlers schwächen auch die sozialdemokratische Opposition.
- Die Verbindung zum Exilvorstand bleibt relativ gut. 1934 bis 1940 gibt dieser seine Deutschlandberichte der Sozialdemokratischen Partei Deutschlands (SOPADE) heraus, die Verbindung auch zwischen Gruppen innerhalb Deutschlands herstellen. Nach der Eroberung Frankreichs werden viele dort im Exil lebende Sozialdemokraten verhaftet oder müssen in andere Länder ausweichen. Der Kontakt nach Deutschland reißt ab.
- Die Partei sucht Widerstandspartner bei bürgerlichen Gruppen, Militärs und beim Adel. Julius Leber, Wilhelm Leuschner und Theodor Haubach werden im Zusammenhang mit dem 20. Juli 1944 verhaftet und hingerichtet.

Aktive Widerstandsgruppen

- Drei links von der SPD stehende Gruppen, die später wieder zu ihr zurückfinden, betreiben aktiven Widerstand:
  - **Sozialistische Arbeiterpartei Deutschlands** (SAPD), deren später bekanntes Mitglied Willy Brandt ist, arbeitet von Paris aus. Sie hat anfangs ca. 5000 Mitglieder, wird aber bis etwa 1939 zerschlagen.
  - Die **Gruppe „Neu Beginnen“** arbeitet von Prag aus. Mitglied Fritz Erler. Sie kritisiert die Weimarer SPD und KPD. Die meisten Mitglieder werden bis 1936 verhaftet, endgültige Zerschlagung 1938.
  - Der **Internationale Sozialistische Kampfbund** (ISK) arbeitet ähnlich, verbreitet Flugblätter, gibt bis 1937 die „Neuen Politischen Briefe“ heraus.

Liberale und Konservative

- Mitglieder der liberalen DDP entwerfen ein politisches Programm für die Zeit nach dem Nationalsozialismus.
- Sie schaffen eine Verbindung zum sozialdemokratischen und zum national-konservativen Widerstand.

Kein Widerstand der Konservativen

- Konservative, die am alten Kaiserreich hängen, den Untergang der Demokratie und die judenfeindliche Politik sowie die Unterdrückung der Linksparteien eher mit Wohlwollen zur Kenntnis nehmen, leisten keinen Widerstand.
- Ausnahme ist der rechtskonservative Edgar Jung, der als Berater von Papens in der Kanzlei des Vizekanzlers Einsichten in Hitlers Politik gewinnt. Er versucht eine Verschwörung, wenn auch arg illu-

sionär, mithilfe von Militärs und Kontakten zu Leber (SPD) und Hindenburg. Jung wird im Zusammenhang mit der Röhm-Affäre am 30.6.1934 ermordet.

Kirchen

Kein offizieller Widerstand der Kirchen

Trotz der antichristlichen Haltung der Nationalsozialisten leisten die beiden christlichen Kirchen keinen grundlegenden Widerstand gegen das Regime. Ihr Anliegen ist es, das kirchliche Leben nicht zu gefährden und daher den eigenen kirchlichen Raum gegen nationalsozialistische Übergriffe zu verteidigen. Dies bleibt eine Illusion. Es gibt aber einige wenige, die entschlossen Widerstand geleistet haben.

Katholische Kirche:

- Nach dem **Reichskonkordat** vom 20.7.1933 mit dem NS-Staat glaubt sich die katholische Kirche zunächst gesichert. Als aber Behinderungen kirchlicher Arbeit und öffentliche Kampagnen gegen Kirche und Klöster einsetzen, erwirken Kardinäle und Bischöfe eine Antwort des Papstes.
- In dem Rundschreiben „Mit brennender Sorge“ von 1937, das in allen Kirchen von der Kanzel verlesen wird, erinnert der Papst an die Zusagen im Konkordat und kritisiert, ohne die Juden direkt zu nennen, die Rassenpolitik.
- Innerhalb der Gruppe der Bischöfe versucht Kardinal Bertram eher einen Verhandlungskurs, während Kardinal Preysing öffentlichen Protest fordert. Die Mehrzahl der Bischöfe will keine öffentliche Konfrontation.
- Einzelne leisten mutig Widerstand:
  - Bischof von Galen in Münster predigt 1941 gegen die „Euthanasie“, als er Anzeige wegen Mord erstattet, wird die Tötung von Geisteskranken offiziell eingestellt.
  - Dompfarrer Lichtenberg in Berlin betet 1938 öffentlich für die verfolgten Juden.
  - Weitere Namen: Jesuitenpater Rupert Mayer, Alfred Delp

Widerstand Einzelner

Protestantische Kirche:

Sie ist gespalten in einen regimetreuen Flügel, die „Deutschen Christen“ unter Reichsbischof Müller und in die

- **„Bekennende Kirche“** mit Pastor Martin Niemöller. Sie führt einen doppelten Kampf: gegen das Hitler-Regime und gegen die „Deutschen Christen“. 1937 werden 800 Pastoren der „Bekennenden Kirche“ verhaftet, darunter auch Niemöller, der bis 1945 „als persönlicher Gefangener des Führers“ im KZ bleibt.
- Weitere Persönlichkeiten des Widerstands: Pastor Julius von Jan, Heinrich Grüber, Pfarrer Dietrich Bonhoeffer, 1945 ermordet.

Zeugen Jehovas

Eine Sonderrolle spielen die Zeugen Jehovas, damals „Ernste Bibelforscher“ genannt. Sie wehren sich als einzige Glaubensgemeinschaft bedingungslos gegen das Regime. Sie verweigern konsequent den Wehrdienst. Von den 25 000 Mitgliedern werden 10 000 verhaftet, 1200 kommen ums Leben.

Widerstand kleiner Gruppen

„Weiße Rose“

- Die „Weiße Rose“: Münchener Studentengruppe um Professor Kurt Huber mit Hans und Sophie Scholl, Christoph Probst, Willi Graf, Alexander Schmorell.
- Sie kamen aus christlich-humanistischen Überlegungen zum Kampf gegen das Regime und wollten durch ihre Flugblattaktionen zum Sturz des Nationalsozialismus und zum Ende des Krieges beitragen. Nach ihrer Entdeckung werden 130 Personen in Süddeutschland und Hamburg verhaftet. Die Kerngruppe wird hingerichtet.

Militärische Opposition

Zunächst stand das Militär loyal zu Hitler, er hatte sich durch die Entmachtung der SA und durch die Einführung der allgemeinen Wehrpflicht für die Reichswehr entschieden.

- Der Oberbefehlshaber des Heeres von Fritsch äußert Bedenken gegen Hitlers Angriffspläne, die im so genannten Hoßbach-Protokoll aufgezeichnet sind, und wird deswegen unter dem Vorwand der Homosexualität 1937 entlassen.
- Der Generalstabschef des Heeres, Ludwig Beck, versucht Hitler auf das große Risiko eines Krieges aufmerksam zu machen. Als er damit weder bei den Offizieren noch bei Hitler Gehör findet, nimmt er im August 1938 seinen Abschied.

Attentate

Attentate Einzelner

- Der Schreiner Georg Elser verübte ohne Mitwisser am 8.11.1939 ein Attentat auf Hitler. Es misslang, weil Hitler den Raum schon eher verließ.
- Versuchtes Attentat durch Oberst Treskow. Der Zünder der Bombe in Hitlers Flugzeug versagte.
- Ein Anschlag im Berliner Zeughaus misslingt, weil Hitler vorzeitig weggeht.

Der Kreisauer Kreis

- Benannt nach dem Gut von Helmuth James Graf von Moltke in Kreisau in Niederschlesien, wo die Treffen seit Mitte 1942 stattfinden
- Teilnehmer u.a.: Graf von Moltke, Peter Graf Yorck von Wartenburg, Eugen Gerstenmaier, Trott zu Stolz, Hans Lukaschek, die Jesuiten

Alfred Delp und Augustin Rösch, die Sozialdemokraten Adolf Reichwein, Theo Haubach, Julius Leber

Demokratische Nachkriegsordnung für Deutschland und Europa

- **Ziel:** Vorstellungen für eine demokratische Ordnung Deutschlands und Europas nach dem Krieg zu entwerfen. Ein humaner Rechtsstaat solle entstehen, orientiert an christlichen Werten.
- **Grundvorstellungen:**
  - Wiederherstellung des Rechtsstaats;
  - Recht auf Arbeit und Eigentum;
  - Glaubens- und Gewissensfreiheit;
  - Sozialisierung der Schlüsselindustrie; Mitbestimmung im Betrieb und in der Wirtschaft;
  - Überwindung der Klassenschranken;
  - Toleranz zwischen den Völkern Europas
- Wegen der Befürchtung, es könne eine neue Dolchstoßlegende aufkommen, werden Attentatspläne abgelehnt.
- Im Januar 1944 wird Graf von Moltke verhaftet, der Kreis löst sich auf. Viele Mitglieder schließen sich dem Kreis um Goerdeler an und werden nach dem 20. Juli aufgespürt und getötet.

Der Kreis um Goerdeler und Beck

- Carl Goerdeler ist bis 1937 Oberbürgermeister von Leipzig.
- In der „Berliner Mittwochsgesellschaft", einem regelmäßigen Treffpunkt liberaler und konservativer Persönlichkeiten aus verschiedenen Berufen, lernt er Menschen kennen, die seine Kritik an Hitler teilen.
- Daraus entsteht der bedeutendste Widerstandskreis in Deutschland mit Generaloberst Ludwig Beck, Diplomat Ulrich von Hassel, Gewerkschafter Jakob Kaiser, Sozialdemokrat Wilhelm Leuschner u.a.

Konservativ-monarchische Ziele

- Man setzt sich zwei **Ziele**:
  - Staatsstreich mit Sturz Hitlers durch das Militär;
  - Ausarbeitung einer neuen Staats- und Gesellschaftsordnung
- Die künftige Staatsordnung trägt eher autoritäre und patriarchalische Züge als demokratische, orientiert sich an nationalkonservativen Vorstellungen wie im Kaiserreich während der Bismarckzeit. Rechtsstaatlichkeit und christliche Grundvorstellungen sollen gelten. An der Spitze könnte ein Erb- oder Wahlkaiser stehen.
- Für den Zeitpunkt nach dem Putsch bestehen konkrete Pläne für eine provisorische Regierung: Beck als Staatsoberhaupt, Goerdeler Reichskanzler, von Witzleben Oberbefehlshaber des Heeres. Im Sommer 1944 liegen fertige Ministerlisten vor.
- Angesichts der fortgeschrittenen Zeit und der sich immer deutlicher abzeichnenden militärischen Niederlage wird es fragwürdig, ob die politischen Ziele verwirklicht werden können, oder ob die Siegermächte die Staatsgewalt übernehmen.

- Oberst Graf Schenk von Stauffenberg erklärt sich bereit, das Attentat auszuführen. Der Operationsplan „Walküre“ wird ausgearbeitet. Da man zum Gelingen des Staatsstreichs viele Militärs gewinnen muss, steigt gleichzeitig das Risiko.
- Die Ausführung des Attentats wird dreimal verschoben, weil Himmler und Göring gleichzeitig getötet werden sollten, sich aber dazu die Gelegenheit nicht bietet.

Der 20. Juli 1944

- Am 20. Juli 1944 führt Stauffenberg das Attentat im Führerhauptquartier „Wolfsschanze“ in Ostpreußen aus, obwohl Göring und Himmler nicht dabei sind. Die Sprengladung explodiert, Hitler wird aber nicht getötet, sondern nur verletzt.
- Stauffenberg fliegt nach Berlin zurück, in der Meinung, das Attentat sei geglückt und löst die „Operation Walküre“ aus. Die Nachricht vom Überleben Hitlers lässt den Staatsstreich nach einigen Wirren zusammenbrechen.
- Stauffenberg und einige Mitbeteiligte werden noch in der gleichen Nacht erschossen, die übrigen Beteiligten werden vor den Volksgerichtshof gestellt und fast alle zum Tod verurteilt. Hitler rechnet bei dieser Gelegenheit mit vielen weiteren tatsächlichen oder vermeintlichen Gegnern ab. Hunderte werden hingerichtet.

H Internationale Politik und Zweiter Weltkrieg

1933	Deutschland tritt aus dem Völkerbund aus.
1934	Nichtangriffspakt mit Polen
1935	Volksabstimmung im Saarland für Rückkehr zu Deutschland; Einführung der allgemeinen Wehrpflicht; Flottenabkommen mit Großbritannien
1936	Einmarsch deutscher Truppen ins entmilitarisierte Rheinland; Achse Berlin – Rom; Antikominternpakt mit Japan
1938	„Anschluss" Österreichs; Münchener Konferenz: Sudetenland an Deutschland
1939	Besetzung Tschechiens: „Protektorat Böhmen und Mähren"; Nichtangriffspakt mit der Sowjetunion
1.9.	Überfall auf Polen; Beginn des Zweiten Weltkriegs
1941	Überfall auf die Sowjetunion; Kriegserklärung der USA an Japan nach Angriff auf Pearl Harbor; Kriegserklärung Deutschlands an die USA
1943	Kapitulation der 6. Armee in Stalingrad: Kriegswende; Konferenz von Teheran
1944	Invasion der Alliierten in der Normandie
1945	Selbstmord Hitlers; Kapitulation Deutschlands (9.5.); Gründung der Vereinten Nationen (UNO); Kapitulation Japans

1 Hitlers Außenpolitik bis 1939

Grundprinzipien und Ziele

Gegensatz zur Weimarer Außenpolitik

- Stresemann wollte eine Revision der Ostgrenzen erreichen und Deutschland wieder in den alten Grenzen zu einer Großmacht in Europa machen. Beides sollte mit friedlichen Mitteln geschehen, im Rahmen des bestehenden Völkerrechts.
- Hitlers Außenpolitik schließt zunächst eine Revisionspolitik ein, hat aber prinzipiell eine völlig andere Ausrichtung.

- Er will von Anfang an eine Expansion nach Osten, die über die deutschen Grenzen von 1914 hinausgeht. Am Ende soll ein „Großgermanisches Weltreich" stehen.
- Die Rechtfertigung erfolgt mithilfe der Rassenlehre: Die deutsche „Herrenrasse" dürfe sich auf Kosten anderer Rassen, z.B. der Slawen, ausbreiten und sich zusätzlichen Lebensraum erobern.
- Das Ziel soll nicht durch diplomatische Verhandlungen, sondern durch Krieg erreicht werden.

Frühe Hinweise auf Hitlers Expansionsdrang

- In „Mein Kampf" bezeichnet Hitler die Sowjetunion als seinen ideologischen und machtpolitischen Feind. Durch einen Krieg solle der Bolschewismus beseitigt und gleichzeitig die „Judenfrage" gelöst werden. Nach dem Sieg über die Sowjetunion habe Deutschland die Vorherrschaft über den europäischen Kontinent und könne sogar den USA „die Stirne bieten". Mit Großbritannien wolle er ein Bündnis anstreben und später die Einflusssphären teilen.
- In einer Ansprache vor Generälen der Reichswehr am 3.2.1933 nennt Hitler als Ziele: Kampf gegen Versailles, Aufbau der Wehrmacht zur „Wiedergewinnung der politischen Macht", allgemeine Wehrpflicht, „Eroberung neuen Lebensraums im Osten und dessen rücksichtslose Germanisierung".

Nach außen hin betont er aber aus taktischen Gründen immer wieder seinen Friedenswillen: „ … respektieren wir die nationalen Rechte auch der anderen Völker … und möchten aus tiefinnerstem Herzen mit ihnen in Frieden und Freundschaft leben." (Reichstagsrede am 17.5.1933). Die Friedensbeteuerungen erscheinen notwendig, um die kritische Phase der Aufrüstung zu überstehen.

- Mit Großbritannien will Hitler ein Abkommen schließen, damit der Krieg gegen die Sowjetunion möglich wird.
- Die britische Politik zielt dagegen darauf, Hitler weitgehend entgegenzukommen und Deutschland in vertragliche Vereinbarungen einzubinden, um den Frieden zu erhalten.
- Aug. 1936: In einer Denkschrift führt Hitler aus: „Die deutsche Armee muss in vier Jahren einsatzfähig, die deutsche Wirtschaft in vier Jahren kriegsfähig sein."

Hoßbach-Protokoll – gewaltsame Lösung der deutschen Frage

- Am 5.11.1937 führt Hitler vor den Oberbefehlshabern und dem Außenminister konkrete Pläne aus, über die das so genannte Hoßbach-Protokoll Aufschluss gibt. „Zur Lösung der deutschen Frage könne es nur den Weg der Gewalt geben" Als Zeitraum ist 1943/45 vorgesehen.

Revisionspolitik

- Oktober 1933: Um ungestört aufrüsten zu können, verlässt Hitler die Abrüstungskonferenz und tritt aus dem **Völkerbund** aus.

Austritt aus dem Völkerbund

- Jan. 1934: Taktischer Schachzug zur allgemeinen Überraschung: **Nichtangriffspakt mit Polen** für 10 Jahre. → Frankreich verliert den Partner für eine deutsche Umklammerung; → Deutschland demonstriert seine angebliche Friedfertigkeit, weil es die polnische Grenze akzeptiert; → Deutschland hat den Rücken frei für einen Angriff auf Frankreich. Das internationale Misstrauen sinkt.

Nichtangriffspakt mit Polen

- Jan. 1935: Die im **Saarland** vorgesehene Volksabstimmung bringt ein klares Votum von 91% für die Zugehörigkeit zu Deutschland statt des Verbleibs unter der Verwaltung des Völkerbunds. → Prestigegewinn für Hitler
- März 1935: Entgegen den Bestimmungen von Versailles wird die **allgemeine Wehrpflicht** eingeführt. → Dagegen protestieren England, Italien, Frankreich und der Völkerbund in Stresa, unternehmen aber nichts.

Einführung der allgemeinen Wehrpflicht

- Juni 1935: Hitler erzwingt ein **Flottenabkommen mit England**; die deutsche Flotte darf 35% der britischen betragen, U-Boote 1:1. England will damit die deutsche Rüstung beschränken und kalkulierbarer machen und vertraglich einbinden; es nimmt dafür einen Bruch des Versailler Vertrages hin und sanktioniert die anderen Vertragsbrüche Hitlers. Hitler triumphiert und sieht darin eine Vorstufe zu einem Bündnis mit England.

Flottenabkommen mit England

- Während Italien Abessinien (heutiges Äthiopien) überfällt, um verspätet noch ein Kolonialreich aufzubauen, unterstützt Hitler mit heimlichen Waffenlieferungen zuerst Abessinien. Zweck: dortigen Krieg verlängern. Dann Unterstützung Mussolinis mit Rohstoffen, um ihn in Abhängigkeit von Deutschland zu bringen; außerdem will er Frankreich und England von deutschen Aktionen ablenken, z.B. dem
- Einmarsch in die entmilitarisierte Zone im **Rheinland** (März 1936). Wieder ein Bruch des Versailler Vertrages, der Hitler Popularität bringt aber ohne Reaktion Englands und Frankreichs bleibt. Die deutschen Militärs haben abgeraten, weil die Truppen für eine Auseinandersetzung mit Frankreich noch nicht stark genug waren.

Einmarsch in das entmilitarisierte Rheinland

Weltpolitische Lage in den 30er Jahren

- Die USA hatten den Versailler Vertrag nicht ratifiziert, sie wollen nicht wieder in einen Krieg verwickelt werden, sondern strikte Neutralität wahren. Ihre eigene Wirtschaftskrise mit hoher Arbeitslosenzahl soll durch verstärkten Außenhandel überwunden werden. Sorgen macht die Expansion Japans: der Überfall auf die Mandschurei und der Krieg Japans gegen China ab 1937.

USA – Neutralität angestrebt

SU – wirtschaftliche Probleme und Terror Stalins

- Die **Sowjetunion** ist politisch zunächst isoliert; die innenpolitische Situation ist angespannt: brutale Säuberungsaktionen Stalins gegen seine internen Gegner; wirtschaftliche Probleme durch die Zwangskollektivierung der Landwirtschaft. 1934 tritt die SU dem Völkerbund bei und schließt 1934 einen Beistandspakt mit Frankreich und der Tschechoslowakei.

Spanien – Bürgerkrieg

- In den spanischen Bürgerkrieg (1936–1939) sind viele Mächte verwickelt. Hitler unterstützt General Franco, weil er befürchtet, dass sich Francos Gegner nach einem Sieg mit der Sowjetunion verbünden.

GB – Appeasement-Politik

- **Großbritannien** sieht durch Italiens Krieg in Abessinien seine Position im Mittelmeer gefährdet, durch die japanische Expansion seine Interessen in Asien. Eine zusätzliche Auseinandersetzung in Mitteleuropa erscheint zu gefährlich, da es sein Landheer nach dem Ende des Ersten Weltkrieges drastisch reduziert hatte. Es verfolgt deswegen unter Premierminister Neville Chamberlain eine Appeasement-Politik: Sicherung des Friedens durch Abkommen.
- **Frankreich** ist wirtschaftlich schwach, politisch uneins und stellt keinen bedeutenden Machtfaktor dar.

Expansionspolitik

- 1936 beginnt eine Propagandawelle gegen die Sowjetunion, um Großbritannien für ein Bündnis zu gewinnen. Als die Briten darauf nicht eingehen, entstehen als Ersatzlösung die
- **Achse Berlin-Rom** und der

Bündnisse mit Italien und Japan

- **Antikomintern-Pakt mit Japan**, der in einer Geheimklausel die beiderseitige Neutralität vorsieht, wenn eine der Mächte in einen Krieg mit der Sowjetunion verwickelt wird.
- Hitlers antikommunistische Politik bringt ihm gewisse Sympathien in Italien, Japan und England ein.
- In der **„Quarantäne-Rede“** warnt der amerikanische Präsident Roosevelt im Oktober 1937 die Rechtsbrecher, droht mit dem Ausschluss aus der Völkerfamilie und deutet die Rückkehr der USA zu weltpolitischem Engagement an.
- Nov. 1937: Der britische Außenminister Lord Halifax signalisiert Hitler auf dem Obersalzberg – im Sinne der Appeasement-Politik – ein Entgegenkommen in der Frage des österreichischen Anschlusses, in der Sudetenfrage und bei der Lösung des Danzigproblems. Er will dafür Hitler in eine europäische Friedensordnung einbeziehen. Hitlers Gegenforderung, ein Bündnis mit England und uneingeschränkter Handlungsspielraum in Osteuropa, ist für Großbritannien nicht annehmbar.

Der „Anschluss“ Österreichs

Druck auf die österreichische Regierung

- Schon 1936 hat die deutsche Regierung in einem Abkommen mit Österreich gegen Zusicherung der Souveränität Forderungen durchgesetzt: militärische und außenpolitische Zusammenarbeit, Aufhebung der Zollschranken, Beteiligung von Nationalsozialisten an der Regierung. Der Druck auf Österreich nimmt zu.
- Durch massive Drohungen zwingt Hitler den österreichischen Bundeskanzler Schuschnigg am 12.2.1938 auf dem Obersalzberg, das **Berchtesgadener Abkommen** zu unterzeichnen. Danach bekommen die österreichischen Nationalsozialisten das Innenministerium in Wien und freie politische Betätigung.
- Verzweifelt versucht Schuschnigg, die Unabhängigkeit seines Landes durch eine Volksabstimmung „Für ein freies und deutsches, unabhängiges … Österreich“ zu erhalten.

Deutsche Truppen marschieren in Österreich ein

- Hitler erzwingt mit der Drohung eines Einmarsches den Verzicht auf die Volksabstimmung und verlangt den Rücktritt Schuschniggs zugunsten des Nationalsozialisten Seyß-Inquart. Mussolini verspricht, einen deutschen Einmarsch hinzunehmen. Als der österreichische Bundespräsident sich weigert, Seyß-Inquart zum Kanzler zu ernennen, marschieren die deutschen Truppen am 12.3.1938 in Österreich ein. Die Bevölkerung jubelt begeistert. Hitler erklärt den völkerrechtlichen „Anschluss“ an das Deutsche Reich. 99,7% der österreichischen Bevölkerung stimmen nachträglich zu.

Wiederholter Bruch des Versailler Vertrages

- Keine europäische Macht hat auf den Hilferuf Schuschniggs reagiert, den erneuten Bruch des Versailler Vertrages nimmt England hin, wenn es auch gegen die Vorgehensweise protestiert.

Die Sudetenkrise

- Die **Tschechoslowakei** entstand 1919 als Vielvölkerstaat. Den an seinen Grenzen zu Deutschland lebenden Sudetendeutschen war das Selbstbestimmungsrecht und der Beitritt zum Deutschen Reich verweigert worden.
- Weil den Sudetendeutschen trotz Beteiligung deutscher Sozialdemokraten an der Regierung die volle Gleichberechtigung verweigert wird, bekommt die Sudetendeutsche Partei Konrad Henleins immer mehr Zulauf. Sie fordert Autonomie innerhalb des tschechischen Staates.
- Sie wird von Deutschland finanziell unterstützt und Hitler will sie dazu benutzen, den tschechoslowakischen Staat aufzulösen. Er ermuntert sie, unannehmbare Forderungen zu stellen.
- Hitler erklärt, das Sudetenland sei seine letzte Forderung und droht mit dem Einmarsch.
- Chamberlain gesteht in persönlichen Verhandlungen im Sept. 1938 das Selbstbestimmungsrecht der Sudetendeutschen zu, um die

Eroberung des ganzen tschechischen Staates zu verhindern. Für die restliche Tschechoslowakei solle es eine internationale Garantie geben.

- Als Hitler die Erlaubnis für den Einmarsch der deutschen Truppen in das Sudetenland verlangt, beginnen auch die Westmächte mit Kriegsvorbereitungen, was Deutschland schon Ende Mai getan hatte.

Hitler bekommt das Sudetenland

- Die Briten bitten Mussolini um Vermittlung. Auf der **Münchener Konferenz** am 29.9.1938 (Teilnehmer: Deutschland, Frankreich, Großbritannien, Italien, aber nicht die Tschechoslowakei) wird beschlossen, dass das Sudetenland an das Deutsche Reich übergeben werden muss. Die Tschechoslowakei erhält von den Großmächten ihren Restbestand garantiert. Der Friede ist erhalten geblieben.

Das Ende der Tschechoslowakei

- Während Hitler nach außen betont, dies sei seine letzte territoriale Forderung, beauftragt er das Militär mit den Vorbereitungen für die Eroberung der „Rest-Tschechoslowakei".
- Folgerungen aus der Münchener Konferenz:
  - Hitlers Kriegswille ist offensichtlich geworden.
  - Chamberlain hat die Sowjetunion bewusst nicht einbezogen, weil er ihr Ausgreifen nach Europa vermeiden will. → Stalin befürchtet „Auskreisung" aus Europa und sucht Annäherung an Hitler-Deutschland.
  - Chamberlain hält immer noch an der Appeasement-Politik fest.
  - Hitler ist auf dem Höhepunkt seiner Macht. Er hat wegen des britischen Nachgebens alle Revisionsziele ohne Krieg erreicht, das verschafft ihm Popularität.

Hitler auf dem Höhepunkt seines Ansehens

- In der Slowakei fördert er eine Unabhängigkeitsbewegung, die am 14.3.1939 die Loslösung aus dem tschechischen Verband erklärt. Die Slowakei wird wenig später zu einem deutschen Satellitenstaat.

Vollständige Besetzung Tschechiens

- 15.3.1939: Deutsche Truppen marschieren in Prag ein. Mit der Drohung, Prag zu zerstören, hat Hitler den tschechischen Präsidenten Hacha genötigt, auf militärischen Widerstand zu verzichten. Tschechien wird in das „**Protektorat Böhmen und Mähren**" umgewandelt und von Deutschen verwaltet.
- Die Westmächte nehmen den Bruch des Münchener Abkommens wieder hin.
- Wende der britischen Außenpolitik: Abschied von der Appeasement-Politik; jetzt Eindämmungspolitik gegenüber Deutschland →
- 31.3.1939: Großbritannien gibt eine Garantieerklärung für Polen ab.

2 Kriegsbeginn und Ausweitung zum Weltkrieg

Deutsche Kriegsvorbereitungen

- März: Wirtschaftsvertrag mit Rumänien im Hinblick auf den Krieg;
- April: Werben um Polen; Polen lehnt Bündnis mit Deutschland gegen Frankreich ab.
- Entschluss Hitlers, statt Frankreich zuerst Polen anzugreifen;
- Kündigung des Nichtangriffspakts mit Polen und des Flottenabkommens mit England;
- Mai 1939: Militärbündnis mit Italien („Stahlpakt");
- Mai 1939: Wirtschaftsvertrag mit Rumänien (Erdöl, Getreide);
- 23. Aug. 1939: **Nichtangriffspakt mit der Sowjetunion** („Hitler-Stalin-Pakt"):
  - Überraschung für die Weltöffentlichkeit, weil der ideologische Gegensatz überschätzt worden war;
  - vermied für Hitler die Gefahr, gegen Westmächte und SU gleichzeitig kämpfen zu müssen;
  - Hoffnung, die Westmächte könnten doch auf Eingreifen verzichten;
  - Hoffnung auf Rohstoffe aus der Sowjetunion;
  - geheimes Zusatzprotokoll mit Aufteilungsplan Polens zwischen der Sowjetunion und Deutschland.

Nichtangriffspakt mit der Sowjetunion

- 25. August: Angebot an England, nach dem Sieg über Polen die Interessensphären in der Welt aufzuteilen.
- Seit März: Forderung an Polen: „Freie Stadt Danzig", dem Völkerbund unterstellt, soll ans Deutsche Reich zurück; durch den polnischen Korridor solle eine Landverbindung zwischen Ostpreußen und dem übrigen Deutschen Reich geschaffen werden. Nur vorgeschobene Forderungen, nicht das eigentliche Kriegsziel.

Überfall auf Polen

- Ultimatum an Polen zur Erfüllung der deutschen Forderungen wird abgelehnt.
- 1.9.1939: deutscher Angriff auf Polen, Beginn des Zweiten Weltkriegs, der zunächst ein europäischer Krieg ist; deutsche Bevölkerung sorgenvoll betroffen.
- 3.9.1939: England und Frankreich erklären Deutschland den Krieg, unterstützen Polen aber nicht.
- Rasche Panzervorstöße, begleitet von Luftangriffen bringen der modern ausgerüsteten deutschen Armee nach fünf Wochen den Sieg.

Aufteilung Polens zwischen der SU und dem DR

- Am 17. Sept. 1939 marschiert die sowjetische Armee in Ostpolen ein, gemäß dem „Hitler-Stalin-Pakt". Ermordung Tausender polnischer Offiziere bei Katyn. Westpolen fällt an das Deutsche Reich, Ostpolen an die SU, der Raum um Warschau wird „Generalgouvernement" unter deutscher Verwaltung.
- Sowjetunion besetzt die Baltischen Staaten und greift Finnland an.

Krieg gegen Frankreich

- Trotz Kriegserklärung gibt es im Westen zunächst keine Kampfhandlungen: „Sitzkrieg".
- Als England im April 1940 Norwegen besetzen will, um den Nachschub von schwedischen Erzen über Norwegen zu unterbinden, kommt Hitler am 10. Mai 1940 durch die Besetzung Dänemarks und Norwegens zuvor.
- Am gleichen Tag Angriff auf Frankreich über Niederlande und Belgien, wobei deren Neutralität verletzt wird.

Anfängliche Erfolge Hitlers

- Rasche Panzervorstöße, Einschluss der britischen Verbände; zögerndes deutsches Vorgehen ermöglicht der britischen und einem Teil der französischen Armee die Flucht bei Dünkirchen über den Kanal.
- Einnahme von Paris; 22.6.1940 Waffenstillstand mit Frankreich: Norden besetzt, im Süden unter Marschall Pétain in Vichy ein Regime, das mit Deutschland kollaboriert.
- Hitler glaubt immer noch, die Briten jetzt für seine Pläne einer Teilung der Welt gewinnen zu können. Der neue britische Premierminister Churchill verfolgt aber einen harten Kurs gegen Hitler und gewinnt dafür auch den amerikanischen Präsidenten Roosevelt. Darauf beginnt Hitler im August 1940 den Luftangriff auf England, der eine Invasion vorbereiten soll, was aber misslingt.

Der Kriegsplan gegen die Sowjetunion

- Zwischenzeitlich ist Italien in den Krieg eingetreten und eröffnet eine Front gegen England in Nordafrika. Deutsche Truppen greifen unterstützend ein.
- Als Amerika bereit ist, „die Führung der demokratischen Kräfte gegen Deutschland zu übernehmen", verändert sich die Gesamtlage.
- Hitler fasst im Juli 1940 den Entschluss, die Sowjetunion anzugreifen. Gründe:

Motive für den Überfall auf die SU

  - Lebensraum im Osten zu gewinnen ist immer noch das zentrale Motiv.
  - Die Sowjetunion muss rasch angegriffen werden, solange die japanische Expansion in Ostasien die USA noch bindet.

- Mit dem Sieg über die Sowjetunion soll Großbritannien der letzte mögliche Bündnispartner genommen werden.
- Die Sowjetunion zeigt Interesse für die Meerengen und den Balkan. Das könnte den deutschen Erdölnachschub aus Rumänien gefährden.

Nach den vorangegangenen „Blitzkriegen" gegen Polen und Frankreich scheint Hitler auch der Krieg gegen die SU ein „Sandkastenspiel" zu sein, das nur wenigen Wochen dauern werde. Anschließend könne er England zum Frieden zwingen.

- Im Dezember 1940 befiehlt Hitler den Angriff auf die Sowjetunion vorzubereiten („Fall Barbarossa").
- Mussolinis Angriff in Albanien und Griechenland ist gescheitert, in Jugoslawien die verbündete Regierung gestürzt, daher entschließt sich Hitler vor dem Krieg gegen die Sowjetunion zu einem Balkanfeldzug, um die Flanke zu sichern. Erst nach dem Sieg auf dem Balkan erfolgt am 22. Juni 1941 der Angriff auf die Sowjetunion, für Stalin überraschend trotz britischer und amerikanischer Warnung.

Überfall auf die Sowjetunion

- Beginn mit raschen Vorstößen, großen Gefangenenzahlen, dann aber kommt die Front schon Ende Juli zum Stillstand. Die große Frontlänge kann nicht genügend gesichert werden.
- Stalin gelingt es, für den „Großen Vaterländischen Krieg" alle Kräfte zu mobilisieren, auch oppositionelle und die orthodoxe Kirche.
- Große deutsche Verluste an Menschen und Material, Schlammperiode im Herbst und der Wintereinbruch verschlimmern die Lage. Die Sowjetunion kann frische Truppen aus Sibirien heranführen und im Dezember mit der Gegenoffensive beginnen. Schon im November 1941 spricht Hitler von der „Erkenntnis, dass die beiden Feindgruppen sich nicht vernichten können".

Hohe Verluste und sinnlose „Durchhaltepolitik"

- Trotzdem zieht er aus diesem Gedanken nie die Folgerungen, im Gegenteil, je schwieriger die militärische Lage wird, desto fanatischer wird die „Durchhaltepolitik". Der „Alles-oder-Nichts-Standpunkt" wird bestimmend. Generäle werden abgesetzt, im Dezember 1941 übernimmt Hitler selbst den Oberbefehl über das Heer.

Ausweitung zum Weltkrieg

- Japan, das im Krieg gegen die SU neutral geblieben ist, überfällt am 7.12.1941 die amerikanische Flotte in **Pearl Harbor** auf Hawai, worauf die USA den Krieg gegen Japan erklären. Die Japanische Expansion bis nach Indochina, Burma, Java und Neu-Guinea beginnt.

Eintritt der USA in den Krieg

- Hitler erklärt am 11. Dez. 1941 den USA den Krieg. Dieser Bruch mit den bisherigen Plänen stellt eine Flucht nach vorn dar. Die USA hatten schon seit 1939 im Rahmen der *Cash-and-carry*-Regelung die Briten mit Kriegsmaterial unterstützt. Seit März 1941 gilt das Leih- und Pachtgesetz, das Lieferungen auch ohne Bezahlung ermöglicht; im Nov. 1941 auch auf die SU ausgedehnt.

Die Kriegswende

- Im Sommer 1942 verzeichnen die deutschen Truppen in Russland und in Nordafrika noch einmal Erfolge. Sie stoßen bis zum Kaukasus und an der Wolga bis nach Stalingrad vor, in Nordafrika bis Alexandria.
- Am 8. Nov. 1942 landen amerikanische und britische Truppen in Marokko und Algerien.
- Am 31. Jan. 1943 kapituliert die 6. Deutsche Armee in Stalingrad. Einen Ausbruchversuch aus dem Kessel hatte Hitler ausdrücklich verboten. Vielfach als Wende des Krieges angesehen.
- Mai 1943: Das deutsche Afrika-Korps kapituliert.
- 10. Juli 1943: Die Alliierten landen in Sizilien.

Bombenangriffe auf deutsche Städte

- Ab 1942 können Briten und Amerikaner ihre Luftüberlegenheit zu Bomberangriffen auf deutsche Industrieanlagen und Städte nutzen. Ziel: Widerstand der Bevölkerung brechen. Sie bewirkten aber oft Verbitterung und Stärkung des Durchhaltewillens. Teile der städtischen Bevölkerung werden evakuiert. Fast vollständige Zerstörung deutscher Innenstädte (Dresden, Köln, Hamburg, Hannover, Kiel, Stuttgart u.a.).
- Die alliierte Überlegenheit an Soldaten, Kriegsmaterial, Treibstoff und moderner Technik wird immer erdrückender. Durch das Radar können deutsche U-Boote geortet werden. Auf deutscher Seite kommen V1 und V2-Raketen, die „Wunderwaffen", und Düsenjäger nur noch begrenzt zum Einsatz.
- Am 6. Juni 1944 landen die Alliierten in der Normandie und eröffnen eine neue Front.
- An allen Fronten sind die deutschen Truppen ab 1944 im Rückzug. Hitler ordnet in dem so genannten Nero-Befehl an, alle Verkehrs-, Nachrichten-, Industrie- und Versorgungsanlagen zu zerstören, damit sie nicht dem Gegner nutzen können. Der Befehl wird aber kaum durchgeführt.

Völlige Niederlage Deutschlands und Japans

- Am 30. April 1945 begeht Hitler Selbstmord; Admiral Dönitz als Nachfolger nimmt Waffenstillstandsverhandlungen auf.
- 8./9. Mai Bedingungslose Gesamtkapitulation der deutschen Streitkräfte
- Nach dem Abwurf von Atombomben auf Hiroshima und Nagasaki (6. und 9. August 1945) kapituliert Japan am 2.9.1945.

50 130

3 Deutsche Besatzungspolitik

Die Besatzungspolitik ist nach Ländern und im zeitlichen Verlauf recht unterschiedlich. Besonders zwischen West- und Nordeuropa auf der einen Seite und Osteuropa auf der anderen gibt es wesentliche Unterschiede. 1943 stehen insgesamt 154 Mio. Menschen unter der deutschen Besatzungsherrschaft.

Aufrechterhaltung der Besatzungsherrschaft

Kollaboration, Terror und Partisanenkrieg

- Teilweise werden einheimische Zivilregierungen eingesetzt oder sie bleiben im Amt, etwa in Dänemark und Norwegen (Quisling), den Niederlanden und Südfrankreich (Pétain). Sie werden von deutschen Reichskommissaren oder Militärs kontrolliert. In anderen Gebieten übernehmen Militärregierungen die Regierungsgeschäfte, z.B. in Nordfrankreich. Ab 1943 ist das überall der Fall.
- In einigen eroberten Gebieten ist die Bereitschaft zur Zusammenarbeit zunächst groß, in den baltischen Staaten und der Ukraine sind die deutschen Truppen sogar als Befreier willkommen.
- Die Härte der Besatzungsherrschaft, die wirtschaftliche Ausbeutung und manchmal die Ausrottung unerwünschter Bevölkerungsgruppen führen zunehmend zu Widerstand.
- Er geschieht durch Sabotageakte, Attentate oder durch Partisanenkrieg (Guerillakrieg) hinter der Front. Illegale Partisanen dürfen nach der Haager Landkriegsordnung vor ein Militärgericht gestellt

werden. Zur Vergeltung von Partisanenangriffen oder Sabotageakten wurden oft Geiseln genommen und völkerrechtswidrig erschossen.

Wirtschaftliche Interessen

Ausbeutung der besetzten Gebiete

- Deutschland war auf „Blitzkriege", schnelle Schläge unter Konzentration aller Truppen, vorbereitet, nicht aber auf eine lange Kriegsdauer.
- Dafür fehlten Rohstoffe, Nahrungsmittel und ausreichende Kapazität der Rüstungsindustrie.
- Aus den besetzten oder verbündeten Ländern werden **Rohstoffe** entnommen, z.B. Erdöl aus Rumänien. Als 1944 die rumänischen Erdölfelder in die Hände der Roten Armee fallen, ist der Krieg unter wirtschaftlichem Aspekt für Deutschland verloren.
- Die **Nahrungsmittel** sind ebenso wichtig, besonders Getreide aus der Ukraine. Es schafft Verbitterung, dass besetzten Ländern Nahrungsmittel weggenommen werden, obwohl die Bevölkerung dort selbst hungert.

Deportation von Zwangsarbeitern nach Deutschland

- Der heimischen Landwirtschaft und Industrie fehlen die Arbeitskräfte, die an der Front eingesetzt sind. Sie werden durch Kriegsgefangene und **Zwangsarbeiter** ersetzt. Die Zahl der nach Deutschland deportierten Zwangsarbeiter wird auf 6 bis 7,5 Mio. geschätzt.
- Die Ausbeutung der eroberten Länder erfolgt nicht nur für die augenblickliche Kriegswirtschaft, sie ist auch für die Zukunft geplant, um in dem geplanten Großwirtschaftsraum die Autarkie (wirtschaftliche Selbstständigkeit) zu erreichen.

Rassisch-ideologische Interessen

Völkermord und Vertreibung in Polen, Russland und der Ukraine

- Hauptsächlich in Polen, Russland und der Ukraine sollte im Sinne des Lebensraum- und Rassekriegs eine Umgestaltung der Bevölkerung vorgenommen werden.
- Schon im März 1941 fordert Hitler die „Vernichtung der bolschewistischen Kommissare und der kommunistischen Intelligenz."
- Das Vorgehen missachtet Kriegsrecht und Moral.
- Im **Kommissarbefehl** vom 6. Juni 1941 wird verlangt, die politischen Kommissare der Roten Armee „grundsätzlich sofort mit der Waffe zu erledigen".

Massenermordung der Juden

- Am 31. Juli 1941 beauftragt Göring, im Namen Hitlers, Heydrich damit, die „Vorbereitungen für eine Gesamtlösung der Judenfrage im deutschen Einflussbereich in Europa zu treffen". Juden werden in Polen zuerst in Gettos zusammengefasst und später in Konzentrationslager deportiert. In Treblinka werden über 900 000 Juden, in

Auschwitz über 2 Mio. ermordet, darunter auch Juden, Sinti und Roma aus anderen Teilen Europas.

- Am 12. Juni 1942 billigt Himmler, zuständig für die „politische Sicherung der neu besetzten Ostgebiete", den **„Generalplan Ost"**. Danach sollten innerhalb von 30 Jahren Polen, das Baltikum, „Weißruthenien" (Weißrussland) und Teile der Ukraine durch Deutsche besiedelt werden. Von der dort ansässigen Bevölkerung sollten 31 Mio. Menschen nach Westsibirien vertrieben werden, nur 14 Mio. „Gutrassige" sollten in ihrer Heimat bleiben dürfen.
- Westlich des Ural darf es außer den deutschen Truppen kein Militär geben.
- Träger aller gegen die Bevölkerung gerichteten Maßnahmen im Osten sind vor allem die SS, aber auch der SD und die Sicherheitspolizei Sipo. Es werden eigene „Einsatzgruppen" gebildet.
- In Polen folgen der siegreichen Reichswehr bald die SS-Einsatzgruppen Himmlers nach, die unter der entrechteten Bevölkerung mit Ausbeutung, Vertreibung, Tötung der Führungsschicht und Gettoisierung und Vernichtung der Juden beginnen. Der Protest von Teilen der Militärs bleibt wirkungslos.
- Mit dem Kommissarbefehl in Russland lässt sich die Trennung im Verantwortungsbereich von Wehrmacht und SS, wie sie im Polenfeldzug noch üblich ist, nicht mehr klar aufrecht erhalten.
- Im Aug. 1944 kommt es in Warschau zu einem Aufstand, getragen von der polnischen Untergrundarmee. Da die Rote Armee aber nicht zur Hilfe kommt, wird der Aufstand im Oktober von den deutschen Truppen niedergeschlagen.

4 Kriegsziele und Konferenzen der Alliierten

Atlantik-Charta Aug. 1941

- Teilnehmer: Churchill und Roosevelt;
- Verzicht auf Annexionen;
- Selbstbestimmungsrecht der Völker;
- wirtschaftliche Zusammenarbeit der Völker auf der Basis eines freien Welthandels;
- Freiheit der Meere;
- Entwaffnung von Aggressoren und Schaffung eines allgemeinen Sicherheitssystems

Casablanca Jan. 1943

Bedingungslose Kapitulation Deutschlands gefordert

- Teilnehmer: Churchill und Roosevelt;
- Forderung nach **bedingungsloser Kapitulation** Deutschlands ohne Verhandlungen; dem schließt sich Stalin später an.

Auf der **Moskauer Außenministerkonferenz** einigt man sich auf eine unabhängige Republik Österreich in den Grenzen von 1937.

Teheran 28.11.–1.12.1943

- Churchill, Roosevelt, Stalin;
- Plan zur Errichtung einer Westfront (Invasion);
- **Westverschiebung Polens** bis zur Oder; Grenze zur SU an der Curzon-Linie; Königsberg an SU
- Churchill stimmt der Westverschiebung Polens zu, weil er Stalins Hilfe im Krieg braucht.

Plan zur Teilung Deutschlands

- **Teilung Deutschlands**: Roosevelt schlägt Fünfteilung vor, Churchill eine Vereinigung Süddeutschlands mit Österreich als Gegengewicht zu Preußen. Keine Einigung.
- Finnland soll selbstständiger Staat bleiben.

Morgenthau-Plan

US-Finanzminister Morgenthau arbeitet 1944 einen Plan aus, der Deutschland in einen Agrarstaat umwandeln soll. Plan wird im gleichen Jahr von Roosevelt wieder verworfen.

Oder-Neiße-Grenze

Juli 1944: Moskau erkennt das „Lublin-Komitee“ als einzig legitime Vertretung Polens an und schließt mit ihm einen Vertrag über die Oder-(Lausitzer)Neiße-Grenze als Westgrenze Polens. Die pro-westliche polnische Exilregierung in London erkennt Moskau nicht an.

Okt. 1944: In Moskau stimmt Churchill der Ausweitung des sowjetischen Einflussbereichs auf Südosteuropa zu.

Nov. 1944: **Londoner Abkommen**: Aufteilung der drei Besatzungszonen in Deutschland; drei Besatzungszonen in Berlin. Gemeinsamer Kontrollrat für die einheitliche Verwaltung.

Jalta 4.–11.2.1945

Entscheidungen über eine Nachkriegsordnung

- Neuordnung Europas nach dem Sieg über Nazi-Deutschland;
- Gründung der Vereinten Nationen beschlossen;
- Entmilitarisierung, Entnazifizierung Deutschlands und seine Teilung;
- Frankreich soll vierte Besatzungsmacht werden;
- Deutschland muss Reparationen leisten;
- Endgültige Festlegung der polnischen Ostgrenze.

5 Bilanz des Krieges

Der Zweite Weltkrieg stellt die größte Katastrophe dar, die sich bisher ereignet hat.

- Anzahl der Toten in Mio. (nach Brockhaus Enzyklopädie): insgesamt 62, davon Sowjetunion 27; Deutschland 5,25; Polen 4,5-6; Jugoslawien 1,7; Japan 1,8; USA 0,3; Großbritannien 0,38; Frankreich 0,81; Italien 0,3; Rumänien 0,37; Ungarn 0,42;
- Luftkriegsopfer in Deutschland 500 000, meist Frauen und Kinder;

Zerstörtes Wohngebiet in Hamburg, Luftaufnahme um 1945

- Zerstörung von einem Drittel des Wohnraums in den deutschen Städten, von Industriebetrieben, Verkehrseinrichtungen;
- 12 Mio. deutsche Flüchtlinge und Heimatvertriebene;
- 11 Mio. deutsche Gefangene;
- Deutschland ist völlig besiegt.
- Ende des deutschen Staates; politisches Vakuum in Mitteleuropa;
- Europa wird politisches „Objekt" (Hillgruber) der Großmächte USA und Sowjetunion.

I Besatzungszeit und deutsche Teilung im Rahmen des Ost-West-Konflikts

1945	Gründung der Vereinten Nationen;
Juli/Aug.	Potsdamer Konferenz; Gründung von politischen Parteien in allen Besatzungszonen
Nov. 1945 / Okt. 1946	Nürnberger Prozess
Apr. 1946	Zusammenschluss von SPD und KPD in der SBZ zur SED
1946/47	Landesverfassungen mit Volksbestätigung und Landtagswahlen in den Westzonen
1.1.1947	Bildung der Bi-Zone aus amerikanischer und britischer Besatzungszone;
1947	Truman-Doktrin; Gründung des Kominform; Beginn des Kalten Krieges; Marshall-Plan zur wirtschaftlichen Belebung Europas
März 1948	Ende des Alliierten Kontrollrats;
Juni 1948	Währungsreform und Wirtschaftsreform
1948	Sechs-Mächte-Konferenz in London; Frankfurter Dokumente
Juni 1948 / Mai 1949	Blockade Berlins durch die Sowjetunion – Luftbrücke
Sept. 1948 / Mai 1949	Parlamentarischer Rat in Bonn berät das Grundgesetz

1 Potsdamer Abkommen, Besatzungszonen, Flucht und Vertreibung

Siegermächte übernehmen die Herrschaft

- Die Alliierten sehen sich nicht als Befreier, sondern als Besatzungsmächte an: Die Anweisung JCS 1067 der amerikanischen Militärregierung vom 26.4.1945 sagt: „Deutschland wird nicht besetzt zum Zweck seiner Befreiung, sondern als ein besiegter Feindstaat. ... Die Verbrüderung mit deutschen Beamten und der Bevölkerung werden Sie streng unterbinden."

- Nach der bedingungslosen Kapitulation der deutsche Truppen am 9.5. wird die Regierung Dönitz am 23.5. verhaftet.
- In der **Berliner Deklaration** vom 5. Juni 1945 übernehmen die Alliierten die gesamte Regierungsgewalt, ohne Deutschland zu annektieren. Dieser völkerrechtliche Zustand besteht bis 1949.
- Deutschland soll als politische und wirtschaftliche Einheit erhalten bleiben.
- Alle Deutschland als Ganzes betreffenden Fragen entscheidet der **Alliierte Kontrollrat** in Berlin, bestehend aus den vier Oberbefehlshabern. Da Einstimmigkeit erforderlich ist, kann das Gremium leicht lahm gelegt werden.
- Alle anderen Fragen entscheidet jeder Oberbefehlshaber in seiner Besatzungszone eigenständig auf Anweisung seiner Regierung. Konflikte sind damit vorprogrammiert.
- **Berlin** verwalten die Kommandanten gemeinsam, alle 15 Tage wechselt der Hauptkommandant nach dem Rotationsprinzip.

Regierungsgewalt beim Kontrollrat und den Oberbefehlshabern der Besatzungszonen

Potsdamer Konferenz

- **Teilnehmer:** USA: Truman (Roosevelt im April gestorben); Sowjetunion: Stalin; Großbritannien: Churchill, nach Unterhauswahl ab 28.7.: Attlee
- **Dauer:** 17.7. bis 2.8.1945
- Zunächst ist keine deutsche Zentralregierung vorgesehen, aber zentrale deutsche Verwaltungsabteilungen.
- **Demilitarisierung:** völlige Entwaffnung;
- **Denazifizierung:** Auflösung der NSDAP und aller verwandten Organisationen; Bestrafung der Kriegsverbrecher;
- Dezentralisierung der **Verwaltung**: Aufbau einer demokratischen lokalen Verwaltung von unten;
- Dezentralisierung der **Wirtschaft**; Zerschlagung der Kartelle; Verbot von Rüstungsproduktion;
- **Reparationen und Demontage:** keine Einigung über die Höhe; kein Zugriff Stalins auf das Ruhrgebiet;
- Demokratisierung

Dezentralisierung, Entnazifizierung und Demokratisierung

Territoriale Bestimmungen

- Gebiete östlich der **Oder-Neiße-Grenze** unter polnische Verwaltung; nördliches Ostpreußen mit Königsberg unter sowjetische Verwaltung; endgültige Grenzregelung erst in einem Friedensvertrag; in der Praxis rechnet man die deutschen Ostgebiete unter polnischer Verwaltung nicht mehr zum alliierten Besatzungsgebiet.

- „Überführung“ der in Polen, der Tschechoslowakei und Ungarn gebliebenen Deutschen auf eine „geregelte und menschliche Weise“.

Wertung der Konferenz

Kompromisse und unterschiedliche Auslegung der Regelungen

- Wegen des Misstrauens zwischen den westlichen Alliierten und der Sowjetunion kommt nur ein **Minimalkonsens** zustande.
- Viele Regelungen werden von den Teilnehmern völlig unterschiedlich interpretiert, z.B. Demokratisierung, oder unterschiedlich umgesetzt.
- Die Sowjetunion kann weiter nach Mitteleuropa hin vordringen.
- Frankreich stimmt der Regelung nachträglich mit Einwänden zu.
- Potsdam stellt die letzte gemeinsame Vereinbarung der Siegermächte über Deutschland dar; später werden die Differenzen unüberwindbar.

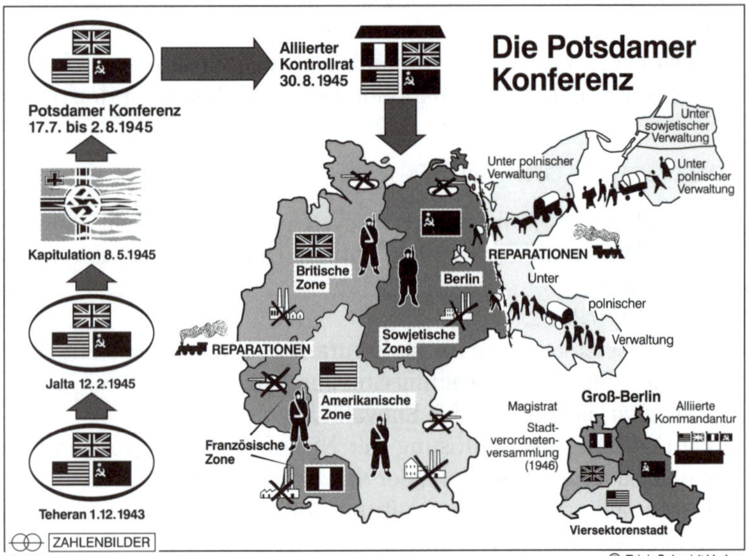

Flucht und Vertreibung

- Schon 1944 und 1945 fliehen etwa 5 Mio. Deutsche vor der heranrückenden Roten Armee in den Westen.
- Etwa 1 Mio. Menschen kommen auf der Flucht ums Leben.
- Nach Kriegsende kommt es in Polen, der Tschechoslowakei und in südosteuropäischen Staaten zu Übergriffen und Racheakten auf verbliebene Deutsche → zweite Fluchtwelle.

- Die Regelung von Potsdam erlaubt den Regierungen von Polen, Ungarn und der Tschechoslowakei die Vertreibung der noch verbliebenen Deutschen. Sie verläuft aber nicht „geregelt und menschlich", wie im Vertrag vorgesehen.
- Als immer deutlicher wird, dass sich in der SBZ ein kommunistisches Regime unter dem Schutz der Besatzung etabliert, setzt auch von hier eine Fluchtwelle in die westlichen Besatzungszonen ein.
- Gesamtzahl der Flüchtlinge und Heimatvertriebenen ca. 12 Mio.

Große Bevölkerungsbewegung von Ost nach West

Weitere Bevölkerungsbewegungen

- *Displaced persons* (DPs): Menschen nichtdeutscher Staatsangehörigkeit, die als Zwangsarbeiter, KZ-Häftlinge oder während des Krieges nach Deutschland geflohene Ausländer, insgesamt 8,5 Mio., werden bei Kriegsende in ihre Heimatländer oder andere Staaten umgesiedelt.
- Befreite Kriegsgefangene; Soldaten, die nicht in Gefangenschaft geraten sind und sich in die Heimat durchschlagen konnten oder ihre Angehörigen suchen;
- Evakuierte, die wegen der Luftangriffe auf dem Land untergebracht waren, wandern wieder in die Städte zurück.

Alltag in Deutschland

Unzureichende Grundversorgung in allen Bereichen

- Zerstörte Infrastruktur:
  - 90% des Streckennetzes der Bahn sind nicht befahrbar.
  - Post und Telefonverkehr sind fast völlig lahmgelegt.
  - Krankenhäuser und Lazarette sind überfüllt.
  - Stromversorgung, wenn überhaupt, nur stundenweise
- Es fehlt an Wohnraum, Nahrung, Kleidung, Heizmaterial → infolge der Zwangsbewirtschaftung kann man Lebensmittel nur in geringer Menge mit Lebensmittelmarken kaufen, für andere Waren braucht man Bezugsscheine.
- Den Bauern fehlen Dünger und Saatgut.
- Wegen des Wertverlustes der Währung entstehen Tauschhandel oder Ersatzwährungen: Zigarettenwährung.
- Viele Waren sind nur noch auf dem schwarzen Markt zu haben.
- Viele Städter tauschen auf so genannten Hamsterfahrten Habseligkeiten gegen Lebensmittel.
- Der Kampf ums Überleben im Alltag beschäftigt viele Menschen mehr als die politische Zukunft.

2 Neuanfänge des politischen Lebens

Rascher Aufbau politischer Strukturen im Sinne der SU

Zielgerichtetes, rasches Vorgehen der Sowjetischen Militäradministration (SMAD)

- Die Sowjetunion versucht früh unter Einbeziehung deutscher Kommunisten ihre Interessen in Deutschland abzusichern.
  - Wirtschaftliche Interessen: Reparationen
  - Politische Interessen: Absicherung Polens; als Fernziel: alleinige Kontrolle Deutschlands, falls sich die Möglichkeit dafür bietet.
- Sie treibt deshalb den Aufbau des politischen Lebens schneller als die Westmächte in ihren Zonen voran und setzt dabei über die KPD ihre politischen und gesellschaftlichen Vorstellungen durch.
- Gleich nach Kriegsende wird die „Gruppe Ulbricht" in die SBZ eingeflogen; deutsche Kommunisten, die in Moskau auf ihre Aufgabe vorbereitet worden sind.

Zulassung von Parteien auf Zonenebene

Parteigründungen in der SBZ

- Juni und Juli 1945: Gründung von KPD, SPD, CDU und LDP (Liberal-Demokratische Partei)
- Die **KPD** knüpft nicht an ihre Weimarer Tradition an, sie verzichtet auf die Bildung einer Sowjetrepublik in Deutschland und fordert eine parlamentarisch-demokratische Republik und die Zusammenarbeit mit allen antifaschistischen Parteien. Sie will sogar „Entfaltung des freien Handels" und der „privaten Unternehmerinitiative", bekennt sich aber zum Marxismus-Leninismus. Ziel des gemäßigten Programms: Mehrheiten gewinnen und anderen Parteien Zusammenarbeit ermöglichen.
- Die **SPD** nimmt im Gegensatz zur Weimarer Zeit eine deutlich linke Position ein; betont ihren marxistischen Charakter.
- Schon im Juni gibt es einen gemeinsamen Arbeitsausschuss beider Parteien.
- Die **CDU** stellt eine bürgerliche Sammelpartei dar aus Zentrum, konservativen Protestanten und der ehemaligen DDP. Sie will anfänglich Bodenschätze und Schlüsselindustrien sozialisieren. Um eine geschlossene bürgerliche Partei zu verhindern, wird die LDP gegründet.
- Die **LDP** lehnt Verstaatlichungen ab.

Blockbildung in der SBZ

- 14.7.1945: Die vier Parteien schließen sich zu einer **Einheitsfront** zusammen mit dem Ziel eine gemeinsame Politik unter Führung der KPD zu erreichen. Wegen der notwendigen Einstimmigkeit kann die KPD nicht überstimmt werden. Diese so genannte Volksfrontpolitik wird auch in den Satellitenstaaten der SU praktiziert.

Blockbildung der Parteien in der SBZ

- Diese Blockbildung soll der KPD Mehrheiten sichern, die sie mangels Popularität in der Bevölkerung als Einzelpartei nicht erreichen kann. (Sie hatte die Übergriffe der Roten Armee und die harte Reparationspolitik der SU verteidigt.)
- Neben den Parteien lässt die SMAD auch **Massenorganisationen** zu, in denen bald die Kommunisten dominieren: die Einheitsgewerkschaft FDGB (Freier Deutscher Gewerkschaftsbund), der Kulturbund der Künstler und Intellektuellen, später die FDJ (Freie Deutsche Jugend). Die Massenorganisationen sollen als Hilfsorgan der KPD weite Teile des Volkes organisatorisch einbinden.

Bildung der SED

Zwangsvereinigung von KPD und SPD zur SED

- Durch massiven Druck der SMAD und der KPD kommt es in der SBZ am 21./22. April 1946 zur Vereinigung von SPD und KPD zur Sozialistischen Einheitspartei Deutschlands (SED). Eine Mitgliederbefragung findet nicht statt, außer in Berlin, wo die Zwangsvereinigung von der SPD mit 82% abgelehnt wird.
- Die SPD im Westen lehnt eine Vereinigung mit der KPD strikt ab.
- Alle Parteigremien sind zunächst paritätisch mit SPD- und KPD-Vertretern besetzt, doch bestimmen in der Praxis bald die Kommunisten, hinter denen die SMAD steht.
- Bei den Gemeinde- und Landtagswahlen im Herbst 1946, die noch frei sind, aber schon Behinderungen der bürgerlichen Parteien zeigen, gewinnt die SED teilweise über 50% der Stimmen, teilweise unterliegt sie der CDU und LDP. In Berlin, wo auch die SPD kandidiert, erreicht die SED nicht einmal 20%.
- Um die beiden bürgerlichen Parteien zu schwächen, werden 1948 zwei weitere konkurrierende Parteien gegründet: die Nationaldemokratische Partei NDPD und die Demokratische Bauernpartei Deutschlands (DBD). Beide sind von der SED gesteuert.
- Die beiden neuen Parteien werden in den Block aufgenommen, ebenso der FDGB; dadurch kann die SED ihre Hegemonie ausbauen.

Die Umwandlung der SED

SED wird auf die Linie der KPdSU gebracht

- Im Sommer 1948 während der Verschärfung des Kalten Krieges bringt die Sowjetunion durch die Bildung des **Kominform** alle kommunistischen Parteien auf die Linie der KPdSU. →
- In der SED finden Säuberungen statt, hauptsächlich ehemalige SPD-Mitglieder werden ausgeschlossen, die paritätische Besetzung der Funktionen wird abgeschafft, die Prinzipien der KPD von 1945 und der Gründungs-SED werden aufgehoben.
- Die Partei hat sich jetzt dem **Stalinismus** verschrieben, der Aufbau ist zentralistisch und hierarchisch; die Führungsrolle der SU wird anerkannt, Besetzung der Funktionen von oben bestimmt; strenge parteiinterne Kontrollen.

Vorstellungen der westlichen Besatzungsmächte

USA

- Der Morgenthau-Plan, nach dem Deutschland geteilt und in einen Agrarstaat umgewandelt werden soll, wird schon Ende 1944 fallen gelassen. Trotzdem wird Deutschland zunächst als besiegter Feindstaat gesehen, dem man misstrauisch begegnet.

Vom Feindstaat zum Partner gegen die SU

- Im Laufe eines Jahres setzt sich die Vorstellung durch, dass das Land wirtschaftlich wieder stabilisiert werden muss, damit es sich selbst ernähren kann.
- Später erscheint es als wichtig, Westdeutschland als Partner in der zunehmenden Konfrontation mit der SU zu gewinnen.
- Schon im Mai 1945 werden deutsche Bürgermeister und Landräte eingesetzt und in den Ländern deutsche Ministerpräsidenten ernannt. Die deutschen Amtsträger werden aber streng überwacht und gegebenenfalls auch wieder abgesetzt. Im September 1945 entsteht in Stuttgart ein **Länderrat** zur Koordination der Länderpolitik in der amerikanischen Besatzungszone.
- Ein liberales Wirtschaftssystem wird eingeführt, sobald die Zwangswirtschaft nicht mehr nötig ist.

Großbritannien

- Obwohl Siegermacht, ist das Land wirtschaftlich ruiniert und bei den USA tief verschuldet.

Ähnliche Vorstellungen wie die USA

- Es will in Deutschland keinen künftigen wirtschaftlichen Konkurrenten bekommen, aber die Wirtschaft soweit in Gang bringen, dass es keine Hilfslieferungen mehr leisten muss.
- Das ursprüngliche Sicherheitsdenken gegenüber Deutschland weicht der Sorge vor der weiteren Expansion der SU. Es wehrt sich deswegen gegen die sowjetische und französische Forderung, das Ruhrgebiet aus seiner Besatzungszone herauszulösen und einer Vier-Mächte-Verwaltung zu unterstellen.
- Die Umerziehung der Deutschen soll nach dem Vorbild der britischen Demokratie erfolgen.
- Parteien und Gewerkschaften werden erst spät zugelassen und streng kontrolliert.

Frankreich

Ausgeprägtes Sicherheitsbedürfnis

- Das Sicherheitsbedürfnis ist besonders ausgeprägt.
- Es will daher Deutschland und Preußen geteilt wissen.
- Deutschland soll ein lockerer Staatenbund werden, innerhalb dessen das Rhein- und Ruhrgebiet selbstständig wird. Frankreich will an der Kontrolle darüber Anteil haben. Das Saargebiet soll autonom werden.
- Frankreich wehrt sich gegen den Aufbau von gemeinsamen Verwaltungsbehörden der Alliierten.

- Es schottet seine Besatzungszone ab, nimmt fast keine Flüchtlinge und Heimatvertriebenen auf und lässt erst sehr spät deutsche Parteien zu. Das Saargebiet wird ins französische Wirtschaftsgebiet eingegliedert.
- Es blockiert die Zusammenarbeit mit der britischen und amerikanischen Zone, was zunächst zur Gründung der Bi-Zone führt.

Neugründung von Parteien

Sie werden erst zwischen Sept. und Dez. 1945 zugelassen, auch zunächst nur auf Kreisebene.

SPD

- Sie kann auf Anhänger aus der Weimarer Zeit zurückgreifen. Sie hat Ende 1946 schon 711 000 Mitglieder und 1948 bereits 846 000.
- Ihre Neugründung gelingt **Kurt Schumacher** von Hannover aus. Er bindet auch die Londoner Exil-SPD unter Ollenhauer ein.

Kurt Schumacher und Erich Ollenhauer

- Ohne der Partei ein neues Programm zu geben, gibt er ihr eine neue Richtung. Er relativiert einige Vorstellungen von Karl Marx und lehnt die Diktatur des Proletariats ab.
- Er spricht sich für einen nationalen Sozialismus aus, für eine parlamentarische Demokratie, Menschenrechte und einen deutlichen Zentralismus. An der Vorstellung des Klassenkampfes hält er fest. Der Besitz von Produktionsmitteln sei aber nicht das entscheidende Kriterium, sondern die Frage, ob dieses Kapital „im Sinne der kapitalistischen Ausbeutung angewendet wird oder nicht".

Nationaler Sozialismus mit parlamentarischer Demokratie – Abgrenzung zur KPD

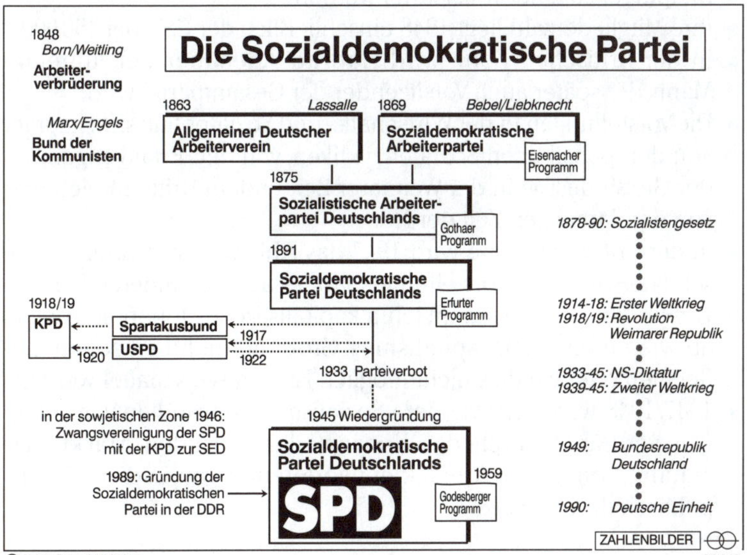

- Der Großgrundbesitz soll aufgeteilt, Großindustrie, Großbanken, Energiewirtschaft und Verkehrswesen sollen verstaatlicht werden.
- Ein Zusammengehen mit der KPD lehnt er leidenschaftlich ab. Sie sei „nicht eine deutsche Klassen-, sondern eine fremde Staatspartei" (gemeint ist damit die Verbindung zur SU).

KPD

Keine bedeutende Rolle in den Westzonen

- Der Versuch einer Vereinigung mit der SPD wird von dieser strikt abgelehnt.
- Als KPD im Westen bleibt sie der SED untergeordnet und tritt für die Politik der Sowjetunion ein.
- Bei den Landtagswahlen 1946/1947 gewinnt sie in 9 von 11 Ländern Abgeordnetenmandate, fällt dann aber immer mehr zurück. Bundestagswahl 1949 nur noch 5,7% der Stimmen und 15 Mandate. 1953 2,2% der Stimmen.

CDU

- Sie entsteht als neue Partei, nicht zentral, sondern an vielen Orten und schließt sich zu immer größeren Gruppierungen zusammen. Als Bundespartei wird sie erst 1950 gegründet, weil der föderalistische Charakter der Einzelgruppen so stark ausgeprägt ist.

Volkspartei für Konservative und Christen beider Konfessionen

- Im Gegensatz zum Zentrum der Weimarer Zeit, das eine katholische Partei war, will sie christlich orientierte Bürger beider Konfessionen ansprechen, auch verschiedene Gesellschaftsschichten vom Arbeiter bis zum Unternehmer. Ehemalige Konservative sollen ebenso eingebunden werden wie Demokraten, Anhänger der DVP und Mitglieder der christlichen Gewerkschaften. Sie will als **Sammelpartei** zu einer Volkspartei werden.
- Ihre Mitgliederzahl liegt 1948 einschließlich der CSU bei 450 000.
- In der britischen Zone wird **Konrad Adenauer** der führende Mann, der später auch Vorsitzender der Gesamtpartei wird.
- Die Vorstellungen in der Wirtschafts- und Sozialpolitik sind geprägt von den päpstlichen Sozialenzykliken, von den Erfahrungen mit der Großindustrie in der Weimarer Zeit und im Dritten Reich und von der damaligen Zeit der Not.
- In der britischen Zone wird 1947 das **Ahlener Programm** verabschiedet. Ähnliche Vorstellungen gibt es auch in anderen Landesverbänden. Das Programm lehnt kapitalistische Monopole ebenso ab wie einen Staatskapitalismus. Großunternehmen sollen entflochten oder, wo dies nicht möglich ist, vergesellschaftet werden.
- 1947/1948 werden diese, dem Sozialismus verwandten Vorstellungen verdrängt durch das Konzept der **„Sozialen Marktwirtschaft"**, von Müller-Armack entworfen und von Ludwig Erhard politisch durchgesetzt.

CSU

- Sie bleibt unter starker Betonung des föderalistischen Gedankens und der Kulturhoheit der Länder als bayerische Schwesterpartei der CDU organisatorisch eigenständig.

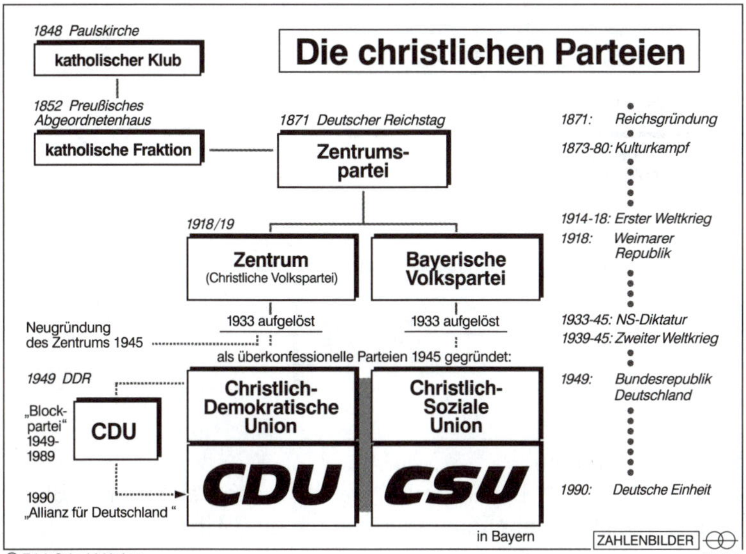

Liberale Parteien

Für freies Unternehmertum, gegen Sozialisierung und Totalitarismus

- Der Liberalismus vollzieht Parteigründungen in den einzelnen Ländern und Besatzungszonen unter verschiedenen Namen. Es sind insgesamt neun regional begrenzte Parteien mit neun verschiedenen Namen.
- Erst im Nov. 1948 schließen sie sich in den westlichen Besatzungszonen unter dem Namen **Freie Demokratische Partei (FDP)** zusammen. **Theodor Heuss** wird Vorsitzender.
- Sie lehnt Sozialisierung und Wirtschaftsdemokratie ab. Das Unternehmertum soll sich entfalten und damit zum Wohl des Ganzen beitragen.
- Der Staat soll im Sinne des Neoliberalismus die Entfaltung der Kräfte des Individuums gewährleisten. Totalitäre Bestrebungen wie Kommunismus und Nationalsozialismus werden strikt abgelehnt.
- Bei den ersten Landtagswahlen kann sie zwischen 5 und 19% der Stimmen gewinnen, im ersten Bundestag 11,9%, nimmt dann aber ab. Ursache: Die großen Parteien übernehmen immer mehr liberales Gedankengut in ihre Programme und in ihre Politik.
- Trotz der geringen Stimmenzahl hat sie in der ganzen Nachkriegsgeschichte einen überproportionalen Einfluss auf die Politik, da sie über angesehene Politiker verfügt und als Koalitionspartner oft das Zünglein an der Waage spielen kann.

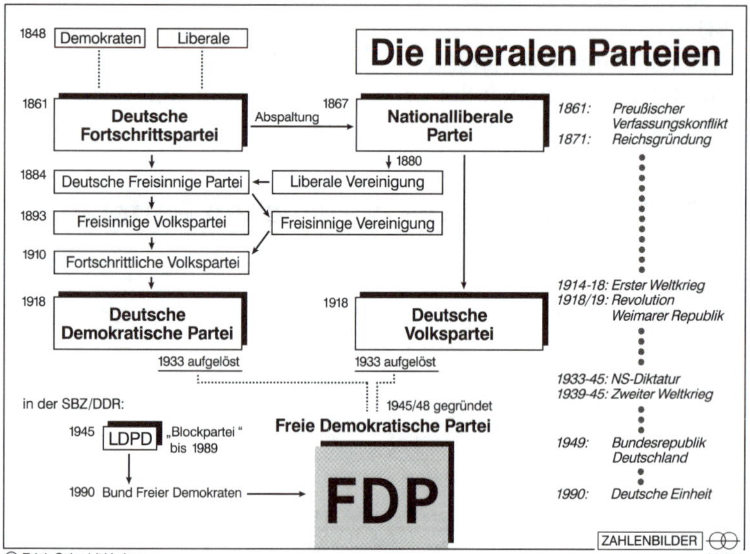

© Erich Schmidt Verlag 95 030

Sonstige Parteien

- Deutsche Partei, Bayernpartei, Sozialistische Reichspartei, Block der Heimatvertriebenen und Entrechteten (BHE)
- Angesichts der Erfolge der großen Volksparteien verlieren die kleinen Parteien Wähler und scheitern an der 5%-Hürde.

Aufbau der deutschen Verwaltungsgremien

Zentralismus in der SBZ – Aufbau der Verwaltung auf kommunaler Ebene in den Westzonen

- Die vier Besatzungsmächte verfahren sehr uneinheitlich.
- Alle vier Mächte schaffen **Länder** als Untergliederung ihrer Besatzungszonen, die SU im Juni 1945 als erste, dann die USA (9.1945), die Briten (Mitte 1946) und die Franzosen zuletzt.
- Die SU organisiert die Verwaltungen zentralistisch, die Westmächte bevorzugen föderalistische Formen.
- Im Westen wird die Selbstverwaltung der Kommunen besonders gefördert im Sinne der Umerziehung zur Demokratie.
- In der amerikanischen Zone finden Anfang 1946 Kommunalwahlen statt. Im Sommer 1946 werden Verfassungen der Länder ausgearbeitet, die Ende des Jahres nach Volksabstimmung in Kraft treten. Einzelne Bestimmungen, z.B. zur Sozialisierung werden von der Militärregierung im Stadium des Entwurfs gestrichen. Aus den gewählten Landtagen gehen demokratische Regierungen hervor. Bei den Wahlen ist in allen westlichen Ländern auch die KPD zugelassen.
- Die britische Zone folgt mit Verzögerung; Verfassungen werden erst zwischen 1949 und 1952 zugelassen. Vorher gibt es lediglich Statuten der Besatzungsmacht.

- In der französischen Zone wird der Aufbau einer deutschen Verwaltung hinausgezögert.
- In allen Besatzungszonen behalten die Militärverwaltungen die Oberaufsicht und greifen nach eigenem Ermessen ein.
- In der SBZ werden nicht nur die politischen Kräfte einheitlich ausgerichtet, sondern auch die Verwaltung: Unter der Kontrolle der Besatzungsmacht steht die „Deutsche Wirtschaftskommission", die in der ganzen SBZ eine Weisungsbefugnis gegenüber der Verwaltung der Länder hat, auch bei der Planung und Steuerung der Wirtschaft.

Nürnberger Prozess

Verurteilung zentraler Figuren des Nazi-Regimes

- Ein internationaler Militärgerichtshof richtet von Nov. 1945 bis Okt. 1946 über 24 Hauptkriegsverbrecher und Naziorganisationen.
- Zusammensetzung des Gerichts: Vertreter der Siegermächte
- **Anklagepunkte:**
  - Kriegsverbrechen: Tötung von Gefangenen und Geiseln, Misshandlung der Zivilbevölkerung, Verschleppung zur Zwangsarbeit, Beschießung nicht verteidigter Orte;
  - Verbrechen gegen die Menschlichkeit: Judenvernichtung; Tötung Behinderter;
  - Verbrechen gegen den Frieden: Führen eines Angriffskrieges
- **Urteile:** 12 Todesurteile, dreimal lebenslängliche Haft, viermal Strafen zwischen 10 und 20 Jahren Haft, drei Freisprüche
- NSDAP, Gestapo, SS und SD werden zu verbrecherischen Organisationen erklärt.

Wertung des Prozesses

- Der Prozess deckt für die Öffentlichkeit viele Vorgänge, Verbrechen und Hintergründe auf, die bis dahin nicht bekannt waren.
- Das Urteil hat wirklich Schuldige getroffen. Die Führungselite des Dritten Reiches wird dauerhaft ausgeschaltet.
- Das internationale Recht wird durch den Prozess weiterentwickelt.

Umstrittene Aspekte

- Hinzuziehung von Richtern aus neutralen Staaten hätte den Vorwurf der Siegerjustiz verhindern können.
- Die Anwendung des geltenden deutschen Strafrechts hätte zur Verurteilung auch ausgereicht.
- Das „Führen eines Angriffskrieges" ist bis dahin nicht als internationales Verbrechen fixiert und widerspricht dem Grundsatz *Nulla poena sine lege* (Keine Strafe ohne Gesetz).
- Anklagepunkte werden auf alliierte Taten nicht angewandt, z.B. auf die sowjetischen Morde an den polnischen Offizieren bei Katyn

oder der Bombenangriff der Westmächte auf die wehrlose, vorwiegend mit Flüchtlingen überfüllte Stadt Dresden.

Nachfolgeprozesse
folgen gegen Industrielle, Ärzte, Juristen, Angehörige von SS, SD und dem Oberkommando der Wehrmacht.

- Die Westalliierten haben insgesamt 5025 Verurteilungen ausgesprochen, davon 806 Todesurteile; in der SBZ wird die Gesamtzahl der Verurteilten auf 45 000 geschätzt, über die Zahl der Todesurteile gibt es keine gesicherten Kenntnisse.
- Auch deutsche Gerichte verfolgen nach und nach Verbrechen aus der Zeit des Dritten Reiches, etwa im Auschwitz-Prozess (1963–65).

Entnazifizierung

- Ausgehend vom Gedanken der Kollektivschuld und der Notwendigkeit der „Umerziehung" der Deutschen zur Demokratie wird die Entnazifizierung durchgeführt.

Unterschiedliches Vorgehen der Besatzungsmächte

- Sie beginnt in den vier Besatzungszonen individuell schon 1945 mit Verhaftungen und Internierungen, soll ab Oktober 1946 durch eine Kontrollratsdirektive eine gemeinsame rechtliche Basis bekommen, die Handhabung bleibt aber in den Besatzungszonen sehr unterschiedlich.
- In der französischen Zone wird uneinheitlich vorgegangen, in der britischen eher großzügig verfahren.
- Die Amerikaner gehen anfangs sehr rigoros vor. Erfassung aller Einwohner über 18 Jahre durch umfangreichen Fragebogen. Einstufung in 5 Kategorien von Hauptschuldigen bis zu Entlasteten. 300 000 Personen werden aus ihren Stellungen entlassen, 120 000 davon kommen in Internierungslager. Ab Frühjahr 1946 finden die Verhandlungen vor **Spruchkammern** mit deutscher Beteiligung statt. Strafen bis zu zehnjährigem Gefängnis werden verhängt.

Rigoroses Vorgehen gegen NSDAP-Mitglieder, aber keine Auseinandersetzung mit dem Nationalsozialismus

- In der **sowjetischen Besatzungszone** (SBZ) spricht man von der „Ausrottung der Überreste des Faschismus". Sie geht eng einher mit der Errichtung der sozialistischen Gesellschaftsordnung.
- Nach kommunistischen Vorstellungen wird dem Faschismus durch den Sozialismus ohnehin der Boden entzogen.
- Zusätzlich werden alle NSDAP-Mitglieder aus dem öffentlichen Dienst entfernt, aus Verwaltung, Justiz, Schule, insgesamt 500 000.
- Wer sich allerdings vom Nationalsozialismus abwendet und zum Sozialismus bekennt, kommt ohne großen Schaden davon. **Antifaschismus** wird zur Integrationsideologie. Eine geistige Auseinandersetzung in der Bevölkerung mit der Ideologie des Nationalsozialismus unterbleibt weitgehend.

- Nach offiziellen DDR-Angaben werden 12800 Nationalsozialisten verurteilt, davon 118 zum Tode.
- In **Internierungslagern**, die erst 1950 aufgelöst werden, landen neben Nazis auch Regimegegner, Denunzierte, Sozialdemokraten und oppositionelle Kommunisten. Von den 150000 Insassen sollen etwa 70000 ums Leben gekommen sein.

Wertung der Entnazifizierung

Unbefriedigender Verlauf der Entnazifizierung

- Insgesamt ein Fehlschlag
- Da die Beweislast am Anfang bei den Betroffenen liegt, besorgen sich viele Entlastungszeugnisse („Persilscheine“).
- Vielen kommt es nur auf eine günstige Einstufung an, eine innere Auseinandersetzung mit der eigenen Schuld unterbleibt.
- Unterschiedlich Handhabung in den Besatzungszonen
- In der amerikanischen Zone mit Beginn des Kalten Krieges Zurückhaltung und Einstellung vieler Verfahren. Weil zuerst die leichten Fälle behandelt wurden und Prozesse bei schwer wiegenden Fällen längere Vorbereitung verlangen, kommt es zu einer Ungleichbehandlung.
- Viele aus ihren Stellungen Entfernte werden später wieder rehabilitiert und kehren in ihre Positionen zurück.
- Positiv bleibt trotzdem, dass zumindest ein Teil der Nazis ausgeschaltet wurde und die demokratischen Kräfte Raum für den politischen Neuanfang bekommen.

3 Entscheidung für die Wirtschaftsordnung

Viele wirtschaftliche Maßnahmen der Besatzungsmächte muss man vor dem politischen Hintergrund sehen, der im nächsten Abschnitt behandelt wird.

Reparationen

Demontage und Produktionsentnahmen

- Die Gesamthöhe wird in Potsdam nicht festgelegt. Die SU fordert für sich die Hälfte.
- Die SU darf nicht nur Demontagen durchführen, sondern auch aus der laufenden Produktion Waren entnehmen. Die westlichen Alliierten wollen 15% ihrer Demontagen gegen Lebensmittellieferungen aus der SBZ an die SU abgeben. Diese Regelung begünstigt von Anfang an eine wirtschaftliche Teilung.
- Da das ganze Land Kriegszerstörungen erfahren hat, treffen die zusätzlichen Demontagen besonders hart.

- Demontagen führen in den Westzonen zu 2,7 Mrd. Reichsmark Substanzverlust, in der SBZ zu 6,1 Mrd. RM, berechnet auf der Preisbasis von 1944.
- Die Gesamtleistungen der SBZ/DDR an die Sowjetunion werden bis 1953 auf 66,2 Mrd. RM geschätzt. In dieser Zahl sind die Entnahmen aus der laufenden Produktion eingeschlossen.

Revolutionäre Veränderungen in Wirtschaft und Gesellschaft in der SBZ

Verstaatlichung und Bodenreform

- **Banken und Sparkassen** werden 1945 verstaatlicht.
- 1945 **Bodenreform**: 7000 Großgrundbesitzer mit über 100 ha werden ohne Entschädigung enteignet. Ebenso der Landbesitz von Naziführern; insgesamt 35% der landwirtschaftlichen Nutzfläche der SBZ.
- Aufteilung an Landarbeiter, Umsiedler, Kleinbauern aber auch Kreise und Gemeinden. Die neuen Betriebe sind so klein, dass sie Selbstversorgung ermöglichen, aber nicht rentabel sind. Sie werden später in Landwirtschaftlichen Produktionsgenossenschaften (LPGs) zusammengefasst.
- Innerhalb der SBZ wird das gesamte Vermögen des deutschen Staates, der Wehrmacht, der SS und der NSDAP sowie von bestimmtem Personen und Gesellschaften beschlagnahmt. Das sind etwa 7000 Betriebe, der größte Teil des Industriepotenzials der SBZ.
- Die 200 größten und wichtigsten Industriebetriebe gehen in den Besitz der Sowjetunion über und werden Sowjetische Aktiengesellschaften genannt (SAG).
- In Sachsen werden durch einen Volksentscheid im Juni 1946 die beschlagnahmten Betriebe verstaatlicht, in den anderen Ländern ohne Volksentscheid wenig später. Damit ist die Basis für die volkseigenen Betriebe und eine staatlich gelenkte Wirtschaft geschaffen.

Planwirtschaft

- 1948 wird die **Zentralverwaltungswirtschaft** (Planwirtschaft) eingeführt.

Anfänge der Wirtschafts- und Sozialordnung im Westen

Keine grundlegende Umstrukturierung

- Die teilweise in den Parteiprogrammen geforderten Sozialisierungen der großen Industrieunternehmen und Banken werden nicht durchgeführt, weil die amerikanische Militärregierung sie verhindert, und sich die anderen westlichen Besatzungsmächte dem anschließen.

- Die **Gewerkschaften** können ihren Wunsch nach Einführung der paritätischen Mitbestimmung (Stimmengleichheit zwischen Unternehmer- und Arbeitgebervertretern im Aufsichtsrat) in den Großbetrieben nur in der Montanindustrie durchsetzen.
- Eine **Bodenreform** findet nur in der britischen Zone in Ansätzen statt, sonst unterbleibt sie vollkommen.
- Eine grundlegende Umgestaltung der Wirtschafts- und Gesellschaftsordnung erfolgt nicht. Kritiker sprechen deshalb von einer Restauration.

Marshall-Plan (ERP) *(European Recovery Program)*

- Der US-Außenminister George Marshall verkündet den nach ihm benannten Plan am 5.6.1947.
- **Hintergrund:**
  - Die Differenzen zwischen den Besatzungsmächten treten immer offener zu Tage. Die SU fordert erneut eine Viermächtekontrolle des Ruhrgebietes und deutet an, dass sie die gesellschaftliche Struktur und die Block-Politik der SBZ in ganz Deutschland wünscht.
  - Europa steckt noch in einer tiefen wirtschaftlichen Krise; Deutschland hat einen Hungerwinter hinter sich, in dem es von den USA mit Lebensmitteln und Nahrung unterstützt werden musste.
  - Weltweit ist eine kommunistische Expansion zu beobachten: In China zeichnet sich der Sieg Maos ab, in Polen steht die kommunistische Machtübernahme bevor, in Griechenland tobt ein Bürgerkrieg gegen kommunistische Aufständische.
  - Die **Truman-Doktrin** vom März 1947 verspricht Griechenland und der Türkei, aber auch anderen Staaten, die von innen oder außen bedroht werden, Hilfe. Das ERP soll die wirtschaftliche Ergänzung dazu sein.

Wirtschaftshilfe, um das Vordringen der SU einzudämmen

- **Inhalt:**
  - Wirtschaftliches **Aufbauprogramm für Europa**, in das Deutschland einbezogen werden soll; April 1948 als Gesetz in Kraft.
  - Die Unterstützung wird allen europäischen Staaten angeboten, auch denen unter sowjetischem Einfluss. Sie dürfen auf Befehl aus Moskau nicht teilnehmen, die Tschechoslowakei muss ihre Zusage zurücknehmen.
  - Es werden 12,5 Mrd. Dollar bereitgestellt, 1,7 Mrd. $ erhält Westdeutschland einschließlich West-Berlin.
  - Die Verteilung und Verwendungskontrolle der Gelder sollte die Organisation für europäische wirtschaftliche Zusammenarbeit (OEEC) übernehmen (16 Mitglieder).
  - Durch die Zusammenarbeit der Empfängerländer soll ein erster Schritt hin zur europäischen Integration gemacht werden.

- **Ziel:** wirtschaftliche und politische Stabilisierung Europas als Bollwerk gegen die expandierende Sowjetunion; Sicherung der europäischen Absatzmärkte für die USA.

Bildung der Bi-Zone

- Da sich die wirtschaftliche Vereinigung aller Besatzungszonen wegen des französischen und sowjetischen Widerstands nicht verwirklichen lässt, schließen Briten und Amerikaner ihre Zonen im Alleingang zusammen (1. Jan. 1947).
- Der Wirtschaftsrat in Frankfurt, aus Vertretern der Länderparlamente, soll die Aufsicht übernehmen.
- Ziel ist die Schaffung eines größeren Wirtschaftsraums und ein erfolgreicher Güteraustausch zwischen dem Ruhrgebiet und wenig industrialisierten Räumen.
- Die Bi-Zone wird zur Keimzelle der späteren Bundesrepublik.

Währungsreform

Neue Währung belebt die wirtschaftliche Entwicklung

- Angesichts der fehlenden Geldwertstabilität, von Schwarzmarkt und Tauschhandel wird eine stabile Währung unerlässlich für einen erfolgreichen wirtschaftlichen Aufbau.
- In den drei Westzonen wird im Juni 1948 die DM eingeführt.
- Schulden werden auf ein Zehntel reduziert, Bankguthaben auf 6,5%; aber Löhne, Pachtzinsen, Mieten, Renten werden im Verhältnis 1:1 umgestellt. Jeder erhält 40 DM und später noch mal 20 DM „Kopfgeld“.
- Sparer sind wieder die Verlierer; Schuldner, Immobilienbesitzer und Inhaber von Produktionsmitteln die Gewinner.
- Aber die neue Währung gewinnt rasch Vertrauen: Die Schaufenster sind über Nacht gefüllt, der Schwarzmarkt verschwindet.

Wirtschaftsreform: Neue Leitsätze

Entscheidung für die soziale Marktwirtschaft

- Im Frankfurter Wirtschaftsrat setzt Ludwig Erhard gegen den heftigen Widerstand der SPD die neuen Leitsätze zur Wirtschaftsordnung durch. Gleichzeitig mit der Währungsreform treten sie in Kraft. Die **soziale Marktwirtschaft** hat gegen das Konzept der Planwirtschaft eine Abstimmung gewonnen, ob sie dauerhaft erfolgreicher sein wird, ist noch unklar.
- Dirigistische Maßnahmen, wie Lebensmittelrationierung, werden aufgehoben, die Preise, außer für Grundnahrungsmittel und Mieten, werden frei gegeben.

- Zunächst gibt es Preissteigerungen und höhere Arbeitslosigkeit.
- Die Gewerkschaften antworten mit Generalstreik, aber bald stellt sich nach Jahren des Hungers und der Not ein wirtschaftlicher Aufschwung ein.
- In der SBZ wird wenige Tage später ebenfalls eine Währungsreform durchgeführt.

4 Teilung als Folge der Blockbildung

Weltpolitische Lage nach Kriegsende

Wachsender Gegensatz zwischen den USA und der SU

- In der Anti-Hitler-Koalition gibt es nur eine Gemeinsamkeit: die Beseitigung der Nazidiktatur und des Faschismus in Italien.
- Schon in Jalta werden Spannungen sichtbar, in Potsdam sind die Differenzen so stark, dass kein Abkommen erzielt wird, sondern nur ein Schlusskommuniqué über die mühsam erzielten Kompromisse.
- Die **USA** stehen am Ende des Krieges gestärkt da: Ihre Wirtschaftskraft ist der anderer Ländern weit überlegen. Sie verfügen über die Atombombe und wissen, dass sie durch ihre Unterstützung der Verbündeten (*Lend-Lease*-Regelung; 11 Mrd. $ an die SU) wesentlich zum Sieg beigetragen haben.
- Die **Sowjetunion** hat im Krieg die größten Verluste an Menschen hinnehmen müssen, Industrie und Infrastruktur sind stark zerstört, das Land erschöpft, die Truppen sind aber bis an die Elbe vorgedrungen und halten weite Teile Mittel- und Osteuropas besetzt. Die SU ist jetzt eine Vormacht in Europa, ihre konventionellen Streitkräfte sind überlegen.
- Der Gegensatz zwischen beiden Mächten ist aber unübersehbar:
  - Die USA verfügen über ein liberales Wirtschaftssystem und plädieren für freien Welthandel. Zur künftigen Friedenssicherung setzen sie auf ein kollektives Sicherheitssystem und drängen daher auf die Gründung der Vereinten Nationen (UN, 1945, San Francisco).
  - Die Sowjetunion hat ein staatskapitalistisches Zentralverwaltungssystem, das auf Abschottung und Autarkie ausgerichtet ist. Zur militärischen Absicherung errichtet sie einen Gürtel von Satellitenstaaten an ihren europäischen Grenzen.
- Das gegenseitige Misstrauen verstärkt sich durch die Aufrüstung und Ausdehnung der Einflusssphären auf beiden Seiten.

Konfliktfelder in der Welt

- Churchill äußerst sich schon drei Tage nach der Kapitulation besorgt über den geplanten und teilweise bereits beginnenden amerikanischen Truppenabzug aus Europa. Andererseits ist ihm das sowjetisches Verhalten suspekt: „Ein **eiserner Vorhang** ist vor ihrer Front niedergegangen. Was dahinter vorgeht, wissen wir nicht."
- Die SU tritt noch nach dem amerikanischen Atombombenabwurf auf Japan in den Krieg gegen Japan ein und besetzt noch die Mandschurei und Nordkorea. Nach der Teilung Koreas im Dez. 1945 behält sie den Einfluss auf den Norden.

Globales Ringen um Einflusssphären

- In Nordpersien weigert sie sich, ihre Truppen abzuziehen, auf die Türkei übt sie Druck aus, um Einfluss auf die Meerengen zu gewinnen.
- Auch die Briten und Amerikaner versuchen ihre verbliebene Einflusszone in Italien, Griechenland und der Türkei zu sichern.

Osteuropa gerät unter sowjetische Kontrolle

- Den entscheidenden Anteil am Konflikt nimmt Osteuropa ein. Entsprechend ihren Zusagen auf den Konferenzen lässt die SU zunächst unterschiedliche politische Kräfte zu, sichert dann aber durch Zwangsvereinigungen und „Volksfrontpolitik" der jeweiligen kommunistischen Partei die Macht; Wirtschaft und Gesellschaft werden anschließend radikal umgewandelt; betroffene Länder: Polen, Rumänien, Bulgarien, Ungarn, Tschechoslowakei.

Die Neuausrichtung der amerikanischen Außenpolitik

- Auf den Außenministerkonferenzen der vier Siegermächte gibt es seit 1946 kaum noch Einigungen.
- Die Gründung der SED und die unterbliebenen Lebensmittellieferungen aus der SBZ an die Westzonen veranlassen die USA, Reparationslieferungen aus ihrer Zone an die SU ebenfalls einzustellen.
- In Griechenland unterstützt Großbritannien die Regierung gegen aufständische Kommunisten, die Hilfe aus Jugoslawien und Bulgarien bekommen. 1947 bittet es die USA um Hilfe.

Policy of Containment – Eindämmungspolitik seit 1947

Expansion der SU verhindern

- Die von George F. Kennan vorgeschlagene neue Strategie will den gegenwärtigen Status quo akzeptieren, aber jeder weiteren Expansion der Sowjetunion weltweit entgegentreten.
- Mittel sollen sein: **Unterstützung der bedrohten Staaten** durch Bündnisse, Militär- und Wirtschaftshilfe.
- Dadurch sollen die Staaten, die zur Selbsthilfe entschlossen sind, wirtschaftlich, sozial und politisch stabilisiert werden.

- Folge: Die Konfrontation zwischen Ost und West eskaliert und beeinflusst jetzt alle Bereiche der wechselseitigen Beziehungen. → Der „Kalte Krieg" beginnt.

Konfrontation weitet sich zum „Kalten Krieg" aus

Truman-Doktrin
- Sie ist die politische Konsequenz aus der Analyse Kennans.
- Griechenland und die Türkei bekommen auf dieser Basis Hilfe zugesagt.
- Der Marshall-Plan ist die wirtschaftliche Konsequenz.
- **Auswirkung auf Deutschland:** Die Westmächte haben jetzt kein Interesse mehr an einer Deutschlandlösung, an der die SU mitwirkt → alle gesamtstaatlichen Initiativen sind nicht mehr erwünscht → Die erste und einzige Ministerpräsidentenkonferenz aller vier Zonen im München (Juni 1947) scheitert.

Kominform (Kommunistisches Informationsbüro)

„Zwei-Lager-Theorie"

- Von der SU im September 1947 gegründete Organisation für die kommunistischen Parteien ganz Europas, in Ost und West.
- Zweck: Gleichschaltung der Arbeit der kommunistischen Parteien, damit die organisatorische und ideologische Ausrichtung auf die SU erfolgen kann.
- Bei der Gründungsversammlung spricht der sowjetische Delegierte von der „Zwei-Lager-Theorie": Die Welt sei jetzt in zwei feindliche Lager gespalten.
- Zur wirtschaftlichen Unterstützung seiner Satellitenstaaten schließt die SU zweiseitige Handelsverträge ab. 1949 erfolgt deren Umwandlung in das COMECON, RGW (Rat für gegenseitige Wirtschaftshilfe).

Zusammenarbeit im Westen

Schaffung von Bündnissystemen

- Im März 1948 schließen Frankreich, Großbritannien und die Beneluxstaaten den **„Brüsseler Pakt"**, ein Militärbündnis, das ursprünglich gegen Deutschland gerichtet ist und den französischen Sicherheitswünschen gerecht wird.
- Seit Februar tagt in London die **Sechs-Mächte-Konferenz** (USA, GB, F, Benelux-Staaten) mit dem Ziel, aus den drei westlichen Besatzungszonen einen Staat zu schaffen.
- Als im März der sowjetische Militärgouverneur von der Gründung des Brüsseler Pakts erfährt und über die Beschlüsse der Londoner Konferenz nicht informiert wird, verlässt er den Alliierten Kontrollrat; die gemeinsame Verwaltung Deutschlands ist damit beendet.

Ende des Alliierten Kontrollrats

- Im Juni 1948 erlaubt Frankreich nach langem Drängen, dass seine Besatzungszone an die Bi-Zone angeschlossen wird. Als Gegenleistung erhält es eine Mitkontrolle des Ruhrgebietes zugesprochen.

- Am 7. Juni wird das Ergebnis der Sechs-Mächte-Konferenz in den **„Londoner Empfehlungen"** zusammengefasst.

„Frankfurter Dokumente" – Auftrag der Alliierten zur Ausarbeitung einer Verfassung

- Am 1.7.1948 werden die Ministerpräsidenten in Frankfurt darüber informiert und sie erhalten die **„Frankfurter Dokumente"**. Darin steht der Auftrag, eine Verfassung für einen westdeutschen Staat auszuarbeiten, die Ländergrenzen zu diskutieren und die Rahmenbedingungen der Alliierten zur Kenntnis zu nehmen. Die Frankfurter Dokumente wurden von einigen Ministerpräsidenten der Länder und von Adenauer zunächst heftig kritisiert, bildeten später aber doch die Grundlage für die Beratungen des Parlamentarischen Rats.
- Im Zuge der Währungsreform führt die Sowjetunion die Ost-Mark auch in ganz Berlin ein. Damit bezieht sie West-Berlin in ihre Besatzungszone ein und verstößt gegen den Vier-Mächte-Status der Stadt. Die drei Westmächte führen nun die Westmark ebenso in West-Berlin ein.

Blockade Berlins und Luftbrücke

- Nun blockieren die Sowjets den Zugang zu den Westsektoren Berlins auf dem Landweg, der vertraglich nicht genau geregelt war. Stromabschaltung und Einstellung der Lebensmittelversorgung folgen. Die SU will die Westmächte bewegen, ihre Pläne für einen Weststaat aufzugeben und Westberlin in ihren Machtbereich einbeziehen. Berlin wird zur Machtprobe für die Großmächte.
- Briten und Amerikaner antworten mit der Einrichtung der **Luftbrücke**: Vom 24.6.1948 bis zum 12.5.1949 versorgen britische und amerikanische Flugzeuge die 2,2 Mio. Einwohner Westberlins und die eigenen Garnisonen mit Nahrungsmitteln, Industriegütern und Kohle: mehr als 270 000 Flüge, bei denen 1,83 Mio. Tonnen Versorgungsgüter gebracht werden, davon 63% Kohle.
- **Folgen der Berlinblockade:**
  - Solidarität der Bevölkerung West-Berlins und der Westzonen mit den westlichen Siegermächten. Prestigeverlust für die SU.
  - Ganz Berlin bleibt in der Verantwortung der vier Siegermächte.
  - Die Grenze zwischen West- und Ostberlin bleibt bis zum Mauerbau 1961 für Besucher und Flüchtlinge aus der SBZ / DDR offen.

Parlamentarischer Rat berät über das Grundgesetz

- **Vorbereitung für die Gründung eines westdeutschen Staates:**
  - Die Ministerpräsidenten der Länder erreichen die Zustimmung der drei Militärgouverneure für die Einrichtung eines **Parlamentarischen Rates**. Dieses Gremium aus 65 Abgeordneten der Länderparlamente soll einen Entwurf für ein Grundgesetz vorlegen. Es tagt ab 1. Sept. in Bonn unter Vorsitz von Konrad Adenauer.
  - Schon im August erstellte ein Gremium von Verfassungsexperten auf Herrenchiemsee einen Vorentwurf.

J Die Bundesrepublik und die DDR bis zur staatlichen Einheit

8. Mai 1949	Parlamentarischer Rat verabschiedet Grundgesetz
30. Mai 1949	Verfassung der DDR
1950	Europäische Verteidigungsgemeinschaft EVG; DDR im COMECON
1952	Stalinnoten
17. Juni 1953	Volksaufstand in der DDR
5. Mai 1955	Bundesrepublik wird souverän; Beitritt zu NATO und WEU
13. Aug. 1961	Mauerbau in Berlin
1966	Große Koalition
1968	Notstandsgesetzgebung, Studentenunruhen
1969	Sozialliberale Koalition
1973	Erste Ölkrise; Rezession
1982	CDU/CSU und FDP übernehmen unter Kohl Regierungsverantwortung
1989	Friedliche Revolution in der DDR
3. Okt. 1990	Wiedervereinigung Deutschlands

1 Gründung der beiden Staaten in Deutschland

Das Ringen um das Grundgesetz im Parlamentarischen Rat

- Einigkeit herrscht über die Aufnahme von **Grundrechten**, die unmittelbar geltendes Recht sein sollen.
- Die Machtverteilung zwischen Bund und Ländern ist umstritten. Am Ende steht eine **bundesstaatliche Lösung**.
- Die Wirtschafts- und Sozialordnung wird nicht festgelegt.

Das Grundgesetz

Schwächen der Weimarer Verfassung vermeiden

Die Schwächen der Weimarer Verfassung sollen bewusst vermieden werden. Wichtige Grundsätze sind:
- ein **föderativer Aufbau**,
- **Gewaltenteilung** und Gewaltenhemmung,
- eine **liberale** Demokratie,

Eine wertgebundene und wehrhafte Demokratie

- eine **wertgebundene** Demokratie, das heißt ein Grundbestand von Werten und Prinzipien kann nicht beseitigt werden, auch nicht durch eine Zweidrittelmehrheit,
- eine **wehrhafte** Demokratie, die antidemokratische Parteien verbieten kann.

- Einzelelemente:
  - statt direkter Demokratie mit plebiszitären Elementen eine repräsentativ-parlamentarische;
  - eine starke Regierung; der Bundeskanzler kann nur durch ein konstruktives Misstrauensvotum abgelöst werden (Artikel 67 GG);
  - Beschränkung des Bundespräsidenten auf repräsentative Aufgaben.

- Außenpolitik, Verteidigungspolitik und Währungspolitik ist Bundessache, Kulturpolitik steht den Ländern zu. In allen anderen Bereichen herrscht konkurrierende Gesetzgebung.

Status Berlins

Vier-Mächte-Status bleibt bestehen

- Berlin erhält einen **Sonderstatus** und darf nicht als weiteres Bundesland einbezogen werden. Grund: Die Alliierten fürchten, Westberlin nicht halten zu können, wenn der **Vier-Mächte-Status** der Stadt verletzt wird.
- Die Einbeziehung Westberlins in das Wirtschafts- und Währungssystem Westdeutschlands hat die Sowjetunion nach Aufgabe der Blockade Berlins hingenommen.
- Berlin selbst ist ab Dez. 1948 geteilt. In Westberlin haben seit dem Auszug des sowjetischen Vertreters die drei westlichen Stadtkommandanten die Oberhoheit.

Das Provisorium

Da es keine Verfassung für ganz Deutschland ist, sondern die Deutschen in der SBZ noch ausgeklammert bleiben („Es hat auch für jene Deutschen gehandelt, denen mitzuwirken versagt war.") wird der Charakter des Provisoriums betont.
- Das beschließende Gremium nennt sich nicht „Verfassunggebende Versammlung", sondern lediglich „Parlamentarischer Rat".

- In der Präambel wird ausdrücklich auf die Vorläufigkeit hingewiesen („für eine Übergangszeit").
- Es wird Grundgesetz genannt und nicht Verfassung.
- Die Bestätigung erfolgt nicht durch das Volk, sondern durch Vertreter der Landtage der 11 Länder.
- Die Wiedervereinigung als Ziel bleibt ausdrücklich bestehen.

Die beschränkenden Einrichtungen

Die junge Bundesrepublik hat nur eine **Teilsouveränität**, die Kontrolle durch die Besatzungsmächte bleibt:

Das Besatzungsstatut

Kontrolle der Alliierten bleibt bestehen

- An die Stelle der drei Militärgouverneure tritt die Alliierte Hohe Kommission, bestehend aus drei zivilen **Hohen Kommissaren**.
- Sie kontrollieren Bundesregierung und Länderregierungen.
- Sie wachen über Außenpolitik, Außenhandel, Reparationen, Kartellentflechtung und Entmilitarisierung.
- Sie behalten das Recht, jederzeit wieder die volle Macht zu übernehmen, also die deutsche Regierung auszuschalten.

Das militärische Sicherheitsamt

- Es soll verhindern, dass der Militarismus wieder auflebt.

Die Internationale Ruhrbehörde

- Das Gremium aus Vertretern der USA, Frankreichs, Großbritanniens und der Beneluxstaaten kontrolliert die Produktion und Verteilung von Kohle, Koks und Stahl aus dem Ruhrgebiet.
- Die Behörde kontrolliert damit einen wesentlichen Teil der westdeutschen Wirtschaft.
- Damit ist dem französischen Sicherheitsbedürfnis Rechnung getragen, ohne dass Frankreich die alleinige Verfügung hat.

Die Gründung der Bundesrepublik und die ersten Wahlen

- Das Grundgesetz wird am 8. Mai 1949 verabschiedet und von den Militärgouverneuren genehmigt. Es tritt am 23.5.1949 in Kraft.
- Bei den Wahlen am 14.8.1949 beträgt die Wahlbeteiligung 78,5%. Die CDU/CSU-Fraktion ist mit 139 Sitzen die größte Fraktion, gefolgt von der SPD mit 131 Sitzen. Es bildet sich eine Regierungskoalition aus CDU/CSU, FDP und DP.

CDU/CSU, FDP und DP bilden erste Regierung

- Am 20.9.1949 wird Theodor Heuss Bundespräsident und Konrad Adenauer Bundeskanzler.

Die Gründung der DDR

Volkskongress-Bewegung bereitet Gründung der DDR vor

- Im Dez. 1947 inszeniert die SED eine Kampagne **„Volkskongress-Bewegung“**, die nach außen als Bewegung für die Einheit Deutschlands auftritt. Tatsächlich soll damit die Bildung der DDR vorbereitet werden.
- Von den 7000 Delegierten stammen etwa 75% aus den Blockparteien und Massenorganisationen der SBZ.
- Im März 1948 tritt ein zweiter Volkskongress zusammen und wählt aus seinen Reihen einen **Deutschen Volksrat** mit 400 Mitgliedern, davon 100 aus westlichen Besatzungszonen. Er berät einen früheren Verfassungsentwurf der SED.
- Diesen Entwurf billigt der Volksrat im März 1949.
- Ein nach einer Einheitsliste gewählter 3. Volkskongress bestätigt den Verfassungsentwurf endgültig am 29. Mai.
- Ein 2. Volksrat proklamiert am 7. Okt. 1949 die DDR .
- Der Volksrat erklärt sich zur Provisorischen Volkskammer und wählt Otto Grotewohl (SED) zum Regierungschef. Präsident der DDR wird Wilhelm Pieck (SED).

Wertung:
Weder Volkskongress noch Volksrat werden in freien, allgemeinen, gleichen und geheimen Wahlen bestellt.

Grundprinzipien der Verfassung:

Keine Gewaltenteilung und keine freien Wahlen

- Die Volkskammer ist das wichtigste Organ im Staat.
- Gewaltenteilung ist nicht vorgesehen: Die Volkskammer übt die Gesetzgebung aus, überwacht aber auch die gesamte Tätigkeit des Staates.
- Grundrechte und Streikrechte sind ebenso verzeichnet wie ein freies Wahlrecht. Doch klafft eine Lücke zwischen Verfassung und Wirklichkeit. Das Wahlgesetz enthält keinerlei Anweisungen für die Geheimhaltung der Wahl, tatsächlich sind Wahlen meistens offen durchgeführt worden, außerdem war durch die Blockbildung eine wirkliche Auswahl ohnehin eingeschränkt.
- Der Artikel 6 über die „Boykotthetze gegen demokratische Einrichtungen“ gibt die Möglichkeit, Opposition zu unterdrücken und gegen sie strafrechtlich vorzugehen.

2 Die Integration in die Bündnissysteme

Weltpolitischer Hintergrund

China

- Der Bürgerkrieg ist mit dem Sieg Maos zu Ende gegangen. Am 1.10.1949 wird die Volksrepublik China gegründet.
- Das volkreichste Land der Erde ist damit kommunistisch.

Korea

- Der Koreakrieg von 1950 bis 1953 bringt die Welt an den Rand eines Dritten Weltkriegs (→ Kapitel K).

Vorstellungen der Westmächte

Remilitarisierung Westdeutschlands

- Die USA verlangen von den Europäern einen größeren Verteidigungsbeitrag. Dabei sollte Westdeutschland einbezogen werden.
- Eine **Wiederbewaffnung** Deutschlands wird von den Briten befürwortet, ist aber für Frankreich unvorstellbar.
- Im August 1950 empfiehlt der Europarat eine europäische Armee aufzustellen, an der Deutsche beteiligt sind.
- Adenauer drängt auf eine Verstärkung der westlichen Truppen in Deutschland und bietet ein deutsches Truppenkontingent an. Die Opposition ist strikt gegen eine „Remilitarisierung". Im In- und Ausland, besonders im Ostblock, ist die Bestürzung über die Wiederbewaffnung Deutschlands groß.

Adenauers politische Grundvorstellungen

- Die Teilung Deutschlands ist für Adenauer schon 1948 eine Realität.
- Deutschland soll in die westliche Staatengemeinschaft integriert werden.
- Ohne eine feste Westbindung könne eine Wiedervereinigung nicht erreicht werden, es sei denn unter dem Vorzeichen einer Sowjetisierung.
- Deutschland müsse möglichst schnell wieder ein souveräner und gleichberechtigter Staat werden.
- Die Beschränkungen der Souveränität können nur abgebaut werden, wenn es gelingt, die Besorgnisse der Westmächte vor einem wiedererstarkenden Deutschland abzubauen.
- Deutschland müsse die wirtschaftlichen und sicherheitspolitischen Interessen Frankreichs anerkennen.
- Das könne nur geschehen, wenn Deutschland in eine europäische Föderation eingebunden werden würde.

Schritte zu einem Zusammenschluss Westeuropas

Petersberger Abkommen

Begrenzter außenpolitischer Spielraum

- Nov. 1949; Name nach dem Sitz der Hohen Kommission auf dem Petersberg südlich von Bonn
- Die Bundesrepublik darf konsularische Beziehungen aufnehmen und sich internationalen Organisationen anschließen, muss aber dem Europarat und der Internationalen Ruhrbehörde beitreten. Sie ist damit mit der internationalen Kontrolle des Ruhrgebietes einverstanden.
- Andererseits werden die Demontagen reduziert und 1951 völlig eingestellt.
- Der Oppositionsführer Kurt Schumacher (SPD) bekämpft den Beitritt zur Ruhrbehörde heftig, weil er darin eine Aufgabe nationaler Rechte sieht und gebraucht das Wort vom „Kanzler der Alliierten".

„Schumanplan" zur Schaffung der Montanunion

Über die wirtschaftliche Einigung zur politischen

- Der französische Außenminister Robert Schuman schlägt im Mai 1950 die Bildung einer westeuropäischen Gemeinschaft für Kohle und Stahl vor (Montanunion).
- Ziel ist es, die Schwerindustrie nicht nur zu überwachen, sondern zu integrieren. Damit sollen künftig Kriege zwischen beteiligten Europäern unmöglich werden.
- Gleichzeitig soll ein Anfang mit der politischen Einigung der Europäer gemacht werden.
- 1951 entsteht die Montanunion. Mitglieder: F, D, I, Benelux-Staaten. Großbritannien schließt sich nicht an.

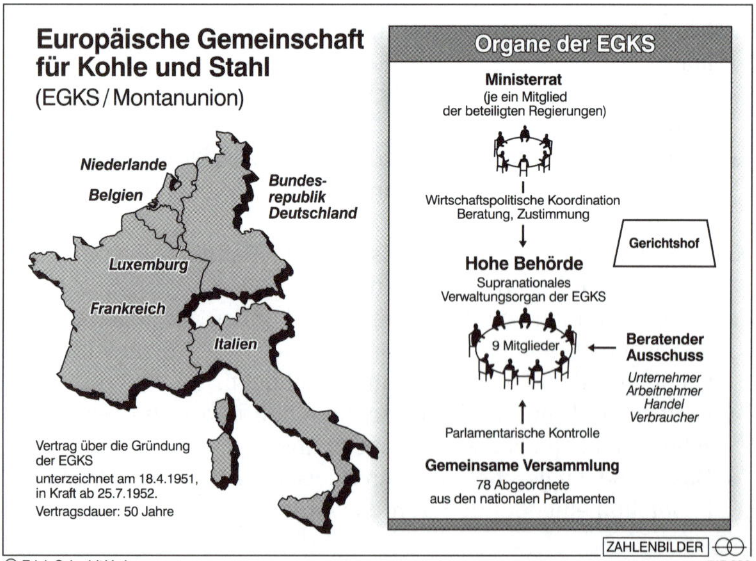

Europäische Verteidigungsgemeinschaft (EVG)

- Im Sept. 1950 beschließen die Außenminister der drei Westmächte, eine Europäische Verteidigungsgemeinschaft mit deutscher Beteiligung zu gründen.
- Die Bundesregierung wird dafür als einzige legitime deutsche Regierung und Vertreterin des deutschen Volkes anerkannt. Die Besetzung Deutschlands soll ein Ende haben.
- Der französische Ministerpräsident Pleven schlägt eine supranationale Streitmacht vor ohne nationale Verfügbarkeit.

Eine supranationale Streitmacht

- Ein politischer Zusammenschluss solle folgen. Die Briten wollen aber keinen Souveränitätsverzicht und bleiben fern.
- Für Adenauer liegt der Vorteil darin, dass die EVG kein Militärbündnis ist und dass wegen der supranationalen Lösung die SU Frankreich und Deutschland nicht gegeneinander ausspielen kann.
- Die EVG wird von der SU als Bedrohung empfunden.

Die Stalinnoten von 1952

Deutschland als neutraler Staat

- Darauf bietet Stalin für Deutschland bis zur Oder-Neiße-Linie einen Friedensvertrag an. Deutschland sollte eine „demokratische Ordnung" haben, eigene Streitkräfte besitzen und „neutralisiert" werden, also beide deutsche Staaten sollen aus ihren Blöcken herausgelöst werden.
- Adenauer und die Westmächte lehnen den Vorschlag Stalins ohne lange Prüfung ab, weil sie in ihm nur ein Störmanöver zu den EVG-Verhandlungen sehen.

Die SU riegelt jetzt die Grenze zwischen der Bundesrepublik und der DDR sowie die zwischen der DDR und Westberlin streng ab.
Die amerikanische Außenpolitik ersetzt Ihre *Containment*-Politik durch das Konzept des ***Roll-Back***: Die Sowjetunion soll zurückgedrängt werden, wenn sie Ihren Einflussbereich ausweitet.

Die Pariser Verträge

Nach dem Tod Stalins (5.3.1953) wurde die westliche Einheit brüchig; erst durch die Pariser Verträge (Okt. 1954) konnte der Integrationsprozess fortgesetzt werden.

- Die Bundesrepublik wird in die NATO *(North Atlantic Treaty Organisation)* aufgenommen.
  - Sie verzichtet auf atomare, biologische und chemische Waffen und
  - sagt zu, dass sie eine Grenzänderung oder Wiedervereinigung nicht mit Waffengewalt erstrebt.

Teilsouveränität und Aufnahme in europäische Bündnisse

- Außerdem wird die Bundesrepublik in den Brüsseler Pakt eingegliedert, der nun nach dem gleichzeitigen Beitritt Italiens **Westeuropäische Union** (WEU) heißt.
- Mit der Annahme der Pariser Verträge wird die Bundesrepublik am **5. Mai 1955 souverän.** Als Vorbehaltsrechte bleiben bestehen: Rechte in Berlin, Rechte der alliierten Truppen und Fragen, die bei einem späteren Friedensvertrag Deutschland als Ganzes betreffen.
- Die Zustimmung Frankreichs wird mit der Europäisierung des Saargebietes erreicht. Freilich stimmt die Saarbevölkerung im Oktober 1955 für den Anschluss an die Bundesrepublik.

Wertung

- Die Bundesrepublik hat das Ziel der Souveränität und Gleichberechtigung innerhalb des Westens erreicht.
- Sie ist eingebunden in die Montanunion und in die Verteidigungssysteme der WEU sowie der NATO. Das gibt Sicherheit nach außen, sichert aber auch die Partner vor einer theoretisch möglichen deutschen Aggression.
- Dem Hegemoniestreben der SU ist ein Riegel vorgeschoben.
- Die Wiederbewaffnung der Bundesrepublik hat zu heftigen Auseinandersetzungen im Innern geführt.
- Die Spaltung Deutschlands ist vertieft, die Aussicht auf eine Wiedervereinigung in absehbarer Zeit verringert worden.
- USA und Sowjetunion haben ihre Machtsphären abgesteckt und gefestigt. Ost- und Westdeutschland sind fest in die jeweiligen Machtblöcke eingefügt.

Integration der DDR in den Ostblock

Aufnahme in den RGW und Warschauer Pakt

- 1950 wird die DDR in den im Jahr 1949 gegründeten Rat für gegenseitige Wirtschaftshilfe aufgenommen (RGW) (COMECON). Er bindet die Ostblockstaaten wirtschaftlich an die SU, hat aber keine supranationalen Organe.
- 1955 wird der **Warschauer Pakt** als Gegenpakt zur NATO gegründet. Die DDR tritt bei und bildet die Nationale Volksarmee.
- Im Sept. 1955 wird die DDR formal souverän. Die sowjetischen Truppen bleiben auf dem Territorium der DDR.

3 Die Regierungszeit Adenauers

Stabilisierung der Demokratie

- Der zweite Versuch, in Deutschland ein demokratisches System zu errichten, ist mit vielen Belastungen verbunden:
  - Deutschland ist geteilt.
  - Besatzungstruppen stehen im Land.
  - Die wirtschaftliche Not ist immer noch groß. Es fehlt an Wohnungen und Nahrungsmitteln. Die Arbeitslosenzahl ist hoch.
  - Millionen von Flüchtlingen und Heimatvertriebenen haben noch keine sichere Existenz gefunden und es kommen noch weitere Flüchtlinge nach.
  - Die Währungsreform hat vielen die Ersparnisse genommen und Besitzer von Sachwerten begünstigt.
  - Diese Belastungen drohen wieder zu einer politischen Radikalisierung zu führen.
- Die erste Bundestagswahl bringt ein klares Wählervotum für Parteien, die auf dem Boden der Demokratie stehen. Die Deutsche Reichspartei (DRP), ein Sammelbecken für ehemalige Nazis, erhält 1,8% der Stimmen, die DKP 5,7%.

Absage an radikale Parteien

- Die Wahlbeteiligung bei den Bundestagswahlen von 1949 bis 1961 ist sehr hoch, was auf Akzeptanz der Demokratie schließen lässt: 78,5%, 86%, 87,8%, 87,7%.
- Adenauer bildet eine Koalitionsregierung aus CDU/CSU, FDP, Deutsche Partei (DP), aber keine Große Koalition. Dadurch gibt es für den Wähler eine deutliche politische Alternative.
- Adenauer hat bis zu seinem Rücktritt 1963 immer das Amt des Bundeskanzlers inne. Die Regierung verfügt im Bundestag über klare Mehrheiten. Beides zusammen sorgt für Stabilität und Kontinuität.
- Adenauer bietet dem Wähler einfache, klare Aussagen: Antikommunismus, Westintegration und führt Partei und Regierung mit straffer Hand, dies kommt den damaligen Wählerwünschen entgegen, wenn es auch den Pluralismus nicht fördert. Der Wahlkampf ist ganz auf ihn zugeschnitten. Viele sprechen von einer „Kanzlerdemokratie“.

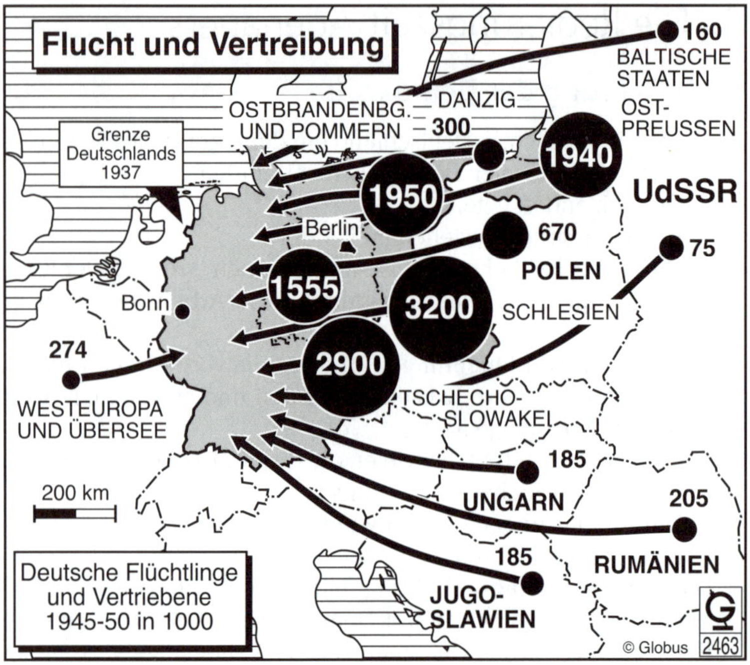

Die Parteienlandschaft

CDU/CSU als Volkspartei

- Die CDU/CSU verkörpert den Typ der **Volkspartei**. Es gelingt ihr, was im Programm vorgesehen war, Wähler der meisten sozialen Schichten anzusprechen und unterschiedliche politische Gruppen einzubinden. Adenauer wirkt als Integrationsfigur.

SPD – Abkehr vom Marxismus

- Die SPD tritt zunächst als **Arbeiterpartei**, also als Klassenpartei an. Sie hat mit Kurt Schumacher einen markanten Führer, der für eine klare Abgrenzung zur KPD und für eine deutlich national geprägte Haltung steht. Die soziale Marktwirtschaft lehnt er ab. An Adenauers Politik der Westintegration kritisiert er den Verzicht auf nationale Interessen. Als der Erfolg bei den Wahlen ausbleibt, beschreiten seine Nachfolger einen neuen Weg. Das **Godesberger Programm** von 1959 löst sich von der marxistischen Orientierung und macht die SPD zur gemäßigt linken Volkspartei. Sie gibt Sozialisierungsvorstellungen auf und akzeptiert die Westintegration. Das führt ihr in den 60er Jahren neue Wählerkreise zu.
- Die **FDP** kann sich als liberale Partei mit Wählern aus dem Kreis der Unternehmer und Intellektuellen halten.
- Der **Gesamtdeutsche Block / Bund der Heimatvertriebenen und Entrechteten (GB/BHE)** ist eine Interessenpartei. Er kann 1953 etwa die Hälfte der Stimmen seiner Zielgruppe gewinnen, mit zunehmender Integration aber wechseln die Wähler zu den großen Parteien.

- Das Bundesverfassungsgericht verbietet 1952 die rechtsradikale Sozialistische Reichspartei (SRP) und 1956 die KPD.
- Die zunächst vielen kleinen Parteien leiden unter der Sogwirkung der großen und schaffen durch die Änderung des Wahlgesetzes (5%-Klausel) den Sprung in den Bundestag nicht mehr.
- Dadurch ändert sich die Parteienlandschaft. Die Zahl der im Bundestag vertretenen Parteien beträgt: 1949: 13; 1953: 6; 1957: 5; 1961: 4; da CDU/CSU eine Fraktionsgemeinschaft bilden, sind es nur noch 3 Fraktionen. → Stabilität der Regierungen

Verbot von KPD und SRP

Kleine Parteien scheitern an der 5%-Klausel

Der Antikommunismus

- Als Gegner der Demokratie gilt der Kommunismus genauso wie der Nationalsozialismus.
- Durch die Expansion der SU, deren Einfluss bis an die Elbe reicht, sieht man in der SU eine machtpolitische und im Kommunismus eine weltanschauliche Bedrohung.
- Adenauer kann dies nutzen zur Durchsetzung der Westintegration.
- Er gebraucht es auch innenpolitisch zur Integration und rückt politische Gegner manchmal in die Nähe zum Kommunismus.
- Die Auseinandersetzung mit dem Nationalsozialismus verläuft wesentlich weniger scharf. Eine wirklich konsequente Aufarbeitung der NS-Vergangenheit erfolgt erst wesentlich später.

Die Gewerkschaften

DGB

- 1949 erfolgt der Zusammenschluss der Einzelgewerkschaften unter dem Dachverband des **DGB (Deutscher Gewerkschaftsbund)**.
- Ursprüngliche Zielsetzung der wirtschaftlichen Umgestaltung: Vergesellschaftung, paritätische Mitbestimmung wird nicht erreicht. Nur in der Montanindustrie wird die paritätische Mitbestimmung eingeführt. Durch den Erfolg der sozialen Marktwirtschaft rückt man von alten Zielen ab und ist mit einem Anteil von einem Drittel der Sitze in den Aufsichtsräten der großen Aktiengesellschaften zufrieden.
- Das Hauptinteresse gilt dem Abschluss der jeweiligen Tarifverträge (Die Tarifautonomie gilt seit 1949.). Darin sind die Gewerkschaften erfolgreich, ohne das Augenmaß zu verlieren. Das trägt wesentlich zur Steigerung des Lebensstandards der abhängig Beschäftigten bei.
- Neben dem DGB treten die **Deutsche Angestellten-Gewerkschaft (DAG)** und der **Deutsche Beamtenbund (DBB)** in der Interessenvertretung auf.

Tarifverträge im Mittelpunkt der Aktivitäten

Der Ausbau des Sozialstaats

Durch den wirtschaftlichen Aufschwung ist es möglich, sozial Schwachen und Benachteiligten zu helfen.

- Den Kriegsopfern und Schwerbeschädigten wird durch eigene Gesetze geholfen.
- Flüchtlingen und Heimatvertriebenen sichert das **Bundesvertriebenengesetz** (1953) Unterstützung.
- Das **Lastenausgleichsgesetz** von 1952 hilft denen, die durch Vertreibung oder durch Krieg ihren Besitz verloren haben. Wer nichts verloren hat, muss Leistungen für die Geschädigten erbringen.
- Naziopfer bekommen Wiedergutmachung.
- Der **Wohnungsbau** wird durch Steuererleichterung und der soziale Wohnungsbau durch direkte Hilfen gefördert.
- Die **Rentenreform** von 1957 erhöht die Renten und führt die dynamische Rente ein, d.h. eine Rente, die an die allgemeine Lohnentwicklung gekoppelt ist.

Das „Wirtschaftswunder"

Der wirtschaftliche Aufschwung der 50er Jahre kommt überraschend, hält bis zur ersten großen Rezession 1967 an und verstärkt die politische und soziale Stabilisierung des Landes.

Die Gründe für den Erfolg:

Soziale Marktwirtschaft ist erfolgreich

- System der Sozialen Marktwirtschaft
- Die Einführung einer stabilen Währung durch die Währungsreform.
- Es gibt viele qualifizierte und motivierte Arbeitskräfte.
- Produktionsanlagen werden nach der Zerstörung und Demontage umfassend modernisiert → höhere Produktivität.
- Der Marshall-Plan gibt eine Starthilfe.
- Durch die Westintegration wird der Zugang zu internationalen Märkten erleichtert; von dort kommt eine kräftige Nachfrage (Mitgliedschaft bei OEEC, GATT, EWG).
- Im Zusammenhang mit dem Korea-Krieg wird die Weltkonjunktur belebt, was in Deutschland zunächst Rohstoffmangel und Preissteigerungen zur Folge hat, dann aber die Produktion ankurbelt.
- Die Nachfrage im Inland ist sehr groß wegen des Nachholbedarfs nach Jahren der Entbehrung und Not.
- Die Grundstimmung ist optimistisch.

Folgen des „Wirtschaftswunders"

Stärkung des Mittelstandes

- Das Wirtschaftswunder lässt die Zahl der Arbeitslosen rasch sinken (1,8 Mio. 1950; 200 000 1960 bis 1965), das Bruttosozialprodukt zeigt hohe Zuwachsraten.

- Es können viele Wohnungen gebaut werden, der private Lebensstandard steigt (Nahrungsmittel, Haushaltseinrichtung, beginnende Motorisierung).
- Millionen von Flüchtlingen und Heimatvertriebenen können integriert werden und leisten selbst einen Beitrag dazu.
- Die Tendenz zur Mittelstandsgesellschaft wird immer deutlicher.

4 Konflikte und Veränderungen in den 60er Jahren

Adenauers Autoritätsverlust

- Die großen politischen und wirtschaftlichen Erfolge Adenauers in den 50er Jahren machen ihn lange Zeit unangreifbar.
- Anfang der 60er Jahre kommt es zu Schwierigkeiten: Krisen um Berlin, Reibereien mit den USA; kaum Fortschritte der EWG.
- Die **Spiegelaffäre** (1962) beschäftigt eine breite Öffentlichkeit. *Spiegelaffäre*
  - Nach einem Spiegelbericht – unter Verwendung geheimer Unterlagen – über ein NATO-Manöver kommt es zu Verhaftungen beim Spiegel. Die Öffentlichkeit ist empört, weil sie die Pressefreiheit in Gefahr sieht, nachdem sich herausgestellt hat, dass Verteidigungsminister Strauß an dem Vorgehen gegen den Spiegel nicht unbeteiligt war und der Kanzler den Minister gedeckt hat.
- Nach dem Verlust einer Landtagswahl 1963 tritt Adenauer zurück und macht den Weg für Ludwig Erhard frei.

Ludwig Erhards Kanzlerschaft

- Ludwig Erhard, der „Vater der Sozialen Marktwirtschaft" und der erfolgreiche Wirtschaftsminister ist sehr populär.
- 1963 ist noch eine Phase der Hochkonjunktur.
- Im Vertrauen auf die gute Konjunkturlage führt er viele kostspielige Maßnahmen durch: mehr Kindergeld und Wohngeld; Kriegsopferversorgung, Stipendien für Studenten, andererseits auch Steuersenkung. Auch die Subventionen für die Ruhrkohle belasten den Etat.
- Dies alles kommt auf Druck von Interessengruppen zustande. Der Staat ist zum „Verteilerstaat" geworden.
- Als die Konjunktur nachlässt, die Arbeitslosenzahlen steigen, entsteht eine Haushaltslücke, weil Steuereinnahmen fehlen.
- Statt mit Steuermaßnahmen einzuschreiten, richtet Erhard wiederholt Maßhalteappelle an die Bevölkerung, die aber nicht angenommen, sondern eher belächelt werden.

- Als einschneidende Maßnahmen zu Haushaltssanierung unumgänglich werden, kündigt die FDP die Koalition.
- Gleichzeitig mit der einsetzenden Rezession beginnt der kurze Erfolg der rechtsradikalen NPD bei Landtagswahlen.

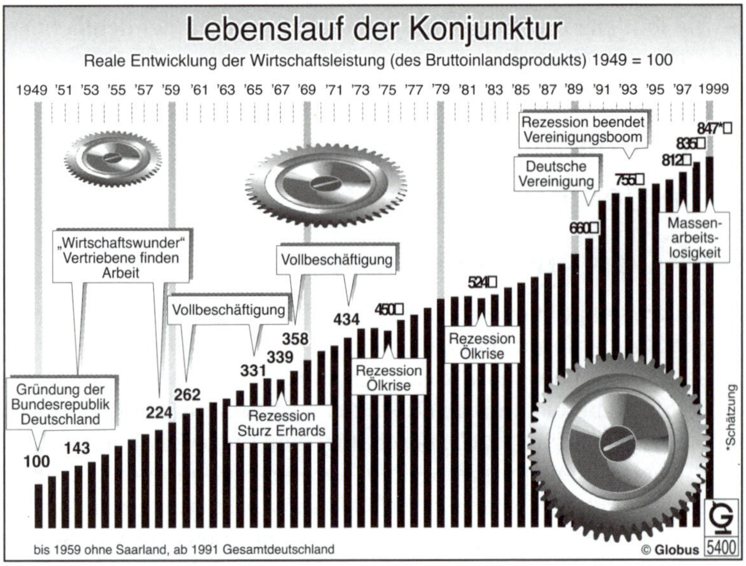

Die Große Koalition und die wirtschaftliche Stabilisierung

SPD zum ersten Mal in der Regierungsverantwortung

- Die Große Koalition zwischen CDU/CSU und SPD ab Dez. 1966 ermöglicht es der SPD, aus der ständigen Oppositionsrolle herauszukommen.
- Kanzler: Kurt-Georg Kiesinger (CDU), Außenminister: Willy Brandt (SPD), Finanzminister: Franz Josef Strauß, Wirtschaftsminister: Karl Schiller (SPD)
- Zwar scheitert das Vorhaben, ein Mehrheitswahlrecht einzuführen, aber die Wirtschaftskrise kann rasch überwunden werden. Die Arbeitslosigkeit geht von 2,1% auf 0,8% (1969) zurück. Die Anzahl der Gastarbeiter steigt auf die Rekordhöhe von 1,5 Mio. Menschen.

Das „magische Viereck" der Wirtschaftspolitik

- Die neue Wirtschaftspolitik will vier Ziele gleichzeitig erreichen: Wachstum, Preisstabilität, Vollbeschäftigung und ausgeglichene Außenhandelsbilanz. Innerhalb dieses „magischen Vierecks" muss ständig nach einem Ausgleich gesucht werden.
- Um das Ziel zu erreichen, betreibt der Staat eine aktive, antizyklische **Konjunkturpolitik**. Bund und Länder müssen ihre Haushaltspolitik abstimmen.

- In Krisensituationen sollen sich in einer „**konzertierten Aktion**" Staat, Unternehmer, Gewerkschaften und Sachverständige abstimmen.

Das Ringen um die Notstandsgesetzgebung

- Für den Fall des äußeren oder inneren Notstands gibt es in jedem Staat besondere Regelungen. In der Bundesrepublik fehlten sie, weil sie noch den Alliierten vorbehalten waren.
- Die Große Koalition könnte die nötige Grundgesetzänderung mit ihrer Zwei-Drittel-Mehrheit durchführen.
- Die Befürworter wollen die alliierten Vorbehaltsrechte aus dem Deutschlandvertrag von 1954 ablösen und damit einen weiteren Schritt zur vollen Souveränität gehen.
- Die Gegner befürchten eine ernsthafte Gefahr für die Demokratie. Die Erinnerung an den Artikel 48 der Weimarer Verfassung ist noch nicht verblasst.
- Zu den heftigsten Gegnern gehören die Gewerkschaften, die anfangs sogar mit dem Generalstreik drohen, aber auch Hochschullehrer, Studenten, Schriftsteller, Pastoren, die liberale und linksliberale Presse. Es bildet sich die APO.

Heftige Kontroversen und Bildung der APO

- Das Gesetz sieht eine Einschränkung der Grundrechte, ein vereinfachtes Gesetzgebungsverfahren in einem „Gemeinsamen Ausschuss" (Artikel 53 GG) und den Einsatz der Bundeswehr im Innern vor.
- Am 30. Mai 1968 wird das Gesetz mit den Stimmen der Unionsparteien und einem Großteil der SPD angenommen.

Die Außerparlamentarische Opposition (APO) und antiparlamentarische Tendenzen

Umfassende Protestbewegung in den westlichen Staaten

- Die Protestbewegung – besonders von Studenten – gegen Staat und Gesellschaft findet in der ganzen westlichen Welt statt.
- Sie geht von den USA aus, wo es Proteste gegen Diskriminierung der schwarzen Bevölkerung, gegen das Armutsproblem und gegen den Vietnamkrieg gibt.
- In der Bundesrepublik kommt hinzu, dass es im Parlament keine starke Opposition gibt und dass das Anwachsen der NPD eine Rechtsentwicklung erkennen lässt.
- Ausgangspunkte sind die Universitäten, wo eine Politisierung der Studenten durch den SDS (Sozialistischer Deutscher Studentenbund, von dem sich die SPD 1960 getrennt hatte), stattfindet.
- Hintergrund ist eine neomarxistische Ideologie, die von der „**Frankfurter Schule**" ausgeht. Kernpunkte sind Antikapitalismus, Demokratisierung nach einem Rätesystem, Wunsch nach einer herrschaftsfreien und klassenlosen Gesellschaft.

- Ansatzpunkte des Protestes sind zuerst die durch die Ordinarien geprägten Universitäten, Elternhäuser, Schulen; dann gehen die Aktionen an die Öffentlichkeit und richten sich gegen Notstandsgesetze, die Springer-Presse, Diktaturen wie das Schah-Regime in Persien, den Vietnam-Krieg. Die Proteste sind von einem starken Anti-Amerikanismus und Sympathie für weltweite Befreiungsbewegungen getragen.

Radikalisierung der Auseinandersetzungen

- Ausdrucksformen des Protestes sind zunächst friedliche „Sit-ins", dann öffentliche Demonstrationen mit gewalttätigen Auseinandersetzungen, Blockaden oder Brandanschläge auf Kaufhäuser.
- Zur Eskalation tragen der Tod eines Studenten bei einer Anti-Schah-Demonstration und der Anschlag auf den Berliner SDS-Sprecher Rudi Dutschke bei.
- Mit dem Ende der Großen Koalition 1969 zerfällt die APO rasch.

5 Herausforderungen und Reformen in den 70er Jahren

Die Sozialliberale Koalition

- Die Große Koalition zerbricht über wirtschaftlichen Fragen. Die Wahlen 1969 bringen der SPD 42,7%, die CDU fällt auf 36,6%, während die CSU bei 9,5% bleibt. Die FDP kann mit ihren 5,8% die Regierungsbildung entscheiden.
- Kanzler: Willy Brandt (SPD), Außenminister: Walter Scheel (FDP)

Brandts Reformprogramm: „Mehr Demokratie wagen"

- Damit sollen Erwartungen besonders der jungen Generation erfüllt werden.

Bildungsreform, Mitbestimmung, Volljährigkeit mit 18

- Wahlrecht und Volljährigkeit werden auf 18 Jahre herabgesetzt.
- Mit der Bildungsreform wird mehr Chancengleichheit angestrebt, Begabungsreserven sollen ausgeschöpft und die Abiturientenzahl gesteigert werden. Diese Aufgabe übernehmen die Länder.
- Das Mitbestimmungsgesetz führt in weiteren Großbetrieben die paritätische Besetzung des Aufsichtsrates ein.
- Die Sozialausgaben des Staates verdoppeln sich innerhalb von fünf Jahren.

Der „Radikalenerlass"

1968 wird die Deutsche Kommunistische Partei (DKP) gegründet. Um aus außenpolitischen Gründen einen Verbotsantrag zu vermeiden, wird der Radikalenerlass verkündet.

- Rudi Dutschke hatte die Anhänger der linken Protestbewegung zum „Marsch durch die Institutionen“ aufgefordert.
- Um dies abzuwehren, wird im öffentlichen Dienst nach einer neuen gesetzlichen Regelung jeder Bewerber überprüft, ob er jederzeit zur freiheitlich-demokratischen Grundordnung steht.
- Das Gesetz wird später nicht mehr in allen Ländern in gleicher Weise angewandt.

Ostverträge und Regierungskrise

- Die **Ostverträge** von 1970 führen zu einer Polarisierung, weil sich besonders Vertriebenenverbände, die der CDU/CSU nahe stehen, heftig dagegen wehren. Dennoch stellen sie einen Durchbruch im Verhältnis zum Ostblock dar. Brandt erhält dafür den **Friedensnobelpreis** (1971).
- Durch den Parteiwechsel von einigen Abgeordneten hat die Regierung keine Mehrheit mehr. Oppositionsführer Barzel (CDU) versucht Kanzler Brandt durch ein konstruktives Misstrauensvotum zu stürzen, was aber scheitert.

Brandt gewinnt Misstrauensvotum

- Da Brandt zwar Kanzler bleibt, aber keine Mehrheit hat, erfolgen Neuwahlen.
- Brandt kann seine Popularität nutzen und bei einer Wahlbeteiligung von 91% sogar 6 Sitze hinzugewinnen, die FDP 11 Sitze, sodass die Koalition gestärkt fortgesetzt werden kann.

Die Ölkrise

- 1973 drosseln die OPEC-Länder die Förderquoten für Öl drastisch und rufen damit eine Verknappung des Öls und eine kräftige Preissteigerung hervor.

Ölkrise führt zur Rezession

- Wegen der Abhängigkeit der westlichen Industriestaaten und Japans vom Öl kommt es zu einer weltweiten Wirtschaftskrise. In Deutschland ist die Rezession größer als 1967.
- Auch die 2. Ölkrise 1979 hat negative Auswirkungen auf die Wirtschaft und bringt die Regierung in Schwierigkeiten.

Brandts Machtverlust

- Schon seit seinem nach außen triumphalen Wahlerfolg von 1972 schwindet Brandts Rückhalt innerhalb der eigenen Partei. Neben Herbert Wehner und Helmut Schmidt sammeln sich weitere Kritiker.
- Brandt wird zu große Nachgiebigkeit gegenüber gewerkschaftlichen Forderungen zum Vorwurf gemacht.
- Dann kommen Verluste bei Landtagswahlen hinzu. Als der persönliche Referent Brandts, Guilleaume, als Agent der DDR enttarnt wird, tritt Brandt als Kanzler zurück.

Regierung Helmut Schmidt / Hans-Dietrich Genscher

Terrorismus provoziert den Staat

Terrorismus gefährdet innere Sicherheit

- Die terroristischen Gruppen gehen aus der APO-Bewegung hervor. Eine kleine Gruppe verübt in Berlin, noch vor dem Attentat auf Rudi Dutschke, zwei Kaufhaus-Brandanschläge. Darunter sind Andreas Baader und Gudrun Ensslin. Ulrike Meinhof, eine Journalistin, unterstützt die Tat, der SDS distanziert sich aber.
- Die „Baader-Meinhof-Gruppe" entsteht, die durch gewaltsame Aktionen eine revolutionäre Umgestaltung der Gesellschaft erzwingen will.

Die RAF

- 1972 werden die führenden Köpfe der RAF (Rote-Armee-Fraktion, wie sich die Baader-Meinhof-Gruppe jetzt nennt), Baader, Ensslin und Meinhof verhaftet und in besonders für sie gebaute Gefängnistrakte eingeliefert.
- Der Selbstmord von Ulrike Meinhof (1976) führt zu Protesten und Terroraktionen nicht nur in Deutschland, sondern auch in anderen europäischen Staaten.
- 1977 werden Generalbundesanwalt Buback, Bankchef Jürgen Ponto und der Industrielle Hanns Martin Schleyer ermordet.
- Die noch einsitzenden RAF-Führungsmitglieder sollen durch die Entführung einer Lufthansa Maschine frei gepresst werden. Die Bundesregierung unter Bundeskanzler Schmidt lässt sich darauf nicht ein und befreit die Geiseln gewaltsam.
- Baader, Raspe und Ensslin begehen in ihren Zellen Selbstmord. Es kommt im In- und Ausland zu Protestaktionen.

RAF ohne Basis in der Bevölkerung

- Der Staat hat dem Terrorismus nicht nachgegeben. Entscheidend war, dass es in der Bevölkerung keine Solidarisierung mit den terroristischen Gruppierungen gab.

Wirtschaftsentwicklung

- Es gelingt, wieder Stabilität zu erreichen, aber die Arbeitslosenzahlen nehmen zu.
- Die Kosten für die Bekämpfung der Arbeitslosigkeit und die Konjunkturförderung lassen die Staatsverschuldung steigen.

Thema Umwelt / Partei „Die Grünen"

- Die Belastung der Umwelt durch industrielle Produktion und Verkehr war lange vernachlässigt worden.
- Der *Club of Rome* weist 1972 in dem Buch „Grenzen des Wachstums" auf die Begrenztheit der Ressourcen der Erde und auf den sorglosen Umgang mit Rohstoffen und Energieträgern hin.
- Waldsterben, Abholzung tropischer Regenwälder, Gewässerbelastung, Zerstörung der Ozonschicht, Treibhauseffekt und radioakti-

ve Belastung finden in den 70er und 80er Jahren weite Beachtung. Nach den Atomunfällen von Harrisburg (USA 1979) und Tschernobyl (Sowjetunion, Ukraine 1986) wird die friedliche Nutzung der Kernenergie von vielen abgelehnt.
- In der Bevölkerung entstehen Bürgerinitiativen gegen Straßenbauten, Flughäfen, Kernkraftwerke.
- 1977 bildet sich die erste Partei „Die Grünen" auf Landesebene, auf Bundesebene 1980. Heftige Flügelkämpfe zwischen „Realos" und „Fundis" verhindern zuerst größere Wahlerfolge. Die „Realos", die im Rahmen der bestehenden politischen Ordnung ihre Ziele erreichen wollen, setzen sich immer stärker durch.
- 1993: Zusammenschluss mit einer Bürgerrechtsbewegung aus der ehemaligen DDR zur Partei: Bündnis 90/Die Grünen.

Aus Bürgerinitiativen und alternativen Bewegungen entstehen „Die Grünen"

Streit um die Nachrüstung

Nato-Doppelbeschluss und Friedensbewegung

- Durch die Stationierung der neuen SS-20 Mittelstreckenraketen hat die SU nach Ansicht der Westmächte ein Übergewicht in Europa bekommen. Kanzler Schmidt setzt deswegen im Dez. 1979 den **NATO-Doppelbeschluss** durch.
- Ab 1983 soll zum Ausgleich in Mitteleuropa eine Nachrüstung durch Pershing -II- Raketen und durch Marschflugkörper erfolgen. Auf die Aufstellung soll verzichtet werden, wenn die SU die SS-20 wieder abbaut.
- In der Bundesrepublik entsteht eine **„Friedensbewegung"**. Sie organisiert Großdemonstrationen und findet viele Anhänger, weil die Sorge vor einem Atomkrieg wächst.
- Helmut Schmidt verliert mit seinem Konzept des Gleichgewichts und der gegenseitigen Abschreckung auch in den Reihen seiner eigenen Partei Anhänger.
- Der Bundestag stimmt, weil die SU nicht einlenkt, im November 1983 der Stationierung der Pershing-Raketen zu.

Regierungswechsel

- Die wirtschaftliche Krise, verschärft durch die 2. Ölkrise, führt zu einem Anstieg der Arbeitslosenzahlen auf über 2 Mio.
- Die SPD möchte dem mit einem Beschäftigungsprogramm begegnen. Die FDP will dagegen im Haushalt einsparen und durch Steuerentlastung die Wirtschaft ankurbeln.
- Darauf stürzen CDU/CSU zusammen mit der FDP durch ein konstruktives Misstrauensvotum im Oktober 1982 Kanzler Schmidt und wählen Helmut Kohl zu seinem Nachfolger. Hans-Dietrich Genscher (FDP) wird Vizekanzler und Außenminister.

FDP verlässt die Koalition und bringt die CDU/CSU an die Macht

6 Die Entwicklung in der DDR

Die Machtsicherung der SED nach Stalinistischem Vorbild ab 1949

Hierarchisch geführte Partei ohne innere Demokratie

- Die SED wird zu einer hierarchisch geführten Partei ohne innere Demokratie umgestaltet. Durch Säuberungen werden ehemalige SPD-Mitglieder, aber auch Altkommunisten aus der Partei entfernt (1950/51: 150 000).
- Die übrigen Parteien und Massenorganisationen werden in der **Nationalen Front** zusammengeschlossen und zunehmend von der SED gesteuert.
- Die **Justiz** wird in den Dienst der Partei gestellt und fällt allein 1950 78 000 Urteile wegen politischer Delikte. Das Politbüro gibt an Staatsanwälte und Gerichte konkrete Anweisungen, oft bis hin zu den Strafhöhen. Politische Häftlinge werden später von der Bundesregierung freigekauft, was der DDR insgesamt 3,4 Mrd. DM Devisen bringt.

„Stasi" überwacht die Bevölkerung

- Das 1950 eingerichtete Ministerium für Staatssicherheit **(Stasi)** bespitzelt die Bevölkerung und kann Verhaftungen vornehmen. Die Zahl der hauptamtlichen Mitarbeiter steigt von 13 000 auf 100 000 am Ende der DDR, dazu kommen noch Inoffizielle Mitarbeiter (IM).

1952: „Planmäßiger Aufbau des Sozialismus"

- Die Auflösung der Länder erleichtert die zentralistische Verwaltung.

Kollektivierung der Landwirtschaft

- Die „Volkseigenen Betriebe" werden erweitert und die noch bestehenden Privatbetriebe zurückgedrängt.
- Die **Kollektivierung** der Landwirtschaft (Bildung von LPGs) und in Handel und Handwerk wird gegen erbitterten Widerstand voran getrieben.
- Auf Kosten der Konsumgüterindustrie wird die Schwerindustrie gefördert.
- Die radikale Umsetzung führt zu Versorgungsengpässen bei Kohle und Lebensmitteln.
- Massive Einschränkungen der Freiheit; Preiserhöhungen → Fluchtbewegung setzt ein.
- Die neue sowjetische Führung nach dem Tod Stalins befiehlt einen „Neuen Kurs", nach dem mehr Konsumgüter produziert werden sollen, mehr Rechtssicherheit soll entstehen.

Der Volksaufstand vom 17. Juni 1953

- Die Arbeitsnormen, um 10% erhöht, sollen nicht zurückgenommen werden. Der Protest von Berliner Bauarbeitern dagegen weitet sich zum politischen Protest:
- Sturz der Regierung und freie Wahlen werden gefordert.
- Der Protest greift auf die ganze DDR über und wird von weiten Teilen der Bevölkerung unterstützt. → Die sowjetischen Militärs verhängen den Ausnahmezustand und schlagen den Aufstand mit Panzern nieder. Es gibt Todesopfer und über 10 000 Verhaftungen.
- **Ergebnisse:** Die Normenerhöhung wird zurückgenommen, die Konsumgüterproduktion erhöht, die Lebensmittelpreise werden später gesenkt. Der Parteiapparat wird gesäubert. Die Erkenntnis setzt sich fest, dass die SU das Regime stützt und es deswegen nicht beseitigt werden kann.

Protest wird von der SU gewaltsam unterdrückt

Konsolidierung

- Trotz einer leichten Steigerung des Lebensstandards und Lohnerhöhungen hält die Fluchtbewegung an. (Flüchtlinge in Tausend: 1953 331; 1954 184; 1955 252)
- Die wirtschaftliche und politische Stabilisierung ermuntert Ulbricht, die Kollektivierung erneut voranzutreiben.

Krise und Mauerbau am 13.8.1961

- Erneute Versorgungsengpässe und die Befürchtung, dass das „Schlupfloch“ nach Westberlin geschlossen werden könnte, führt zu einer erneuten Fluchtwelle. Den Verlust meist junger, ausgebildeter Kräfte kann sich das Regime nicht mehr leisten.
- Durch den Mauerbau zwischen West- und Ostberlin und die Absperrung ganz Westberlins kommt der Flüchtlingsstrom fast zum Versiegen.
- Sowjetische und amerikanische Panzer stehen sich gegenüber, die USA sind aber nur bei einer Blockade der Zugangswege nach Berlin bereit, militärisch einzugreifen.
- Bei Fluchtversuchen kommen später immer wieder Menschen um ihr Leben. In der Nationalen Volksarmee wird der **Schießbefehl** gegen alle „Republikflüchtlinge“ erlassen.

DDR sperrt ihre Bevölkerung ein

Schießbefehl gegen „Republikflüchtlinge“

Festigung bis 1970

- Da kaum noch Flucht möglich ist, finden sich die meisten Bewohner der DDR mit dem Regime ab, das ihnen gewisse Freiräume zusichert.
- Ein Technologieprogramm wird aufgelegt, bringt aber nicht den erhofften Sprung bei der Leistungsfähigkeit im internationalen Wettbewerb.

Die DDR unter Erich Honecker (1971–1989)

- Honecker stützt sich weitgehend auf die Partei, den Staatssicherheitsdienst und auf die Lenker der Wirtschaft, während der Ministerrat in den Hintergrund tritt.
- Mit der SU vermeidet er Konflikte.

Außenpolitische Erfolge und soziale Verbesserungen

- Der Grundlagenvertrag mit der Bundesrepublik und die zunehmende **internationale Anerkennung** festigen das Regime.
- Die Bevölkerung erhält höhere Löhne, bescheidene Renten, mehr Konsumgüter und mehr Wohnungen.
- Die SED gibt aber ihren totalitären Führungsanspruch nicht auf: Künstler und Intellektuelle werden in ihrem Wirkungskreis eingeschränkt oder ausgebürgert.
- Die wirtschaftliche Scheinblüte („Goldene Jahre") kann aber nicht darüber hinwegtäuschen, dass die Produktivität gering ist und das Land sich immer mehr verschuldet, was aber streng geheim gehalten wird. Die DDR lebt über ihre Verhältnisse.

DDR steht vor dem Bankrott

- 1983 wird die drohende **Zahlungsunfähigkeit** noch durch einen Milliardenkredit der Bundesregierung abgewendet, was die DDR mit dem Abbau der Selbstschussanlagen an der Grenze, mit Reiseerleichterungen und Haftentlassungen erkauft.
- Langsam wächst eine innere Opposition an. Sie kann sich auf die Unterzeichnung der KSZE-Vereinbarungen 1975 durch die DDR berufen (Wahrung der Menschenrechte).
- Den Wandlungsprozess wie in der SU unter Gorbatschow ab 1985 *(Glasnost, Perestroika)* macht die DDR nicht mit, die Reformen in Polen und Ungarn betrachtet die Parteiführung mit Ablehnung.

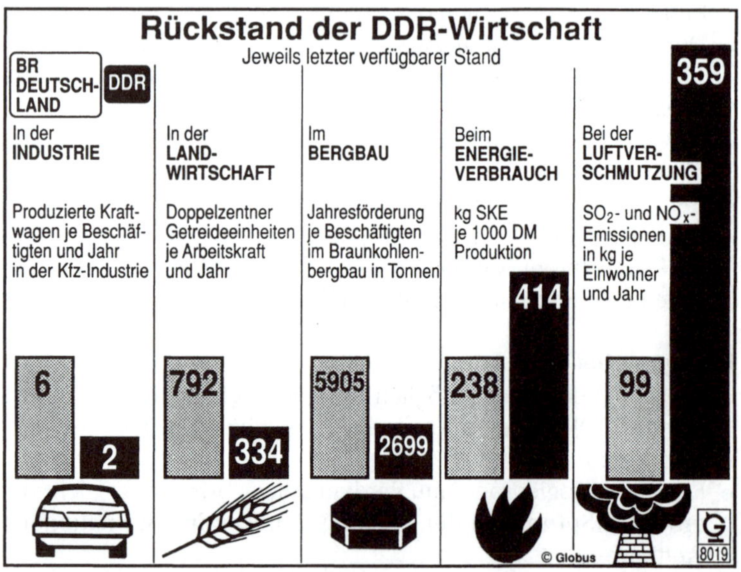

Die friedliche Revolution

Demokratie, Friede und Menschenrechte

- In der DDR formieren sich **oppositionelle Gruppen**:
  - Friedensgruppen und Umweltgruppen unter dem Schutz eines begrenzten kirchlichen Freiraums;
  - 1985 die „Initiative Frieden und Menschenrechte";
  - Im Mai 1989 zeigen Regimegegner Fälschungen bei den Kommunalwahlen an.
  - Im August und September bilden sich: „Demokratie Jetzt", „Neues Forum", „Demokratischer Aufbruch", „Sozialdemokratische Partei"
- Ausreiseanträge werden gestellt; die ungarische Regierung öffnet die Grenze zu Österreich und ermöglicht Ausreisen; Tausende verschaffen sich Zugang zu bundesdeutschen Botschaften in Warschau, Ost-Berlin und Prag und können so das Land verlassen.

Massendemonstrationen drängen das SED-Regime in die Enge

- Regelmäßige Massendemonstrationen beginnen im September, zuerst in Leipzig, dann in weiteren Städten und fordern Reformen und freie Wahlen.
- Bei den Feierlichkeiten zum 40. Jahrestag der Gründung der DDR erinnert Gorbatschow den SED-Chef Honecker an die Notwendigkeit von Reformen.
- Am 9. Oktober in Leipzig steht die Armee der DDR bereit für ein mögliches Eingreifen, die sowjetische Armee lehnt aber eine Unterstützung ab.
- Das Politbüro will durch den Sturz Honeckers am 18.10.1989 die aufgebrachte Bevölkerung beruhigen, doch Egon Krenz, der Nachfolger, kann nur wenige Zugeständnisse machen, die nicht zufrieden stellen.
- Flucht und Ausreisebewegung gehen weiter, die Massendemonstrationen werden noch größer.
- Am 7. Nov. tritt der Ministerrat, am 8. Nov. das Politbüro zurück. Die Machthaber können dem Druck nicht mehr standhalten.

Öffnung der Mauer am 9. November 1989

- Am 9. November öffnet sich die Mauer, auch die Grenze zwischen der DDR und der Bundesrepublik.

Ende der Alleinherrschaft der SED

Veränderung der Parteienlandschaft

- Der am 13. November gewählte Ministerpräsident der DDR, Hans Modrow, bildet eine neue Regierung unter Einbeziehung der neuen Oppositionsgruppen: „Runder Tisch".
- In einer Verfassungsänderung im Dez. 1989 wird die Formulierung „führende Rolle" der SED gestrichen.
- Das Ministerium für Staatssicherheit (Stasi) wird aufgelöst.
- Die Blockparteien werden selbstständig.
- Die SED erlebt Massenaustritte; sie wandelt sich zur PDS.
- Neue Parteien entstehen: „Demokratischer Aufbruch" und DSU „Deutsche Soziale Union".

7 Innerdeutsche Beziehungen

Unterschiedliche Rechtsstandpunkte

- Die Bundesrepublik erhebt in der Verfassung von 1949 in der Präambel den Anspruch auf Wiedervereinigung im Rahmen einer freiheitlichen Ordnung.
- Adenauer formuliert den Alleinvertretungsanspruch der Bundesrepublik, weil nur sie eine demokratische Legitimation habe. Die DDR wird rechtlich nicht anerkannt.
- Die Verfassung der DDR möchte ihrerseits ein Modell für ganz Deutschland sein und hält in gleicher Weise an der Wiedervereinigung fest. Diplomatischen Beziehungen zwischen beiden Staaten gibt es nicht.
- Erst in der Verfassung der DDR von 1974 fehlt der Wiedervereinigungsanspruch.

Die Zwei-Staaten-Theorie

- Seit der Einbindung der beiden Staaten in NATO und Warschauer Pakt will die Sowjetunion mit dieser Theorie die DDR aufwerten, indem sie die DDR als selbstständigen Staat definiert. Wiedervereinigung sei also eine Angelegenheit zwischen den beiden deutschen Staaten.

Der Alleinvertretungsanspruch – Hallstein-Doktrin (1955)

- Die Bundesrepublik will ihren Alleinvertretungsanspruch dadurch international durchsetzen, dass sie zu jedem Staat, der die DDR diplomatisch anerkennt, die Beziehungen abbricht. Bei Ländern der Dritten Welt, die auf Entwicklungshilfe aus der Bundesrepublik hoffen, ist das bis zum Ende der 60er Jahre wirksam. Nur für die SU gilt diese Regelung nicht.
- Seit dem Bau der Mauer (1961) muss die Bundesrepublik mit der DDR verhandeln, will sie den Verwandtenbesuch von Westberlinern in Ostberlin weiterhin ermöglichen. Der Berliner Senat schließt 1963 ein **Passierscheinabkommen** mit der DDR. Die DDR lässt Rentner in den Westen reisen.

Ostpolitik im Zeichen der Entspannung

- Ab 1969 entspannt sich das Verhältnis zwischen den USA und der SU. Man erkennt die bestehenden Einflusszonen gegenseitig an.
- Das ergibt eine neue Möglichkeit der zwischendeutschen Beziehungen: Wandel durch Annäherung.

„Zwei Staaten in Deutschland"

- Die sozialliberale Koalition findet eine neue theoretische Grundlage: Die Bundesrepublik und die DDR sind **„zwei Staaten in**

Deutschland" und sie sind „füreinander nicht Ausland". Dadurch wird die Einheit der Nation nicht aufgegeben, stellt keine völkerrechtliche Anerkennung der DDR dar, sieht aber beide Staaten als gleichberechtigt an und ermöglicht auf dieser Basis gemeinsame Verträge.

Anerkennung der Ostgrenzen

- Zunächst werden mit den **Verträgen von Moskau und Warschau** 1970 die Grenzen dieser Staaten anerkannt und es wird Gewaltverzicht vereinbart.
- Der **Verkehrsvertrag mit der DDR** 1972 ermöglicht unter bestimmten Voraussetzungen Reisen von DDR-Bürgern in die Bundesrepublik und auch Reisen in die Gegenrichtung; außerdem regelt er auch den Güterverkehr.

Der Grundlagenvertrag mit der DDR (1972)
- Gleichberechtigung wird anerkannt;
- Unverletzlichkeit der Grenzen und Gewaltverzicht;
- kein Alleinvertretungsanspruch;
- „Ständige Vertreter" werden ausgetauscht.

Aufnahme beider deutscher Staaten in die UN

- Die Aufnahme beider Staaten in die UN 1973 bedeutet für die DDR den Durchbruch bei der internationalen Anerkennung.
- In den innerdeutschen Beziehungen bleiben trotz mancher menschlicher Erleichterungen die Abgrenzungstendenzen bestehen.
- Die DDR ist nach der Anerkennung ihrer Souveränität bemüht, ihr politisches Selbstverständnis klar zu formulieren. In der Verfassung von 1949 ist vom „deutschen Volk" die Rede, 1974 nur noch vom „sozialistischen Staat der Arbeiter und Bauern".
- Das System der DDR hat sich nicht gewandelt. Im Gegenteil: Die Grenzanlagen werden seit 1970 ausgebaut. Selbstschussanlagen (bis 1983) und Schießbefehl machen sie fast unüberwindlich.
- Die Verständigung aus humanitären Gründen wird nach 1982 von der Regierung Kohl fortgesetzt.

8 Der Weg zur Einheit

- Bei den Massendemonstrationen wird der Ruf nicht nur nach Veränderungen in der DDR, sondern auch nach der Wiedervereinigung immer deutlicher („Wir sind *ein* Volk").
- Kanzler Kohl legt Ende November ein **Zehn-Punkte-Programm** vor, das eine Vertragsgemeinschaft mit einer demokratischen DDR-Regierung vorsieht und der Bevölkerung in der DDR Hoffnung für die Zukunft machen soll. Die DDR-Regierung lehnt ab.

- Modrow strebt eine militärisch neutrale Konföderation beider deutscher Staaten an, die Planwirtschaft sollte weiterbestehen. Dazu ist die Regierung Kohl nicht bereit.
- Der sowjetische Ministerpräsident **Gorbatschow** gibt Kohl in Moskau am 10.2.1990 grünes Licht für die Wiedervereinigung: „Es ist Sache der Deutschen, den Zeitpunkt und den Weg der Einigung selbst zu bestimmen."

„Allianz für Deutschland" gewinnt erste freie Wahlen

- Die ersten freien Wahlen zur Volkskammer in der DDR (1990) enden überraschend: Die SPD erreicht nur 21,8%, die „Allianz für Deutschland" aus CDU, Demokratischem Ausbruch und DSU 47,8%, Bündnis 90, das für den Weiterbestand einer demokratisierten DDR eintritt, nur 2,9%.
- Eine Große Koalition mit SPD wählt Lothar de Maizière (CDU) zum neuen Ministerpräsidenten.

Der innerdeutsche Weg zur Einheit

- De Maizière schlägt als Weg zur Wiedervereinigung den Beitritt zur Bundesrepublik nach Artikel 23 GG vor. Die Alternative ist nach Art. 146 GG die Ausarbeitung einer neuen, gemeinsamen Verfassung.

Einführung der DM in der DDR soll Zusammenbruch der Wirtschaft stoppen

- Um die Massenabwanderung aus der DDR und den Zusammenbruch der dortigen Wirtschaft zu stoppen, entschließen sich beide Regierungen zu einem Vertrag über die **„Wirtschafts-, Währungs- und Sozialunion"** noch bevor die Wiedervereinigung geregelt ist. Am 2. Juli 1990 wird die DM in der DDR eingeführt. Alle Westwaren sind jetzt käuflich, aber die Betriebe der DDR sind der westlichen Konkurrenz nicht gewachsen.
- Der Einigungsvertrag vom 31. Aug. 1990 regelt die komplizierten rechtlichen Fragen zwischen den beiden deutschen Staaten.

Der außenpolitische Weg zur Einheit

- Die **Zuständigkeit der Alliierten** für alle Fragen, die Deutschland als Ganzes betreffen, besteht immer noch. Es gibt also keine Wiedervereinigung ohne Zustimmung der Siegermächte.
- Die USA begrüßen die Wiedervereinigung, zögern aber, wenn Gesamtdeutschland nicht in der NATO bleibt.

Bundesregierung erringt die Zustimmung der Alliierten zur deutschen Einheit

- Frankreich spricht zuerst von einer „rechtlichen und politischen Unmöglichkeit", sieht aber in einem vielleicht neutralisierten Deutschland eine noch größere Gefahr. Die Zusicherung Kohls zu einer verstärkten europäischen Integration mit Bildung der EU und der Einführung einer europäischen Währung zerstreut schließlich die französischen Bedenken.

- Die britische Regierung unter Premierministerin Thatcher steht der Wiedervereinigung lange ablehnend gegenüber.
- Die SU stimmt der Wiedervereinigung zu, Deutschland dürfe aber nicht Mitglied der NATO sein. Durch sofortige Lebensmittellieferungen, sehr großzügige Kreditzusagen, eine Reduzierung der Stärke der Bundeswehr gelingt es Kohl und Genscher, Gorbatschow, dessen Land in einer sehr großen wirtschaftlichen Krise steckt und einen Militärputsch befürchten muss, umzustimmen. Gorbatschow stimmt im Juli in bilateralen Gesprächen mit Kohl der Mitgliedschaft des vereinigten Deutschlands in der NATO zu.
- Der **Zwei-plus-Vier-Vertrag** (Sept. 1990) legt alle Ergebnisse fest. Er ist der Friedensvertrag. Mit ihm endet die Alliierte Oberhoheit über Deutschland.
- Am **3. Oktober 1990** erfolgt die **Wiedervereinigung** Deutschlands.

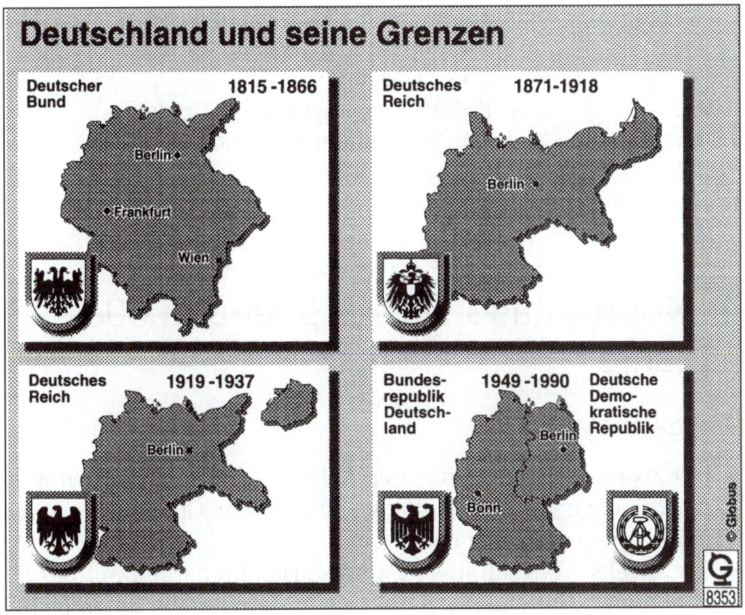

K Ost-West-Verhältnis: von der Konfrontation zur Entspannung

1949	Gründung der NATO
1950–1953	Korea-Krieg
1956	Ungarnaufstand
1962	Kuba-Krise
1965–1975	Vietnamkrieg
1968	Einmarsch der Warschauer-Pakt-Staaten in die Tschechoslowakei
1970–1973	Ostverträge
1975	Schlussakte der KSZE
1985	Gorbatschow Generalsekretär der KPdSU: Perestroika, Glasnost
1990	Zwei-Plus-Vier-Vertrag über Deutschland
1991	Ende von Warschauer Pakt und COMECON; Zerfall der Sowjetunion

1 Konfrontationen der 50er und 60er Jahre

Ausgangslage

- Der Zweite Weltkrieg bringt den Aufstieg der SU zur zweiten Weltmacht neben den USA; bisherige europäische Großmächte fallen in ihrer Bedeutung zurück.
- Roosevelts Wunschbild von einer Zusammenarbeit mit der SU nach dem Krieg stellt sich bald als Illusion heraus. Zu groß sind der ideologische und der machtpolitische Gegensatz. Bereits in Jalta und Potsdam zeigt sich das.
- Seit 1947 weiten sich die Gegensätze zum „Kalten Krieg" aus.

USA und SU stecken ihre Machtsphären ab

- Beide Großmächte stecken ihre Machtsphären ab. Beide schaffen sich Machtblöcke, die in die Auseinandersetzung einbezogen sind.
- Die SU behält nach Kriegsende eine zahlenmäßig weit überlegene konventionelle Streitmacht, während die USA im Vertrauen auf ihre atomare Überlegenheit ihre konventionellen Streitkräfte reduzieren.

- Mit der Gründung der NATO (1949) sichern sich die USA ab, sind aber beunruhigt durch die Zündung der ersten sowjetischen Atombombe im Sommer des gleichen Jahres und durch die Gründung der Volksrepublik China im Oktober. Der nukleare Vorsprung verringert sich.
- Fortan soll jeder räumliche oder strategische Machtzuwachs des Gegners verhindert werden.

Korea-Krieg 1950–1953

- Nach der Befreiung von der japanischen Herrschaft wird das Land am 38. Breitengrad geteilt: Der Norden ist von der SU besetzt. 1948 entsteht hier eine kommunistische Volksrepublik. Im südlichen, amerikanisch besetzten Teil bildet sich ein prowestlich eingestellter autoritärer Staat.
- Als der Norden 1950 den Süden überfällt, erfüllen die USA ihr Sicherheitsversprechen für Südkorea, folgen gleichzeitig ihrem Konzept des *Containment* und greifen im Auftrag des UN-Sicherheitsrats in den Krieg ein.

Ost-West-Konflikt wird in Korea ausgetragen

- Sie dringen weit in den Norden vor bis an die chinesische Grenze. Da greift China mit 180 000 Mann ein und schiebt die Frontlinie bis über den 38. Breitengrad vor.
- Weil der amerikanische Oberbefehlshaber MacArthur Atomwaffen gegen die chinesische Provinz Mandschurei einsetzen will, wird er von Truman abgesetzt.
- Etwa am 38. Breitengrad kommt es zum Stellungskrieg bis 1953 der Waffenstillstand geschlossen wird.

Bewertung
Die USA dulden keinen Raumgewinn einer kommunistischen Macht. Sie wollen aber auch keine Ausweitung zu einem größeren Konflikt und geben sich mit dem Status quo ante zufrieden. Die amerikanische Bevölkerung akzeptiert deutlich höhere Verteidigungsausgaben und die Fortsetzung der Stationierung ihrer Truppen in Europa.

Der Aufstand in Ungarn 1956

- Im Oktober kommt es zu einem Aufstand gegen die stalinistische ungarische Regierung. Sie wird gestürzt und durch den Reform-Kommunisten Imre Nagy abgelöst.
- In kurzer Zeit bilden sich neue Parteien; Armee und Polizei gehen zu den Aufständischen über, die Sowjetarmee zieht sich aus der Stadt Budapest zurück. Jubel in der Stadt.

SU unterdrückt die Demokratiebewegung gewaltsam

- Als Nagy den Austritt aus dem Warschauer Pakt ankündigt und Ungarn für neutral erklärt, rücken am 4. November sowjetische Panzer ein und schlagen den Aufstand in heftigen Straßenkämpfen nieder: 3000 Tote. 200 000 Ungarn können ins westliche Ausland fliehen, 20 000 erhalten Haftstrafen, 2000 werden hingerichtet, darunter Nagy.
- Beim Einrücken der Sowjets richtet die ungarische Regierung verzweifelte Hilferufe an den Westen und bittet um militärisches Eingreifen, was nicht erfolgt.

Bewertung
Die Sowjetunion nimmt es auf keinen Fall hin, dass einer ihrer Satellitenstaaten aus dem Block ausbricht und damit ihre Hegemonie über Osteuropa gefährdet. Die USA sind nicht bereit, außerhalb ihrer Interessenssphäre einzugreifen und vielleicht sogar einen Atomkrieg zu riskieren.

Die Kuba-Krise 1962

- 1959 hatte der Kommunist Fidel Castro die korrupte Regierung des Diktators Batista auf Kuba durch eine Revolution beseitigt.
- Als amerikanische Unternehmen – u.a. Raffinerien – verstaatlicht werden, verhängen die USA ein Handelsembargo gegen Kuba.
- 1960 schließen Castro und der sowjetische Regierungschef Chruschtschow ein Militärabkommen.
- Im Oktober 1962 entdecken US-Aufklärungsflugzeuge, dass auf Kuba sowjetische Mittelstreckenraketen stationiert werden, die amerikanische Großstädte im Osten und Südosten des Landes mit Atomwaffen erreichen könnten.

Atomkrieg wird in letzter Minute verhindert

- Präsident Kennedy fordert den Abbau der Abschussrampen und verhängt eine Seeblockade. Sowjetische Frachtschiffe mit Waffen bewegen sich auf die amerikanische Sperrlinie zu. Die Welt steht am Rande eines Atomkrieges. Die sowjetischen Schiffe drehen im letzten Augenblick wieder um.
- In einem geheimen Briefwechsel zwischen Kennedy und Chruschtschow stimmt die SU dem Abbau der Raketen zu. Die USA verzichten auf eine Invasion in Kuba und bauen ihrerseits Raketen in der Türkei ab.

Bewertung
Die SU hat erstmals die USA direkt mit Atomraketen bedroht. Beide Großmächte suchen wieder einen Ausgleich und respektieren gegenseitig ihre Interessenssphären. Das Gleichgewicht des Schreckens hat funktioniert.

Der Vietnam-Krieg 1965–1975

- Seit der Beendigung des Indochina-Krieges gegen die französische Kolonialmacht (1954) ist das Land geteilt: Im Norden herrscht das kommunistische Regime von Ho Chi Minh, unterstützt von China und der SU, im Süden besteht ein reaktionäres und korruptes Staatswesen unter Diem.
- Diem weigert sich, die im Friedensvertrag vorgesehenen Wahlen in Gesamtvietnam durchzuführen. Gegen seine Regierung bildet sich in Südvietnam eine Widerstandsbewegung, geführt von dem kommunistischen Vietcong.
- Den **Aufstand des Vietcong** seit 1957/58 sucht Diem mithilfe amerikanischer Waffen und Berater zu unterdrücken. Der Vietcong wird seinerseits von Nordvietnam unterstützt. Der Bürgerkrieg in Südvietnam wird gleichzeitig zu einem Interventionskrieg durch Nordvietnam, da Ho Chi Minh mithilfe des Vietcong den Süden des Landes zurückerobern möchte.
- Die **Domino-Theorie** von Präsident Eisenhower aus dem Jahr 1953 besagt, man dürfe in Asien keinen pro-westlich eingestellten Staat aufgeben, weil sonst weitere folgen würden.
- Somit verstricken sich die USA immer mehr in den Krieg. Sie schicken „Militärberater" und Kriegsmaterial, ohne Erfolge zu erzielen.

Prestigeverlust und militärisches Debakel der USA

- Unter Präsident Johnson kommt es 1965 zu einem Großeinsatz amerikanischer Bodentruppen und Bombardierungen Nord-Vietnams. 1969 sind 550 000 amerikanische Soldaten im Einsatz. In dem Guerillakrieg ist der Gegner nicht zu fassen. Trotz Einsatz von Napalm-Bomben und chemischen Entlaubungsmitteln kann der Nachschub des Vietcong aus dem Norden nicht unterbunden werden. Am schwersten leidet die Zivilbevölkerung.
- Weltweiter und inneramerikanischer Protest veranlassen den schrittweisen Rückzug der Amerikaner seit 1973. 1975 besiegen der Vietcong und die Truppen Nordvietnams den Süden. 1976 wird der Gesamtstaat zur Sozialistischen Republik Vietnam.

Bewertung

Unter der offensichtlichen Niederlage hat das amerikanische Selbstwertgefühl schwer gelitten. Es ist zu keiner direkten Auseinandersetzung zwischen den USA und der SU gekommen. Der Status quo blieb erhalten. Die SU hat die Niederlage der USA nicht für ein weiteres Ausgreifen genutzt.

2 Phasen der Entspannung

- Beide Seiten besitzen Atom- und Wasserstoffbomben.
- Durch den Start des Erdsatelliten Sputnik (1957) zeigt die SU, dass sie über ausreichend leistungsfähige Raketen verfügt, um die USA zu bedrohen.
- Andererseits ist die SU durch den Konflikt und schließlich den Bruch mit der VR China geschwächt.
- Das macht beide Seiten bereit, die bisherige Strategie zu überdenken.

„Friedliche Koexistenz" soll Kriegsgefahr eindämmen

- Die SU bietet dem Westen eine Politik der „friedlichen Koexistenz" an. Trotz unterschiedlicher Gesellschaftssysteme sollten die Staaten im friedlichen Wettbewerb der Systeme nebeneinander leben, auf den Krieg als Mittel zur Lösung von Streitfragen sollte verzichtet werden.
- Der Westen ändert seine Strategie. In der Anfangsphase galt die Strategie der „massiven Vergeltung", d.h. die Drohung mit einem Atomschlag bei einem Angriff des Ostens. Jetzt soll eine *„flexible response"* an die Stelle treten, das bedeutet, man will zunächst mit konventionellen Mitteln antworten.
- Nach der Kuba-Krise wird 1963 ein „heißer Draht" – eine direkte Fernschreibverbindung – zwischen Washington und Moskau eingerichtet.

Verhandlungen über Rüstungsfragen

Abrüstungsverhandlungen

- Auf dem Rüstungssektor geht zwar die laufende Modernisierung der Waffen weiter, aber eine Bereitschaft zur Rüstungskontrolle wächst: 1963 Stopp der oberirdischen Atomtests; 1968: Der Atomwaffensperrvertrag soll sicherstellen, dass die Zahl der Atommächte und damit das Risiko klein bleibt.
- Der **SALT-I- Vertrag** von 1972 *(Strategic Arms Limitation Talks)* und der SALT-II-Vertrag von 1979 setzen Obergrenzen für die Trägersysteme fest, ohne die Zahl der Atomsprengköpfe und der atombestückten U-Boote einzubeziehen. Der SALT-II-Vertrag wird aber von den USA wegen der erneut einsetzenden Spannungen nicht mehr unterzeichnet.
- Die Gespräche über den beiderseitigen Truppenabbau in Europa (MBFR = *Mutual Balanced Force Reductions*) bringen bis 1990 kein Ergebnis.

Die Schlussakte der KSZE

- Von 1972 bis 1975 verhandeln außer Albanien alle europäischen Staaten sowie die USA und Kanada über Sicherheit und Zusammenarbeit in Europa.
- Sie verpflichten sich in der **Schlussakte von Helsinki** zu bestimmten Grundregeln:
  - Achtung der Grenzen und Verzicht auf Gewaltanwendung;
  - Anerkennung der Menschenrechte und Grundfreiheiten;
  - Manöver werden 21 Tage vorher angekündigt und ausländische Beobachter zugelassen;
  - Ermöglichung von menschlichen Kontakten über die Grenzen hinweg;
  - Schutz von Minderheiten.
- Die KSZE-Verhandlungen stellen den Höhepunkt der Entspannung in Europa dar. Auch wenn die Schlussakte keine Rechtsverbindlichkeit hat, können sich doch die entstehenden Bürgerrechtsbewegungen auf sie berufen.

Friedliche Koexistenz und Achtung der Menschenrechte

Der Kalte Krieg lebt wieder auf

- Die SU unter Breshnew beginnt wieder, Befreiungsbewegungen in der Dritten Welt zu unterstützen, die U-Boot-Ausstattung zu erweitern, die Interkontinentalraketen zu erneuern und die neuen Mittelstreckenraketen SS-20 in Europa zu stationieren.
- Der Westen reagiert mit dem Nato-Doppelbeschluss und einer erneuten Rüstungsanstrengung.
- Als die SU 1979 in **Afghanistan** einmarschiert, um die dortige kommunistische Regierung gegen islamische Rebellen zu unterstützen, antworten die USA mit Boykottmaßnahmen und drohen mit Krieg, weil sie befürchten, die SU wolle Einfluss auf den Persischen Golf nehmen.
- Präsident Ronald Reagan vertritt seit seinem Amtsantritt eine Politik der Stärke und beginnt mit hohem finanziellen Aufwand ein neues Rüstungsprogramm, darüber hinaus fördert er ein satellitengesteuertes Raketenabwehrsystem (SDI). Er will durch Hochrüstung die SU zum Einlenken bewegen.

Stationierung von Mittelstreckenraketen in Europa

Aufrüstung unter Präsident Reagan

Das Ende der Konfrontation unter Gorbatschow

- Schon unter Breschnew hatte die SU mehr Geld in die Rüstung gesteckt, als die Volkswirtschaft verkraften konnte.
- Gorbatschow will durch eine Reform von Wirtschaft und Gesellschaft („Perestroika") die wirtschaftliche Misere überwinden. Dies scheint nur möglich, wenn die Belastung durch das Wettrüsten wegfällt. Er leitet eine radikale Entspannungspolitik ein.

Gorbatschow leitet die Entspannungspolitik ein

Abrüstungsverträge

- 1987 wird der **INF-Vertrag** *(Intermediate Nuclear Forces)* unterzeichnet, nach dem alle amerikanischen und sowjetischen Mittelstreckenraketen beseitigt werden.
- Die SU zieht ihre Truppen aus Afghanistan zurück und beendet die Unterstützung von sozialistischen Regimen in der Dritten Welt.
- Die Truppen werden einseitig um 500 000 Mann reduziert.
- 1990 wird der Vertrag über konventionelle Streitkräfte in Europa (KSE) unterzeichnet, der deutliche Reduzierungen vorsieht.
- Der **Start-I-Vertrag** von 1991 führt zur Verringerung der Interkontinentalraketen um mehr als ein Drittel. Der **Start-II-Vertrag** von 1993 regelt die Abrüstung der Atomsprengköpfe.

Mit dem Ende der SU und des Warschauer Pakts endet der Ost-West-Konflikt

- COMECON und Warschauer Pakt werden 1991 aufgelöst. Alle Mitglieder erhalten ihre wirtschaftliche und politische Freiheit.
- Zwischen der Sowjetunion, bzw. dem daraus hervorgegangenen Russland und den USA ist der jahrzehntelange Spannungszustand gewichen.

3 Außenpolitik der Bundesrepublik (1969 – 1990)

Nach der erfolgreichen Integration der Bundesrepublik in das westliche Bündnissystem unter Adenauer (→ Kapitel J), erfolgt unter der sozial-liberalen Koalition eine Normalisierung des Verhältnisses zum Ostblock. Diese Politik wird von Helmut Kohl fortgesetzt und mündet schließlich in der Wiedervereinigung der beiden deutschen Staaten.

Die Öffnung zum Osten

Die Entspannungspolitik gegenüber den Staaten des Ostblocks erfolgt ohne eine Lockerung der Bindungen zu den westlichen Bündnispartnern.

- Die Entspannung zwischen den Großmächten ermöglicht auch der deutschen Politik eine neue Richtung, die ab 1969 von der Regierung Brandt/Scheel beschritten wird.
- Erhard und Kiesinger hatten schon erste Schritte unternommen und in Polen, Ungarn, Rumänien und Bulgarien Handelsmissionen eröffnet.

Anerkennung der Grenzen und Gewaltverzicht

- Aber erst 1969 erscheint ein wirklich neues Ziel: In Europa soll eine **neue Friedensordnung** entstehen. Basis sollen sein:
  - Anerkennung der in Europa bestehenden Grenzen;
  - Gewaltverzicht;
  - Anerkennung der DDR → Aufgabe der Hallstein-Doktrin.

- Umsetzung in den Ostverträgen:
  - 1970 **Moskauer Vertrag**: beidseitiger Gewaltverzicht; Anerkennung aller bestehenden Grenzen, besonders der Oder-Neiße-Grenze zu Polen und der Grenze zwischen der Bundesrepublik und der DDR; Recht auf Wiedervereinigung.
  - 1970 **Warschauer Vertrag** mit Polen: Anerkennung der Westgrenze Polens
  - 1973 **Vertrag von Prag**: Das Münchener Abkommen wird für ungültig erklärt.
- Das **Viermächteabkommen** von 1971 über Berlin garantiert die Zufahrtswege zur Stadt.
- 1973 werden beide deutsche Staaten in die UN aufgenommen.

Menschliche Erleichterungen durch die Ostverträge

- Die Europapolitik wird fortgesetzt, einerseits durch die Vertiefung der Beziehungen zu einer Wirtschafts- und Währungsunion, andererseits durch eine stufenweise Erweiterung.
- In den 80er Jahren erleichtert die verbesserte Beziehung zum Osten die Ausreise von deutschstämmigen Aussiedlern in die Bundesrepublik.
- Das wiedervereinigte Deutschland wird Mitglied der Gruppe G 7, einem Gremium bestehend aus den Staatschefs der führenden Industrienationen (USA, Kanada, Japan, Frankreich, Vereinigtes Königreich, Italien), dem Präsidenten der EU-Kommission und seit 1994 – als politisch gleichberechtigter Partner – dem Präsidenten der Russischen Föderation (G 8).

Die Entwicklung der Europäischen Union

1951/1952 EGKS = Montanunion	D, F, I, Be Ne Lux	**Ziel:** Gemeinsamer Markt für Kohle, Stahl, Eisenerz statt nationaler Verfügungsrechte in diesem Sektor
1957/1958 Römische Verträge: EWG, EURATOM = EAG		**Ziel der EWG:** Gemeinsamer Agrar- und Industriemarkt ohne Zollschranken. Schrittweise Verschmelzung der Volkswirtschaften **Ziel der EURATOM:** Förderung der friedlichen Nutzung der Kernenergie und Forschung inklusive alternative Energiequellen 1962 Gemeinsame Agrarpolitik
1967 Fusion der drei Gemeinschaften zur EG	1973 GB, Irland, Dänemark 1981 Griechenland 1986 Spanien, Portugal 1990 Ostteil Deutschlands	1968 Zollunion in Kraft: keine Binnenzölle, gemeinsamer Außenzoll 1970 Koordination der nationalen Außenpolitiken 1972 Freihandelsabkommen zwischen EG und EFTA: schrittweise Zollsenkung 1979 Erste Direktwahl zum Europäischen Parlament 1979 EWS Europäisches Währungssystem, um Wechselkurse zu stabilisieren 1989–1991 Auflösung des osteuropäischen Wirtschafts- und Militärsystems. Auflösung der SU → Osteuropäische Staaten und EFTA-Staaten orientieren sich in Richtung EG 1991/1992 Maastrichter Vertrag: Vertrag über die Europäische Union beschlossen 1. 1. 1993 Europäischer Binnenmarkt verwirklicht: „Vier Freiheiten“
1. 11. 1993 EU in Kraft	1995 Österreich, Schweden, Finnland	1994 2. Stufe der Wirtschafts- und Währungsunion: Vorbereitung einer einheitlichen Währung bis 1999 1994 Die 12 EU-Staaten bilden mit 6 EFTA-Staaten (A, S, N, Finnland, Island, Liechtenstein) den EWR (Europäischen Wirtschaftsraum); Schweiz tritt nicht bei 1999 Dritte Stufe der Europäischen Währungsunion: Einführung des Euro in 11 Mitgliedstaaten

Stichwortverzeichnis

K

L

M

R

S